発達の概観

生活史の区分	発達の課題・特徴	発達上の問題	行政・教育上の課題	2～3巻の該当章
胎児期・新生児期 (受精～生後1か月)	生物としての人間 受精の仕組みと胎児の成長 出生と新生児の成長	胎児の成長異常 ハイリスク児 未熟児 多胎児	安全・安心な出産 リプロダクティヴライツ 生殖補助医療	2巻-Ⅰ　1　胎　児 　　　　2　新生児 　　　　BOX1　未熟児 　　　　BOX2　多胎児
乳児期 (生後1～18か月)	感覚・知覚・運動能力 認知の生得性 愛着の出現 自己意識の出現	育てにくい子 不安定な愛着 愛着障害	保育環境の質 待機児童の解消	2巻-Ⅱ　1　感覚・知覚 　　　　2　乳児の認知 　　　　3　運　動 　　　　4　気　質 　　　　5　人間関係と自己 　　　　BOX3　ミラーニューロン 　　　　BOX4　児童観を問う意味
幼児期 (生後18か月～就学前)	言語の出現と発達 意識的・顕在的認知の発達 人間関係の発達 自己意識の発達 集団生活と遊び	言語・知的発達の遅れ 人間への関心のなさ 孤立 子どもの虐待	貧困 片親家庭 虐待の防止・ケア	2巻-Ⅲ　1　幼児の認知 　　　　2　言　語 　　　　3　人間関係 　　　　4　自　己 　　　　5　遊び・集団生活 　　　　BOX5　虐　待 　　　　BOX6　子どもの貧困
児童期 (小学校入学～卒業)	認知発達の普遍性と多様性 就学と学校生活の充実 社会への関心 仲間関係の発達	知的障害 学習障害 社会的格差と学力 いじめと不登校 注意欠陥多動性障害 自閉症	学級崩壊 社会的格差	2巻-Ⅳ　1　児童の認知 　　　　2　学校生活 　　　　3　社会認識 　　　　4　障がいと問題行動 　　　　BOX7　目撃証言 　　　　BOX8　社会的格差と学力
青年期 (中学校入学～24歳)	内省的精神機能の発達 アイデンティティの確立 性への関心と恋愛 セックスとジェンダー 社会への関心	アイデンティティの混乱 異性愛・同性愛 性同一性障害 社会への無関心	経済格差 IT格差	3巻-Ⅰ　1　青年の認知 　　　　2　性意識 　　　　3　アイデンティティ 　　　　4　ケータイとパソコン 　　　　5　障がいと問題行動 　　　　BOX1　性同一性障害 　　　　BOX2　政治と青年
成人期 (25～59歳)	結婚・非婚・離婚 夫婦関係 親となること・子育て 老親との関係と介護 ワーク・ライフ・バランス	夫婦関係・離婚 育児不安 ドメスティックバイオレンス 中年者のうつ	ワーク・ライフ・バランス 過労死 成人病の予防 貧困	3巻-Ⅱ　1　パーソナリティ 　　　　2　職業生活 　　　　3　親としての発達 　　　　4　夫婦関係 　　　　BOX3　熟達化 　　　　BOX4　セイフティネット
前期高齢期 (60～74歳)	定年後の生活再編成 認知の加齢変化と知恵 就労と社会参加 人間関係の再編成	定年後の適応困難 認知障害 認知症	生涯教育 介護保険 高齢者介護	3巻-Ⅲ　1　セカンドライフの設計 　　　　2　高齢者の認知 　　　　3　ソーシャルネットワーク 　　　　4　団塊世代の高齢化 　　　　BOX5　エイジズム 　　　　BOX6　エイジレス社会
後期高齢期 (75歳～)	サクセスフルエイジング 老化と健康長寿 精神的健康の維持 死の受容	健康の維持 孤立・孤独 認知障害 認知症	高齢者介護 高齢者医療	3巻-Ⅳ　1　心身の老化・健康・長寿 　　　　2　サクセスフルエイジング 　　　　3　百歳長寿者 　　　　4　認知症とうつ 　　　　BOX7　介護保険制度

発達科学入門

[1] 理論と方法

高橋惠子・湯川良三・安藤寿康・秋山弘子 [編]

東京大学出版会

Developmental Science 1: Concepts, Theories, and Methods
Keiko TAKAHASHI, Ryozo YUKAWA,
Juko ANDO, & Hiroko AKIYAMA, Editors
University of Tokyo Press, 2012
ISBN 978-4-13-015141-2

はじめに

　「発達科学入門」全3巻は，人間の発達についての最先端の知識を必要とする心理学系と近接領域（教育学，社会福祉学，看護学，老年学，医学，神経科学，生物学など）の大学生などの学習者，そして研究者のための教科書・入門書である。

　20世紀後半から，「発達心理学」には革命的とも言える新しい大きなうねりが見え始めた。それが，本シリーズが「発達心理学」ではなく，「発達科学」という新しい名称を採用した理由である。大きな変化の第一は，進化生物学，分子生物学，分子遺伝学，医学，神経科学，薬学などのいわゆる生命科学が，こぞって発達の生物学的遺産，生物学的基盤についての情報を提供し，それによって人間の成長・発達の仕組みについての説明を変えざるを得なくなったことである。そして第二は，生涯にわたる発達という視点が，単なるスローガンやエピソードとしてではなく，理論や実証研究に実際に取り入れられるようになったことで，個体発生と系統発生，個人と集団，個と歴史・文化の関連の理解が進んできたことである。

　このような人間理解についての変革を真摯に受けとめ，21世紀の学習者と研究者のためのガイドブックをつくることを心掛けた。本シリーズはこの目的を実現させた日本初の試みであり，世界でも類のないものになったと自負している。

　本シリーズは，1巻が理論と方法についての13章，2巻が胎児期から児童期までの16章，3巻が青年期から後期高齢期までの17章，の全3巻46章からなる大部な構成となった。各章はそれぞれの分野で活躍する第一線の研究者が，「発達科学」への道案内をという本シリーズの目的に沿って徹底した推敲を重ね，最先端の理論，研究動向，将来の課題を明らかにしている。加えて，「発達科学」に欠かせない重要な情報を，近接領域の専門家をも動員して23個のBOXを設けて解説している。なお，それぞれの章とBOXへの案内を，全巻

とも各部の冒頭に記載しているので参考にしていただきたい。

　本シリーズにおける発達の概観を見返しに示した。これは2・3巻の鳥瞰図でもある。各発達の時期の特徴，そして，発達上の問題と社会的課題を，さらに，右端の欄には該当する章とBOXを示した。この表は学習・研究の見取り図として必要に応じて使えるように，全巻とも見返しに印刷してある。

　このように，全体として，「発達科学」とは何か，どうあるべきか，を具体化した。ぜひ，本シリーズの全巻を見ていただきたい。

　幸いなことにお願いしたほとんどの研究者の皆さんに執筆を引き受けていただき，最高の布陣を組むことができた。しかも，執筆者には，「発達科学入門」への初の挑戦という本シリーズの企画の意図を汲んでいただき，編者の注文を，それも時には礼を欠いていると言えるかもしれない注文を受け容れて，各章を仕上げていただき，心から感謝したい。そして，第一線で活躍される多数の執筆者からなる本シリーズを，でき得る限り短期間で，しかも，理解しやすい入門書に仕上げようと努力していただいた東京大学出版会編集部の後藤健介さんと高い編集能力をいかんなく発揮して下さった小室まどかさんに，お礼を申し上げる。

　　2012年2月

　　　　　　　　　　　　　　　　　　　　　　　　　　　　　　　　編　者

目　次

はじめに　i

● I　発達心理学から発達科学へ ●

1　発達とは（高橋惠子）……………………………………………………… 3

   1-1　発達とは　3
   1-2　発達における重要な議論　8

2　発達の規定因（秋山道彦）………………………………………………… 21

   2-1　規定因の種類　21
   2-2　遺伝と環境の交互作用　27
   2-3　規定因から発達の仕組みの理解へ　33

3　発達の概観（高橋惠子）…………………………………………………… 45

   3-1　発達をどう区分するか　45
   3-2　生活史の区分と発達の概観　50
   3-3　発達の理論と方法　59

  BOX1　生命誌（中村桂子）　63
  BOX2　遺伝子・ゲノム・DNA（中村桂子）　65

● II　発達の理論 ●

1　進化と発達（長谷川寿一・長谷川眞理子）……………………………… 69

   1-1　ヒトの身体の進化　69
   1-2　ヒトの食性と食物獲得　72
   1-3　道具と社会性の進化　74

2　脳と発達（開　一夫） ……………………………………………………… 85

- 2-1　脳の構造的発達　86
- 2-2　脳の構造と機能　89
- 2-3　乳幼児を対象とした脳機能計測　91
- 2-4　脳波計を用いた研究　92
- 2-5　近赤外分光法を用いた研究　94

3　行動遺伝学と発達（安藤寿康） ……………………………………………… 99

- 3-1　行動遺伝学とは何か　99
- 3-2　行動遺伝学小史　105
- 3-3　遺伝と環境のダイナミズム　109
- 3-4　これからの課題　111

4　認知発達（湯川良三） ………………………………………………………… 115

- 4-1　ピアジェ理論の系譜と展開　115
- 4-2　生涯認知発達研究の構想　125

5　社会・情動的発達（久保ゆかり） …………………………………………… 135

- 5-1　人間関係の発達をとらえる枠組み　136
- 5-2　社会的なものの見方の発達をとらえる枠組み　139
- 5-3　情動発達をとらえる枠組み　141
- 5-4　社会・情動的発達研究の今後の課題　145

6　生涯発達（鈴木　忠） ………………………………………………………… 151

- 6-1　生涯発達心理学の源流——テテンスの生涯発達論　152
- 6-2　生物学における発達研究の枠組み　156
- 6-3　バルテスによる生涯発達研究の体系化　158

7　ジェンダーと発達（湯川隆子） ……………………………………………… 167

- 7-1　発達におけるジェンダーの視点　167
- 7-2　性・性意識の発達をどうとらえるか　170
- 7-3　生物学的研究をどうとらえるか　172
- 7-4　社会化理論と認知発達理論をどうとらえるか　179

8　文化と発達（東　洋）……………………………………………………… 189
　　8-1　文化の中での発達　189
　　8-2　文化と心理発達　192
　　8-3　文化的スクリプトの獲得としての発達　193
　　8-4　文化と自己と規範　197
　　8-5　文化と教育——学校をめぐって　202
　　8-6　文化圏とその流動化——個人化とグローバル化　204

BOX3　ロボティクス（浅田　稔）　208
BOX4　社会脳（藤井直敬）　210
BOX5　ダイナミックシステムズ・アプローチ（河合優年）　212

● III　発達科学の研究法 ●

1　発達科学研究のデザイン（小松孝至・山田剛史）……………………… 217
　　1-1　研究法とその前提　217
　　1-2　質的方法の基本的な考え方と広がり　221
　　1-3　量的研究の広がり　225
　　1-4　量的研究の妥当性　231
　　1-5　様々な研究法の統合・連携の可能性　234

2　発達科学の心理統計（南風原朝和）………………………………………… 239
　　2-1　統計的方法の発展と基本の重要性　239
　　2-2　データを有効に活用するための工夫　240
　　2-3　いくつかの注目される統計法　243

BOX6　脳活動記録手法（苧阪直行）　254
BOX7　研究者の倫理（安藤寿康）　256

人名索引　259
事項索引　261

I

発達心理学から発達科学へ

　Iでは，発達心理学が発達科学へと名称を変更する理由と，発達科学の具体的な内容を扱う。まず，発達の概念を定義し，発達の規定因について述べ，さらに，発達を概観する。受精から始まるヒトの発達は，生物として進化を引き継ぎ，遺伝子が伝達する性質と，それを顕在化させ変容させる環境と，個人の能動的な環境の選択と変化を統合する働き，の3つの規定因間の複雑な相互作用によって生涯にわたって起こり，それをまた次の世代へと引き継ぐライフ・サイクルとしてとらえられる。

　I-1「**発達とは**」では，発達が生物―心理―社会的要因間の相互作用によって起こる営みであると定義し，発達がこのように考えられるようになった経緯を述べている。そして，現在の発達科学が直面している，発達の根本にかかわる議論を紹介する。

　I-2「**発達の規定因**」では，発達科学としての新装の学問の特徴を，発達の3つの規定因についての具体的な議論で明らかにする。特に，発達を主に環境規定因や心理（自己）規定因によって説明しようとしてきた発達心理学の伝統を覆すほどに，ヒトの生物学的規定因の重要性が生物学，神経科学などの自然科学系の隣接学問によって明らかにされつつあること，そして，それらとの学際的な研究が必要であることに注目されたい。発達についての研究はたしかに変わりつつある。

　BOX1 生命誌，**BOX2 遺伝子・ゲノム・DNA**では，生命についての理念と遺伝の仕組みについて説明する。

　I-3「**発達の概観**」では，発達の全体像をつかめるように胎児期から後期高齢期までの発達の特徴を，本書の構成にしたがって述べる。本書の見返しに掲載されている発達の概観の表を参照しながら，発達の全体像を理解していただきたい。

I 発達心理学から発達科学へ

1 発達とは

高橋惠子

1-1 発達とは

発達の定義

　人間の発達とは，授精から死までの生涯にわたる時間の経過にともなって個体にある程度継続して起こる変化をいう。つまり，発達とは，胎児期，乳児期，幼児期，児童期，青年期，成人期，高齢期のすべての時期に個体に起こる多様な変化をいう。発達を，誕生から有能性が増し，成年前期に頂点に達し，その後は加齢につれて下降するという放物線を描くような変化だとのみ考えるのは誤りである。時間の経過にともなう人間の変化についての実証的資料が蓄積されてきた結果，発達という変化は，一斉に起こり，一斉に衰えるというものではないこと，成人でも，あるいは，高齢者でも衰えるばかりではないこと，などがわかってきたのである。

　たとえば，生涯発達の視点に立つバルテスら（Baltes & Baltes, 1990; Baltes et al., 2006）は，発達は直線的でもなく，すべてが一斉に生起したり衰えたりするものでもなく，多くの側面があって，それぞれは変化の開始も終焉も，変化の起こっている期間も，そして，到達する変化の量や質も異なるとした（バルテスの生涯発達の理論についてはII-6参照）。そして，この発達の仮説は実証的な証拠によって支持されつつあることが，本シリーズの2, 3巻の各章で明らかにされている。

　なぜ，発達はこのような性質を持つのであろうか。それは発達が多方面にわたり，それぞれが異なった速度で非同時的に起こるからである。そしてそれは，発達が多くの要因によって起こり，加えて主体である当人が様々な要因を取捨

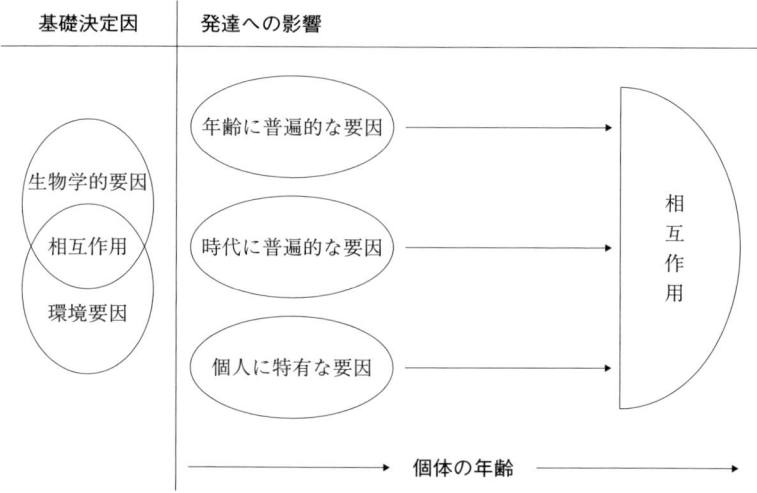

図 I-1-1　個人の発達にかかわる要因　(Baltes *et al.*, 2006, p. 587)

選択し，経験を統合してつくり上げるという性質を持つからでもある。バルテスらは発達の仕組みを図 I-1-1 のように要約している。まず，発達の基盤には生物学的要因，環境要因，そして両者間の相互作用がある。さらに，個々人の発達は，①年齢にともなってすべての人間に共通に影響を与える要因（normative age-graded influences：各年齢でそれが普通だと考えられている発達課題，年齢につれて順次変化していく生活の場——たとえば，家庭，学校，職場など——での影響，加齢にともなう体力・体調の変化など），②歴史・時代の性質がそこで生活しているすべての人間に共通に及ぼす影響（normative history-graded influences：経済や社会の状況——経済不況や戦争など，あるいは，文化，時代精神の影響など），そして，③個人に特有な特徴の影響（non-normative influences：ある個人に特有な生理的，身体的な特徴，個人に特有なライフ・イベント——宝くじがあたった，後遺症の残るような怪我を負ったなど），この3つが互いに影響し合って起こると考えられている。

　しかし，発達は個々人が主体となって引き起こす統合された構成物であるという性質は，このモデルには十分に描かれてはいない。実は多要因を各個人が自分の発達としてまとめ上げるという発達の性質をどうとらえるかは，まだ決

着を見ていない重要な課題である。これについてはI-1-2で触れることにする。

発達心理学から発達科学へ

(1) **発達科学とは** バルテスらがうまく整理したように、発達を多面的、総合的な変化であると認めれば、発達はもはや発達心理学の中だけで処理できるものではなくなる。近接科学を動員して学際的にとらえる必要がある。このような議論は後述のように20世紀前半に始まり、20世紀の終わりから21世紀にかけて『発達科学』という名称を使うという大きなうねりとなってきた（Lerner, 2006）。1998年に英国サセックス大学のバタワースの努力で *Developmental Science* 誌が始まったのはこの機運の高まりを象徴している。バタワース（Butterworth, 1998, p. iii）は発刊に当たって、雑誌名を発達科学とするのは、発達が生物―心理―社会的要因によって起こる複合的プロジェクトだからだと説明している。また、米国の大学院生のための代表的な発達心理学の教科書（Bornstein & Lamb, 1999）は、2005年以後『発達科学』と書名を変えている。先陣を切った *Developmental Science* 誌がその志を真に実現し得ているかについては評価が分かれるかもしれない。また、『発達科学』と書名を変えた教科書も今のところ内容を一新したわけではない（Bornstein & Lamb, 2011）。しかし、近年、発達研究者たちが研究の枠組みを再検討する必要性を感じ始めていることはたしかである。そして、本書はこの新しい「発達科学」とはどのようなものか、その具体化に初めて挑戦するものである。

(2) **生物―心理―社会的発達** 発達科学では、発達とは、①生物としてのヒトへの制約、②自己機能を持ち経験を自分のものとして処理し統合する心理過程、③歴史、文化、時代、社会による制約、そして、以上の三者が相互に影響し合いながら、人間が時間の経過につれて変化していくものと考える。人間の発達を生物―心理―社会的（bio-psycho-social）なものとして理解しようとするのである。発達心理学から発達科学へと名称を変えるとりわけ大きな理由は、①の生物としてのヒトの特徴についての研究成果を真剣に取り上げざるを得なくなってきたことである。たとえば、米国で評価の高い教科書『発達心理学の諸理論』の著者ミラー（Miller, 2011）は、最新の第5版の特徴は、認知神経科学、そして遺伝と環境の相互作用（G×E）について論じたこと、そして、各章で

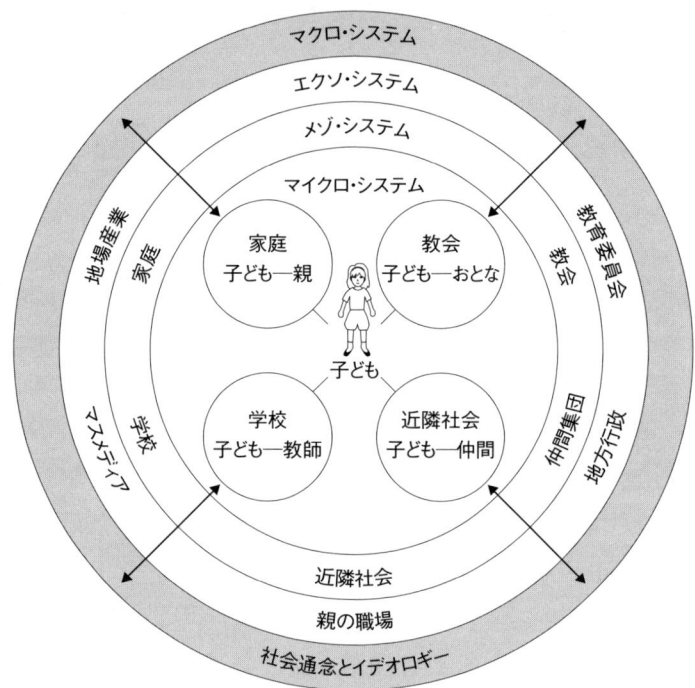

図 I-1-2　ブロンフェンブレナーの生態学的モデル（Cole & Cole, 2003, p. 24）

もこの問題を注意して取り上げたことだとしている。

　この変化はブロンフェンブレナーの最晩年の仕事にも見て取れる。彼は人が日常生活で直接・間接にかかわりを持つ社会的文脈を整理して図 I-1-2 のような生態学的モデル（ecological model）をつくり，発達における環境の役割を明確にしたことで評価されてきた（Bronfenbrenner, 1979）。図の中央に描かれた子どもがそれぞれの社会的文脈と相互交渉することを整理したのである。最も内側のマイクロシステムは子どもが直接参加する家庭，学校，教会，地域などであり，メゾシステムはそれらの社会的文脈間の関係を示す。エクソシステムは親の職場，地域の行政，マスメディアなどで，これには子どもは直接には参加しないが，子どもに影響を与えるものである。最も外側のマクロシステムは文化，習慣などを表している。しかし，ブロンフェンブレナー（Bronfenbrenner, 2001）は最晩年に，経験による個体発達を扱うこれまでの生態学的モデル

を修正して，生物生態学的理論（bioecological theory）と改めた。発達は生物学的遺産を持つ子どもと環境との生涯にわたる相互交渉で起こり，発達で起こる継続と変化は過去と現在を引き継ぎ，次世代につなぐものであるとしたのである。

（3）　**発達科学の先駆者たち**　しかし，心理学の歴史をたどってみると，人間の発達が生物—心理—社会的要因が一体となったものであると指摘している先達たちがいたことに気づく。いずれも進化学，生物学，神経科学が進展し始めた20世紀初頭の時代精神の中で生まれ展開されてきた議論であることが注目される。その後の学問の進歩によって修正される部分があったとはいえ，発想の源を以下のように見出すことができる。

たとえば，フロイト（1917）は，性愛（リビドー）という大人の欲求の起源をたどり，この生物学的衝動と社会的規範との葛藤の中に生きる人間の心の内面を深く探求した。心理学の巨人と呼ばれるピアジェ（Piaget, 1970）は，ラマルクの流れを汲む進化生物学の研究から出発し，生物学的基盤抜きには人間の発達は考えられないとして，遺伝子と環境との相互作用を指摘した。そして，ヘッブ（Hebb, 1949）は，発達が起こる仕組みを神経生理学によって説明し，たとえば，神経細胞がネットワークをなして働くという細胞集成体（cell assembly）という発想は，心を神経装置と見なす研究への道を拓いた。さらに，エリクソン（e. g., Erikson, 1950）は，次のI-2で紹介するエピジェネシス（epigenesis）の考え方に立脚するところに大きな特徴があり，生物学的な発達のプランを持つ人間が，自己と家族・教育・社会が継承している価値や時代・政治の要請と調和や葛藤を繰り返しながら生涯を送り，次世代につながるという人生のサイクルを描いたのである。

このような先達を国内に求めれば，ピアジェの発生的認識論の真の理解者であった波多野完治が挙げられる。波多野（1990）は，1920年代からのピアジェ理論を十分に消化した上で彼なりの理論を展開した。人間が生物学的制約を受けた存在であることを認め，ピアジェと同じように人間の行動の仕組みをホメオスタシスにたとえ，「入力があるから出力があるのではなく，出力のために入力がある」（p. 135）ともしたのである。波多野理論の特徴は，人が興味を持ち，是非自分のものにしたいとして均衡を破りたくなるような教育の力を重視

し，生涯教育論を展開したことにある。

発達科学はこれらの先達の理論や提案を再吟味するものであるとも言える。彼らの理論の中に，発達科学が考慮するべき理念や議論があり，多くの示唆もある。本シリーズの1～3巻の各章でそれぞれに吟味されているとおりである。

1-2 発達における重要な議論

発達をめぐる現在の熱い議論の一部を紹介してみよう。それによって，現在の発達科学にとって何が重要な問題かが理解されるであろう。

「氏か育ちか」から「氏も育ちも」へ
（1）**氏―育ち問題**　いわゆる「氏か育ちか」（nature vs. nurture）という発達の規定因の問題が，「氏も育ちも」（nature & nurture）へと変わり，現在は両者の重要性を認めた上で，両者がどのように関連して発達が起こるのかについてに議論が移ってきた。「氏（nature）」とはヒトが受け継いでいる生物学的遺産・制約であり，「育ち（nurture）」とは経験や環境による社会文化的制約をいう。

サマロフ（Sameroff, 2010）は，心理学が実証科学になってきた19世紀末以降の，発達理論や研究における氏―育ち問題の歴史をたどっている。それによると，それぞれについての知識が増し理論が進展しているが，振り子が揺れるように「氏」か「育ち」のいずれかをより重視する傾向が交互に繰り返されてきたと指摘している。そして，この流れで見ると，現在は分子生物学，内分泌学，神経科学までも動員するように振り子が「氏」の側に大きく振れている状態であり，理論上も研究上も自然科学からの恩恵を多く受けているとしている。そして，今日では「育ち」は遺伝子を持った個体の環境として，あるいは，遺伝子と環境の相互作用を考える際に取り上げられる程度になっていると指摘している。

（2）**遺伝×環境**　現在はこれまでになく振り子が「氏」の側に大きく振れているのは確かである。人間の発達について分子生物学，進化生物学，行動遺伝学，神経科学，あるいは，生命科学と総称される分野の学者の発言や彼らの提

供する証拠が注目されている。たとえば，発達心理学の代表的な研究誌である *Child Development* 誌の 2010 年 1 号の特集「初期経験の発達への影響」(Fox & Rutter, 2010) にもそれが見られる。この特集号は，神経学と分子遺伝学の近年の成果をもとに初期経験の影響を論じた 2 つの招待論文と，未熟児と過熟児，ネグレクトや虐待を受けた子ども，貧困環境や養子としての養育などの経験の影響についての 17 本の投稿論文，全体を総括するコメント論文によって構成されている。

氏—育ち問題は，本シリーズの 1〜3 巻の各章で直接的，間接的に検討されている。ここでは，「氏」優勢の時勢の中で，遺伝と環境の相互作用（G×E）についての議論が，再び，遺伝子決定論に陥ることがないように慎重になされなければならないことに触れておきたい。ゲノム時代が新しい視界を開いたのは事実である。たとえば，マウスやショウジョウバエの実験結果をヒトの子どもの問題行動と母親の養育行動の問題，母子間の世代間伝達の問題などとつなげる議論がされる時代になった（e. g., Meaney, 2010; Gottlieb *et al*., 2006）。この議論を支えているのは異種間でも遺伝子の働き方が共通しているという事実である。しかし，マウスやショウジョウバエとヒトでは環境や本人の意思の働きが大きく異なるにちがいない。G×E が議論される時代には，ヒトの意志や環境（つまり，ある行動や特性にかかわる要因）をどのように概念化するのかが改めて問われている。そしてさらに，生物学，神経科学，生物医学などが進歩する時代になればなるほど，科学が差別や偏見，そして，政治的政策に便利に使われないために，人間の生命の価値や倫理を扱う社会科学，人文科学の役割が大きくなることも指摘しておきたい。

発達の主体

発達には多様な側面，多様な軌跡を認めるべきだということについてはコンセンサスが得られたと思われる。そこで改めて問われているのは，生物学的遺産や環境に左右されるままではなく，ユニークに体制化された個として，さらには，目的志向的な変化として人間の発達をどのようにとらえるかである（e. g., Magnusson & Stattin, 2006; Rathunde & Csikszentmihalyi, 2006）。たとえば，ピアジェが発達を構成的（constructive）という言葉で表現したように，発達を自分

の経験,自分の知識として体制化していく,発達の主体(agent)としての人間をどう理論化するかという問題である。

(1) 個体の主体性を仮定 この問題を解決する1つのやり方は,人間そのものに生得的な主体性を認め,その傾向と社会文化的な要因との相互作用によって,つまり,その傾向が環境の影響を受けて発現すると考える。たとえば,エリクソンは発達の原理はエピジェネシス(epigenesis)であるとした。エピジェネシスには漸成という漢字をあてることが多い。しかし,この訳語では原語の真意がうまく伝わらないと思われるところから,本書ではエピジェネシス,エピジェネティクス(epigenetics)のままの表記にしている。この意味については次のI-2-3で述べるが,エリクソンは有機体としての人の発達にはもともとグランドプラン,あるいは,内的法則があって,それにしたがって多数の可能な経路をたどりながらも順次分化していくものだとした。しかも,その際に文化,社会との相互作用があると考える。分化してばらばらになるのではなく,分化したものが全体として構成されることを強調したのである(Erikson, 1950; Erikson & Erikson, 1997)。

また,愛着理論を提案したボウルビィ(Bowlby, 1982)も,愛着関係をつくる主体は乳児自身だとした。乳児が,生き延びるために擁護してくれる大人に愛着を向けるという傾向を,生物学的遺産として備えて生まれてくるからだとしたのである。そして,愛着システムがうまく機能するようになるかは,生まれながらの愛着傾向と生まれた後の環境(養育者の扱い方)との相互作用で決まると説明したのである。つまり,自分の要求にうまく応えてくれる養育者を愛着の対象とする。愛着にうまく応えてもらえなければ質の悪い愛着しか持つことができないと考えたのである。

(2) 統合する機能を仮定 個体の主体性の仮説をさらに進めて,経験を選択し,自分のものとして統合する機能を持つ特別な心的システムを備えていると仮定する研究者もいる。たとえば,この流れの先駆者のひとりであるオルポート(Allport, 1955)のようにである。彼の人格心理学では,人間は統一のある,一貫した独自の人格をつくり上げるものだとし,また,人間は未来に向けて生きているとして,自己を特色のある統一体として生成していこうとする指向性を仮定し,これをプロプリウム(proprium)と名づけた。

このような心的システムが個人的経験を体制化する機能を持つという性質については，自己意識や自己概念の機能の研究として検証されてきた。たとえば，これの実証的研究としては，マーカス（Markus, 1977）が自己は情報を選択する自己スキーマ（self schema）として働くことを示した実験などがある。さらに，彼女らは可能自己（possible selves）という概念を提案して，実現したい自分，なれるかもしれない自分，なりたくない自分を扱うことを提案した（Markus & Nurius, 1986）。これはオルポートのいう将来の自分のあり方にかかわる自己概念の役割の精緻化であるとも言えよう。さらに，カーステンセンら（Carstensen, 1992; Carstensen et al., 1999）は，本人が自分は何歳であるのか，今後どれほどの時間が残されているのかという時（time）についての認識が重要だとし，成人，特に高齢者ではこの認識が人間関係や行動を規定すると指摘している。たとえば，誰を重要な他者とするか，どのような情動的な深さでつき合うか，どのような情報を記憶するか，どのような事象を評価するか，死をどのように受容するかなどが，当人の時の認識と深く関連しているというのである。

発達の連続・不連続

　発達に連続性があるか否かは発達研究にとって重要な問いである。内外の縦断研究によってこの問題が実証的に検討されてきている（三宅・髙橋, 2009）。その研究の結果は，発達の連続性は小さく，むしろ発達の柔軟性を認めることになった。知能などの認知能力，人間関係などの社会的行動，パーソナリティ特性などの測定を繰り返してみると，短期間には連続性が認められても，長期になると持続しているとは言い難くなるという報告が多い。たとえば，米国のフェルス（Fels）研究所の縦断研究の資料の分析では，様々な発達の測定の期間を置いた相関係数は有意なものが少ない上に，測定の間隔が長くなると相関がさらに小さくなるとされた（Kagan & Moss, 1962）。また，愛着の乳幼児期から成人にいたる縦断研究の結果を見ても，愛着の質の持続性については支持（e. g., Hamilton, 2000; Waters et al., 2000）と不支持（e. g., Lewis et al., 2000；髙橋他, 2009）が相半ばしていて，まだ明確な結論を得るには至っていない。母親の愛着の質が子どもに伝えられるという世代間伝達仮説についても同様である。愛着の質の持続性は親子の置かれている環境が連続していれば保たれるという当

然の結論に至っている (e. g., Sroufe et al., 2005)。

　バルテスのモデルを見れば，発達の単純な連続性を議論すること自体が不適当だということになるであろう。子どもの発達を扱う近年の研究では生物学的要因，環境要因，個人要因について多くの変数を同時に扱うデザインが使われるようになり，見出された結果も複雑である。たとえば，米国の国立小児保健・人間発達研究所 (National Institute of Child Health and Human Development: NICHD) の乳幼児の養育研究プロジェクトは，全米10か所で合計1300余名の親子を追跡しているが，多くの研究が子どもの発達にはいくつもの変数が同時的，累積的に複雑にかかわり合っていると報告している (NICHD Early Child Care Research Network, 2005)。生理―心理―社会的要因をたしかに入れた新しい研究のデザインが求められている。そしてさらに，後述のダイナミックシステムズ・アプローチの例に見るように，発達の連続・不連続の事実を把握する研究を超えて，発達の不変性，柔軟性のメカニズムそのものの究明にも研究者の関心が広がっている（方法については III-1, III-2 参照）。

高齢者研究の台頭

　発達科学は高齢期までを発達研究の視野に入れ，真に生涯にわたる発達を理論的，実証的に扱い始めた。中でも超高齢期（85歳以上），そして死までを含めた実証的な資料がさらに加わることで，発達についてのこれまでの理論や概念の見直しが必要になるであろう。それは，発達心理学の大きな転換が1960年代からの乳児の研究によって引き起こされたことを思い起こせば明らかである。今後の転換の契機の1つになるのは高齢者研究の成果であろう。いくつかの高齢者研究が注目される。

　(1) ベルリン加齢研究　ベルリンのマックス・プランク研究所を中心に1990年から始められたベルリン加齢研究（通称 BASE）(Baltes & Mayer, 1999) はその1つである。かつての西ベルリン地域の70歳以上の市民500余名の発達を専門の異なる40名の研究者が，学際的にそして実験や調査を駆使して縦断的に追跡しているもので，新たな発見や先行研究の結果の確認がなされている。加齢による変化は一様に起こるのではなく，知能テストに限定してみても加齢の影響が大きいものとそうでないものがあること，個人差がきわめて大きいこ

となど，興味深い分析が現在も続けられている。

(2) **シアトル縦断研究**　米国ワシントン州シアトル市で1956年に始まり現在も続けられているシャイエ（Schaie, 2005）のシアトル縦断研究も貴重な資料を提供している。これは20歳以上の成人の知的発達（空間，推理，語彙，数などの問題）についての縦断研究であるが，7年ごとの調査の折に新しい協力者を加えてコホート効果をも検討していることが特徴である。現在22～101歳の約6000名がこの研究に参加していると報告されている（Pennsylvania State University, 2004）。加齢と知的発達の関係に加えて，時代によって必要とされる知的能力が異なることも報告されている。

(3) **百歳長寿者研究**　日本でも，たとえば，東京都老人総合研究所の福祉と生活ケア研究チームは百歳になった人々を対象にした研究などによって長寿者に特有の認知能力，パーソナリティ，自己概念などについて検討している（e.g., Gondo et al., 2006）。

増井ら（2010）の研究では，日本の超高齢者にも「老年的超越（gerotranscendence）：質的・合理的な視点から神秘的・超越的な視点へと移行し，この移行とともに人生の満足感が増大すること」（Transtam, 2005, p. 41）が認められたという。生理的には衰えながら，情動的には満足感が高まるという加齢のパラドックスという現象が広く注目されている。

しかし一方，日本の高齢者が日常生活での自立が実際にできているかという点から見た調査は，70歳を過ぎると加齢とともに生活上の自立が難しくなる割合が増えることを明らかにしている（秋山, 2010）。この日本の現状には，高齢者の生活上の自立をどう支えるかという社会の体制が大いに関連しているに違いない。たとえば，寝たきりにさせないための介護や医療を実現する社会の覚悟と体制の貧しさと無関係ではないであろう。本シリーズでは3巻のIIIとIVで前期高齢期，後期高齢期を扱っている。

ジェンダー・イデオロギー

1960年代後半から始まった第二波フェミニズムは（第一波フェミニズムが婦人参政権運動という制度的な平等を目指したのに対して），「個人的なことは政治的なことである」をスローガンに，女性に対する不公平，不平等を助長す

るような理論，議論，人々の認識はないかを問題にした。近代資本主義社会が体制の維持のために制度化した性役割分業に基づくジェンダー・イデオロギー，これによる人間理解の偏向を問題にする視点は，言うまでもなくすべての学問に不可欠であり，発達科学とて例外ではない。さらに近年は，弱みを見せず，強く，リーダーシップを取るようになどと叱咤される"差別する側"の男性も実は生き難いという議論もされるようになった（柏木・髙橋，2008）。発達科学者は理論，証拠の集め方，資料の解釈に性差別が隠れていないかについて敏感でなければならない。性科学の進展は伝統的な性別二元性そのものにも問題を提起している。本シリーズでは，性の問題を論じる章（1巻のII-7，3巻のI-2）を設け，さらにすべての章でジェンダーの視点を必要に応じて取り入れている。

新しいパラダイムの模索

人間の行動は，複数の構成要素が相互に関連し合った集合体の中で，自己（または，自動）調整的に生起するというシステム論の発想は，認知発達のピアジェやヴィゴツキー，愛着理論のボウルビィなどの発達論を特徴づけている。

ピアジェ（Piaget, 1970）は，均衡化（equilibration）という概念で発達を説明した。発達は主体と客体，下位システム間，全体と部分の不均衡を解消しようという均衡化と呼ばれる自己調整の結果であると考えた。また，ヴィゴツキーは発達の最近接領域（zone of proximal development: ZPD）という概念を提案した。ZPDでは，「独力で問題解決ができる現在の発達水準」と，より高次の「大人の指導，あるいは，より能力の高い仲間と共同で行う問題解決によって可能になる潜在的な発達水準」を区別し，この二水準間のズレが本人にとって適度なものであると，人は自動的な調整を経て高次の水準に到達できると考えた（Vygotsky, 1978）。この概念は発達を個人と他者・社会間，および，個人内の再構造化というダイナミックな過程であるとしたものである。さらに，ボウルビィ（Bowlby, 1982）は愛着を特定の要求に喚起される愛着行動とは考えずに，生物学的遺産として人間が引き継いできた愛着システムとして働くと理論化した。愛着は，生存の安全を確保するという目標を実現するために，あたかもサーモスタットを備えたシステムのように機能するとしたのである。このようなシステム論では，発達は関連する多要因間の複雑な相互作用によって自動的に

調整されて起こると仮定している。つまり，発達の規定因を究明するのではなく，変化が起こっている過程や仕組みを説明したのである。

近年，ピアジェ，ヴィゴツキー，ボウルビィらのシステム論の流れを汲みながら，彼らの提案した理念やいわばメタファーを超えて，諸要素が力動的に影響し合って起こる行動の変化の過程を記述しようとして，ダイナミックシステムズ・アプローチ（BOX5参照）が提案された。この議論は1990年代から始まり，今日では実証的な研究も始まっている（e. g., Fogel et al, 2008; Smith & Thelen, 2003; van Geert, 1998）。いずれも刻々と（リアル・タイムで）ある個人に起こるターゲットとする行動の変化をリアル・タイムでとらえ，その中で起こりやすい行動とその条件は何かを取り出す方法を工夫しているのが特徴である。

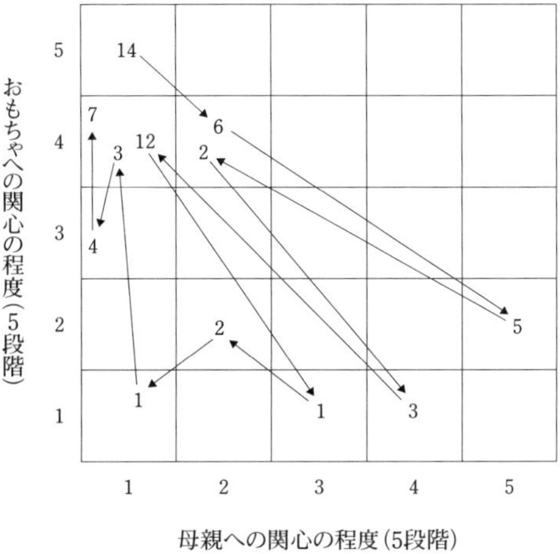

図 I-1-3　状況空間方眼（SSG）によるひとりの乳児と母親の相互交渉の記録の例（Lewis et al., 2004, p. 63）
図中の数字は持続時間（秒），→は行動の流れを表す。

たとえば，ルイスら（Lewis et al., 1999）は対人交渉場面の記録を克明に分析するために状況空間方眼（State Space Grid: SSG）による方法を開発した。これは注目する2つの行動（たとえば，乳児の関心が母親に向けられている程度とおもちゃに向けられている程度）の組み合わせが，毎秒どのように生起するかを図 I-1-3 のように x—y 軸上に記録して，どのような組み合わせがどのような順番で，どの程度長く起こるかを見ようというものである（Lewis et al., 2004）。あるいは，青年前期の母娘間の葛藤を扱った研究では，1年間に6回，各回の2週間分の日記から葛藤の内容とその時の感情を取り出し，青年期の変化をとらえている（Lichtwarck-Aschoff et al., 2009）。ある個人に起こるある変化を，それに関連する状況空間（state space）を決めて，何が起こっているかをルーペで拡大するように詳しく見るというこの方法は，発達研究の新しいパラダイムの1つとして期待される。

概観してきたように，人間の発達的変容は生物―心理―社会的な要因間の相互作用によって起こる，複雑な，しかも，生涯にわたって続く営みである。20世紀初頭から始まった人間の発達の生物学的基盤についての議論が，近年の進化生物学，分子生物学，分子遺伝学，神経科学などの生物・生命を扱う学問の進展によって一層高まってきた。人間の発達の理論や研究はこれらの生物・生命の仕組みについての情報によって，たしかに変化を見せている。「発達心理学」が「発達科学」へと変わろうとしている理由と様相の一端について本章では述べた。最後に，「発達科学」という名称を変える理由は，いわゆる自然科学に敬意を払うからではなく，生命にかかわる多種の学問が実質的に交流する時が来たためだということを確認しておきたい。生命の理解や知識の応用では，社会科学，人文科学の役割が一層重要になることは言うまでもない。

引用文献

秋山弘子（2010）．長寿時代の科学と社会の構想　科学，**80**, 59-64.
Allport, G. (1955). *Becoming*. Yale University Press.（豊沢登（訳）（1959）．人間の形成　理想社）
Baltes, P. B., & Baltes, M. M. (1990). *Successful aging: Perspectives from the behavioral sciences*. Cambridge University Press.
Baltes, P. B., Lindenberger, U., & Staudinger, U. M. (2006). Life span theory in developmental psychology. In R. M. Lerner (Ed.), *Handbook of child psychology*. 6th ed. Vol. 1. Wiley. 569-664.
Baltes, P. B., & Mayer, K. U. (1999). *The Berlin Aging Study: Aging from 70 to 100*. Cambridge University Press.
Bornstein, M. H., & Lamb, M. (Eds.) (1999). *Developmental psychology: An advanced textbook*. 4th ed. Erlbaum.
Bornstein, M. H., & Lamb, M. (Eds.) (2011). *Developmental science: An advanced textbook*. 6th ed. Psychology Press.
Bowlby, J. (1982). *Attachment and loss. Vol. 1. Attachment*. 2nd ed. Basic Books.
Bronfenbrenner, U. (1979). *Ecology of human development: Experiments by nature and design*. Harvard University Press.
Bronfenbrenner, U. (2001). The biological theory of human development. In N. J. Smelser & P. B. Baltes (Eds.), *International encyclopedia of the social and behavioral sciences*. Vol. 10. Elsevier. pp. 6963-6970.
Butterworth, G. (1998). Editorial. *Developmental Science*, **1**, iii.
Carstensen, L. L. (1992). Social and emotional patterns in adulthood: Support for

socioemotional selectivity theory. *Psychology and Aging,* **7**, 331-338.
Carstensen, L. L., Isaacowitz, D. M., & Charles, S. T. (1999). Taking time seriously: A theory of socioemotional selectivity. *American Psychologist,* **54**, 165-181.
Cole, M., & Cole, S. R. (2003). *The development of children.* 2nd ed. Scientific American Press.
Erikson, E. H. (1950/1963). *Childhood and society.* 2nd ed. Norton.（仁科弥生（訳）(1977-80)．幼児期と社会1・2　みすず書房）
Erikson, E. H., & Erikson, J. M. (1997). *The life cycle completed: Expanded version with new chapters on the ninth stage of development.* Norton.（村瀬孝雄・近藤邦夫（訳）(2001)．ライフサイクル，その完結（増補版）みすず書房）
Fogel, A., King, B. J., & Shanker, S. G. (2008). *Human development in the twenty-first century: Visionary ideas from system scientists.* Cambridge University Press.
Fox, N. A., & Rutter, M. (2010). Special section: The effects of early experience on development. *Child Development,* **81**, 6-367.
フロイト, S. (1917)．懸田克躬（訳）(1977)．精神分析学入門　中央公論新社
Gondo, Y., Hirose, N., Arai, Y., Inagaki, H., Masui, Y., Yamamura, K., Shimizu, K., Takayama, M., Ebihara, Y., Nakazawa, S., & Kitagawa, K. (2006). Functional status of centenarians in Tokyo, Japan: Developing better phenotypes of exceptional longevity. *Journals of Gerontology,* **61A**, 305-310.
Gottlieb, G., Wahlsien, D., & Licklitter, R. (2006). The significance of biology for human development: A developmental psychological system view. In R. M. Lerner (Ed.), *Handbook of child psychology.* 6th ed. Vol. 1. Wiley. pp. 210-257.
Hamilton, C. E. (2000). Continuity and discontinuity of attachment from through adolescence. *Child Development,* **71**, 690-694.
波多野完治（1990）．波多野完治全集11　生涯教育論　小学館
Hebb, D. O. (1949). *The organization of behavior: A neuropsychological theory.* Erlbaum.（鹿取廣人・金城辰夫・鈴木光太郎・鳥居修晃・渡邊正孝（訳）(2011)．行動の機構——脳メカニズムから心理学へ　岩波書店）
Kagan, J., & Moss, H. A. (1962). *Birth to maturity: A study in psychological development.* Wiley.
柏木惠子・高橋惠子（2008）．日本の男性の心理学——もう一つのジェンダー問題　有斐閣
Lerner, R. M. (2006). Developmental science, developmental systems, and contemporary theories of human development. In R. M. Lerner (Ed.), *Handbook of child psychology.* 6th ed. Vol. 1. Wiley. pp. 1-17.
Lewis, M., Feiring, C., & Rosenthal, S. (2000). Attachment over time. *Child Development,* **71**, 707-720.
Lewis, M. D., Lamey, A. V., & Douglas, L. (1999). A new dynamic systems method for analysis of early socioemotional development. *Developmental Science,* **2**, 457-475.

Lewis, M. D., Zimmerman, S., Hollenstein, T., & Lamey, A. V. (2004). Reorganization in coping behavior at 1 1/2 years: Dynamic system and normative change. *Developmental Science*, **7**, 56-73.

Lichtwarck-Aschoff, A., Kunnen, S., & van Geert, P. (2009). Here we go again: A dynamic systems perspective on emotional rigidity across parent-adolescent conflicts. *Developmental Psychology*, **45**, 1364-1375.

Magnusson, D., & Stattin, H. (2006). The person in context: A holistic-interactionistic approach. In R. M. Lerner (Ed.), *Handbook of child psychology*. 6th ed. Vol. 1. Wiley. pp. 400-464.

Markus, H. (1977). Self-schemata and processing information about the self. *Journal of Personality & Social Psychology*, **35**, 63-78.

Markus, H., & Nurius, P. (1986). Possible selves. *American Psychologist*, **41**, 954-969.

増井幸恵・権藤恭之・河合千恵子・呉田陽一・高山緑・中川威・高橋龍太郎・蘭牟田洋美（2010）．心理的 well-being が高い虚弱超高齢者における老年的超越の特徴──新しく開発した日本版老年的超越質問紙を用いて　老年社会科学，**32**, 33-47.

Meaney, M. J. (2010). Epigenetics and the biological definition of gene × environment interactions. *Child Development*, **81**, 41-79.

Miller, P. H. (2011). *Theories of developmental psychology*. 5th ed. Worth Publishers.

三宅和夫・高橋惠子（編著）（2009）．縦断研究の挑戦──発達を理解するために　金子書房

National Institute of Child Health and Human Development Early Child Care Research Network (Ed.) (2005). *Child care and child development: Results from the NICHD study of early child care and youth development*. Guilford Press.

Pennsylvania State University (2004, Summer). *SLS newsletter: News from the Seattle Longitudinal Study*.

Piaget, J. (1970). Piaget's theory. In P. H. Mussen (Ed.), *Handbook of child psychology*. 4th ed. Vol. 1 Wiley. pp. 103-128.

Piaget, J. (1970). *L'épistémologie génétique*. Presses Universitaires de France. (滝沢武久（訳）（1972）．発生的認識論　白水社）

Rathunde, K., & Csikszentmihalyi, M. (2006). The developing person: An experiential perspective. In R. M. Lerner (Ed.), *Handbook of child psychology*. 6th ed. Vol. 1. Wiley. pp. 465-515.

Sameroff, A. (2010). A unified theory of development: A dialectic integration of nature and nurture. *Child Development*, **81**, 6-22.

Schaie, K. W. (2005). *Developmental influences on adult intelligence: The Seattle Longitudinal Study*. Oxford University Press.

Smith, L. B., & Thelen, E. (2003). Development as a dynamic system. *Trends in Cognitive Sciences*, **7**, 343-348.

Sroufe, L. A., Egeland, B., Carlson, E. A., & Collins, W. A. (2005). *The development of the*

person: The Minnesota study of risk and adaptation from birth to adulthood. Guilford Press.
高橋惠子・石川江津子・三宅和夫(2009). 愛着の質は変わらないか——18年後の追跡研究　三宅和夫・高橋惠子(編著)　縦断研究の挑戦　金子書房　pp. 135-148.
Transtam, L. (2005). *Gerotranscendence: A developmental theory of positive aging*. Springer.
van Geert, P. (1998). A dynamic systems model of basic developmental mechanisms: Piaget, Vygotsky, and beyond. *Psychological Review, 105*, 643-677.
Vygotsky, L. S. (1978). *Mind in society: The development of higher psychological process*. Harvard University Press.
Waters, E., Merrick, S., Terboux, D., Crowell, J., & Albersheim, L. (2000). Attachment security in infancy and early adulthood. *Child Development, 71*, 684-689.

I　発達心理学から発達科学へ

2 発達の規定因

秋山道彦

　われわれ人間はいかに発達するのであろうか。I-1 ではわれわれの持つ多様な能力が複雑な環境要因と相互に作用することによって，多方向の発達の軌跡を生み出すことを見てきた。それでは具体的にそれぞれの要因がいかに作用して発達に寄与するのであろうか。この問いに答えるためには，まず発達の規定因とは何かを定義し，次に規定因がいかに相互に関係するかを記述する必要がある。規定因の中で特に遺伝と環境の発達に及ぼす寄与率がこれまでの発達心理学で議論されてきた歴史的事情があるので，それを要約する。そして最後に，それぞれの規定因が発達の時間軸上のどの時点で，いかに発達に影響を与えるかを示すモデルを提示する。ここで提示するモデルはこれまでの発達心理学がなかなか到達できなかった，発達を記述するだけでなくそれを説明する初めてのモデルである。つまり，発達を記述するこれまでの研究から，発達の仕組みの理解へと方向を示す発達科学的モデルである。

2-1　規定因の種類

　規定因とは発達に先立ってそれに影響を及ぼす要因である。これまでの発達心理学によると，規定因の種類には環境規定因・生物学的規定因・自己（自我）規定因がある。環境規定因としては胎児の子宮内環境・親子関係・家庭環境・学校教育のあり方，さらには社会文化的環境などがある。生物学的規定因の1つである遺伝は心理学では双生児研究に代表される行動遺伝学の中で研究されてきた。生物学的規定因の中でも究極規定因としての進化の歴史（系統発生）は，動物の行動学の中で研究されてきた。自己規定因としては自己概念，自尊感情，自己制御，防衛機制，メタ認知などがある。発達科学という新しい

枠組みの中では，こうした規定因の他にどのような規定因が新たに加わるのか，規定因の相互関係の理解にどのような変化が生じるのかを，次に検討する。

環境規定因

児童期〜青年期の発達を考える時，その環境規定因として，親子関係，家族関係，学校生活，交友関係，師弟関係を挙げることができる（本シリーズ2巻参照）。成人期の発達を考えると，職場の教育体制，同僚関係，結婚のあり方などがより強い規定因として働くのであろうが，研究が盛んであるとは言えない。ところが老年期の発達では，社会参加，ソーシャルサポート・ネットワーク，家族関係などの規定因が盛んに研究されている（本シリーズ3巻参照）。I-1で見たように，ブロンフェンブレナー（Bronfenbrenner, 2004）のモデル（図I-1-2）は，これらの規定因のほとんどを含み，しかも発達に直接かかわる至近規定因から，発達とのかかわりが未知なる究極規定因までを含めた規定因の関係を提示している。このモデルは発達の規定因の階層性と，伝統的には扱われなかった規定因の可能性を強調している。

発達科学ではこれらに加えて世代（コホート）のちがいを引き起こす歴史的事象の影響が研究の対象になる（Baltes et al., 2006）。われわれの生活する特殊な社会文化的環境を時間軸上において過去の歴史的事象が今の心理過程にどんな影響を及ぼしたかを見ようとする試みである。たとえば教育や医療制度の充実，戦争，飢餓，経済恐慌，コンピュータ化などは，異なる世代の子どもや大人の発達に大きな影響を与えることがわかってきた。これは異なる時代に生きたそれぞれの世代の比較をして初めて明らかになってくる，世代という歴史にかかわる環境規定因である。たとえば，シャイエ（Schaie, 2005）は成人の知能が世代の関数であることを記述している。

文化も環境規定因の1つである。今までの心理学では個人の発達に照準を合わせる傾向が強く，文化を単なる外的存在としてとらえてきた。最近の文化心理学（柏木他，1997; Kitayama & Cohen, 2007）では，ヴィゴツキーの理論にさかのぼって，文化を歴史的に培われた習慣や公の意味構造であると定義している。文化心理学とはこのように定義された文化と心の相互構成過程を記述し，さらには説明することをも目指す学である。意味構造の中には言語，子育て観，教

育観，行動様式などがあって，そこに生まれ育つものはそれらを共有し維持する中で自己概念を形成し，不都合ならば文化を変革するというのが文化受容に関する文化心理学による主張である。子どもの発達をいくつかの異なる文化で研究した蓄積の結果，文化が規定因として扱われることになり，さらにはその文化が単なる外的規定因ではなく，その文化に育ち活躍する成員が積極的に働きかける意味構造の総体として概念化された。稲垣・波多野（2002）は，子どもにおける素朴生物学の知識の発達が個別文化に共有された意味構造と密接にかかわっていることを示した。

　以上の家族・近隣社会・歴史・世代・文化的規定因はすべての発達に共通である。この他に，ある個人の発達に及ぼす特殊な環境規定因もある。I-1 で見た個人に特有な事象の影響である。たとえば，すべての子どもが家庭内暴力・親の失業，病気，飢餓などを経験するわけではない。同じようにすべての子どもが一生を左右するような恩師に出会うわけではない。しかし，これらの個人に特殊な経験は子どもの発達に大きな影響を与える。たしかに，ある集団の一般的発達傾向を理解しようとする際には，このような特殊要因は理解の妨げになることがある。それにもかかわらず，ある個人の発達を理解しようとする場合には決定的な環境規定因となる。I-2-2 で見るように，行動遺伝学は，同じ家族の中で育ったとしても，子どもたちは同じ環境を共有するわけではないことを示した。このように，共有された環境と共有されない環境は，発達に影響を与える環境規定因なのである。

生物学的規定因

　従来の発達心理学でよく研究されていた生物学的規定因も，すべての子どもに共通の規定因と少数の子どもに見られる特殊な規定因とに分けることができる。すべての子どもに共通の生物学的規定因は，ゲゼルら（Gesell & Thompson, 1938）の成熟・レディネスの概念が典型例として挙げられる。チョムスキー（Chomsky, 1957）の言語発達理論も環境からの入力を誘発剤程度に扱い，生物学的規定因を強調する。ピアジェ（Piaget, 1947/1950）やエリクソン（Erikson, 1950）の発達段階説にも内的プログラムの概念があって，プログラムは経験を通して作用するにもかかわらず，成熟がその基礎にあるとしている。

生物学・比較人類学でいう生活史理論では人類に共通の特性を近隣の種との比較で考察する（Stearns, 1992; Bogin, 1999）。個体が発達する時にその生物学的資源をどの時期に集中して投資するか，成長か生命維持か生殖か，生殖の場合はいくつの個体をいつ産むのか，それぞれの個体にどれだけ資源を分配するのか，などを説明する理論である。たとえばヒトの子どもは他の近隣種に比べて性成熟までに非常に長い時間がかかるのは適応上利点があるのか，閉経後にも長く生きる「おばあさん」は生殖に寄与するのか，といった疑問に答える理論である。これはヒトの種としての特異性を生物学的制約（constraint）の1つと見る視点である。

　生活史理論からゲゼルなどの生物学的レディネス（readiness）を再考察してみると，レディネスの形成に時間がかかるのは，ヒトという種が進化の歴史の中で獲得してきた特質の現れと解釈することができる。この生活史理論は後で見るように，個人の発達をも説明する理論としても頻繁に使われている。生物学的資源の分配法則が種の進化と個人の発達の双方の説明を可能にする点に留意されたい。制約という術語は種の特異性を生む力の方向性の存在を指し，語感から来る負の意味を指さない。

　少数の子どもに見られる生物学規定因で，これまでの発達心理学で研究されたものには，ウェルナー症候群，ダウン症，フェニールケトン尿症その他の酵素・代謝異常の病気など，遺伝決定説で説明可能な少数の病気，また，自閉症，学習障害，出生以前の胎内環境から受ける原爆症やアルコール中毒など，遺伝環境相互作用説で説明できるものがある（本シリーズ2巻 I-1 参照）。統合失調症，性同一性障害などは出生時には発症しないが，生物学的規定因の影響を受けていると考えられる（本シリーズ3巻 I-5，同 BOX1 参照）。同性愛は異性愛と同じく正常な性意識であるという認識が広がりつつあるが，同性を愛するか異性を愛するかには，生物学的規定因が少なくとも部分的には働いている（Geary, 2009; 本シリーズ3巻 I-2 参照）。

　心理学を超える発達科学の新しい枠組みの中では，以上の規定因に加えて，進化の歴史が生物学から見た究極規定因となる（Tinbergen, 1951）。何十億年という進化の歴史はすべてのヒトの遺伝子の中に凝縮されている。その遺伝子を持った個人は，遺伝子の維持と再生産を目的とするかのように発達の経路を選

択する。ゴットリーブ（Gottlieb, 1995）は生物体としての個人から見た時の，遺伝子と環境の相互的関係をモデルとして提出している。それによると個人の行動と環境との相互作用を直接支えるのは神経活動であり，その神経活動を支えるのが遺伝子の活動である。神経活動は行動に影響を与え，逆に行動から影響される。同様に遺伝子の活動は神経活動に影響を与え，また逆に神経活動から影響を受ける。この階層的モデルはブロンフェンブレナーの社会学的階層モデルを個体の側から補う生物学的モデルと考えてよい。

　すべての子どもに共通の別の種類の規定因に性成熟がある。性成熟は時代の影響を受けるものの，21世紀の先進国では，12～15歳の間にすべての子どもが成熟する。性成熟以前は生命の維持と成長に生物学的資源が使われる。その後でのみ，心身ともに子を産み育てるために必要な特性を発達させる。性成熟までの期間が長いというパターンはヒトに特有であって，それを説明するために生活史理論が提案されている（Bogin, 1999; Stearns, 1992）。そして，成人期を終えると，成長と発達を支えてきた生物学的要因は身体的機能の退化に寄与し始める（Baltes et al., 2006）。

　すべてのヒトに共通でなくとも，特定の文化に一般的な生物学的制約もある。世界的に見ると牛乳を飲んで消化機能に異変を来たす人が大多数であるが，北ヨーロッパ系と一部のアフリカ系の成人は牛乳を消化できる。これを乳糖耐性という。乳糖耐性は酪農文化が選択した遺伝子の効果であると考えられている（Gluckman et al., 2009, pp. 6-7）。さらに，ある種の心理特性は文化が選択した遺伝子の効果であるとする見解も最近提出されている（Kitayama & Cohen, 2007）。このように，今までの文化心理学では扱われたことのなかった遺伝子が発達科学の到来とともに重要な概念として登場してきた。たとえば，不安や恐怖といった情動反応にかかわる遺伝子の塩基配列の長さには個人差があり，それが文化圏によって異なることが明らかになっている（Chiao & Ambady, 2007）。

　これまでのフェミニスト心理学では，ジェンダーや性差は社会的に構成されるものと理解されてきたが（Eagly, 1987；柏木・高橋，2008），最近では進化学の方面から，性別役割分業，養育行動，配偶者選択，殺人，暴力などの分野で，こうした行動を生物学的制約とのかかわりで，研究が進んでいる（Geary, 2009）。発達一般が，生物学的規定因・社会文化的規定因・自己規定因が相互に影響し

合う中で生起するという発達科学の原則を受け入れるならば，ジェンダー，性差が純粋に社会的構成物であるという主張は不十分となろう。これからの発達科学的ジェンダー理論は，数少ない性決定遺伝子の表現がいかに社会文化的規定因と自己規定因とにかかわっているかを記述することになるであろう（II-7；本シリーズ3巻I-2参照）。

自己規定因

これまでの発達心理学ではI-1で挙げられたオルポート（Allport, 1955）やマーカス（Markus, 1986）の言う自己規定因の他に，初期体験，自己認識，心の理論，メタ認知，自我の防衛機制，青年期の自己概念，アイデンティティ（自己同一性），セルフエフィカシー（自己効力感）の有無などが自己規定因として挙げられている。成功・失敗を何に帰するかの帰属スタイルも自己規定因の1つである。老年期には生涯を振り返って過去の自己規定因がいかに今の自己の形成に貢献したかを統一的に理解する傾向が出てくる（Erikson, 1950）。いずれの場合も個人の自己理解が発達の心理的規定因として働く例である。

発達科学では，胎内環境が貧困であった場合に胎児が行う発達の経路選択という，新しい自己規定因が注目されている（Gluckman *et al.*, 2009; Kuzawa, 2005）。これは自己理解ではなく，その前段階の生物学的規定因と重なる自己規定因と考えるべきであろう。これは，予測的適応反応（predictive adaptive responses）と呼ばれる自己規定因であり，個人に特殊な状況のもとで現れる発達現象であるにもかかわらず，発達とは何かを考える上で，示唆に富む情報を提供している。胎児はただ単に子宮内環境の中で栄養を取り入れるだけでなく，栄養の中味によって，自己の将来を視野に入れた適応的反応をする，という仮説である。家庭環境と性成熟に関しても，両親の関係のよさによって子どもの性成熟の時期が変動するという仮説も提出されている。これも家庭環境の中味によって，自己の将来を視野に入れた適応的反応をするという自己規定因の研究である（Belsky *et al.*, 1991）。ともに発達の可塑性（plasticity）と結びついた現象なので，I-2-3でその研究例を紹介する。

以上のように，これまでの発達心理学では主として環境規定因と自己規定因が研究の対象であった。そのため，生物学的規定因は心理学の枠から外れてし

まい，成熟の度合いを示す年齢，性別，それに次節で述べる遺伝的近さ以外は研究の対象とはならなかった。発達科学においては，生物学的規定因，特に進化の歴史と遺伝子配列を含めた3要因の相互作用の中で発達が研究されることになるであろう。この点については，後で発達の可塑性という概念を軸に3つの規定因と発達の関係を明示する。生物学的存在としての人間には可塑性が備わっているからこそ，環境の変化に適応できるという，新しい考え方が，発達科学の中で浸透しつつある。

2-2　遺伝と環境の交互作用

これまでの発達心理学では遺伝と環境の相互作用をいかに記述してきたかを見る。遺伝とは何か，環境とは何かを見て，その分野の成果からどこまで発達を理解することができたかを検討する。その際にここで使用する相互作用（interaction）とは統計的相互作用を意味し，前節で述べた3つの規定因の相互作用とは異なることを，初めに注意しておきたい。統計的相互作用を一般の相互作用と区別し，以後，交互作用と呼び，混乱をさける。交互作用の例を挙げるならば，遺伝子型（20世紀半ばまでの遺伝子の存在が知られなかった時代には，遺伝型と呼ばれた）Aと遺伝子型Bの2つのグループのそれぞれの特性が環境のちがいによるということである。遺伝子型Aのグループの特性が環境Aでは遺伝子型Bの特性よりも高いけれども，環境Bでは反対に低くなるという意味である。遺伝子型のちがいが考慮されない時には，交互作用は計算することができない。交互作用を計算するためには，ある特性に寄与する変数が遺伝子型と環境のちがいなど2つ以上なければならない。次節では環境だけからの働きかけでも，個体のある特性に変化が起こる，または個体の行動によって環境が変化するといった現象を取り上げる。これは交互作用ではなく，物理的作用としての，相互作用の意味するところである。本節では交互作用で明らかになった成果を紹介し，その成果の歴史的背景としての遺伝係数と反応域の概念を検討する。

行動遺伝学の成果

　行動遺伝学とはある集団内でのある特性の個人差が，どれだけ遺伝的ちがいによるか，どれだけ環境のちがいによるか，どれだけ遺伝と環境の交互作用によるかを統計的に記述する学である（Plomin, 1986；安藤，2011）。遺伝的ちがいとは，たとえば一卵性双生児は同一の遺伝子を共有しているのに対して，二卵性双生児は半分の遺伝子を共有しているという遺伝的近さのちがいである。環境には，共有環境（shared environment）と非共有環境（nonshared environment）の2種類がある。同じ家庭のもとで育った子どもたちが互いに似かよう方向に促すのが前者であり，異なる方向に促すのが後者である。同じ家庭環境で育っても，子どもたちの特性が異なるのは非共有環境のためである。年齢差が大きければ大きいほど環境は共有されない傾向がある。性別がちがった場合も同様に環境は共有されない傾向がある。行動遺伝学では遺伝的近さのちがいと環境のちがい以外を扱わないので，仮に統計的に有意な交互作用効果がないとすると，特性の個人差は遺伝と環境という2つの独立要因（変数）によって説明される。そのため遺伝によって説明されない個人差は環境によるということになる。言い換えると，個人差は遺伝的近さのちがいか環境のちがいに由来する。環境のちがい，特に，共有環境と非共有環境が特性の個人差に影響することを示したのは行動遺伝学の大きな成果である。遺伝的近さを変数とするために，いわゆる双生児研究または家族研究が行動遺伝学の核をなす。

　行動遺伝学は，ある集団内のある特性の個人差が遺伝的近さによる程度を記述するのであって，ある個人のある特性がどれだけ遺伝によるかを記述する学ではない。また一卵性双生児も二卵性双生児も数が少ないので，どの双生児が研究に参加するかによって，つまりサンプルによって結果が異なる可能性があり，研究に参加する人の環境のちがいの程度によっても結果が異なる可能性がある。その意味で研究方法に由来する弱みを抱えている（Gottlieb, 1995; Turkheimer, 2000）。その名称を文字通り解釈すると「行動が遺伝する事実を研究する学」となってしまうが，統計的行動遺伝学の内実とかけ離れている。これも，もう1つの弱みである。事実，遺伝子と行動の間には数限りない生化学的相互作用の過程があるのみならず，行動と環境の間にも仲間・家族など先に述べた様々な規定因がある（Turkheimer, 2000）。しかし最近は，万を超すサンプル数

で弱みを克服している（II-3 参照）。

　行動遺伝学における研究の仕方は比較的簡単である。一卵性双生児，二卵性双生児，兄弟姉妹，親子のある特性（たとえば知能）を測定して，それぞれのグループ内の個人差の程度を相関係数で見る。1つのグループには対になった個人が多数いて，対同士がどれだけ似ているかを相関係数で見る。特に一卵性双生児の場合は，同じ家庭に育ったものと異なる家庭に育ったものの比較をする。もし遺伝的な近さのみが知能の個人差に貢献するとするならば，同じ家庭で育った一卵性双生児の相関係数と異なる家庭で育った一卵性双生児の相関係数は同じになるはずである。ところが，同じ家庭で育った場合では.86，異なる家庭で育った場合は.72 である。この差は環境のちがいと遺伝と環境の交互作用によって生じている。同じように，二卵性双生児と兄弟姉妹と親子は 50% の遺伝子共有で遺伝的近さが同じであるにもかかわらず，相関係数は二卵性では.60，兄弟姉妹では.47，親子では.42 となる（McGue et al., 1993）。日本の研究でもほぼ同じ結果がでている（安藤，2011）。一卵性双生児であれば育つ家庭のちがいにかかわらず，その他のグループにくらべて互いに似ていること，同時に家庭環境のちがいは似かよいの程度に影響を与えることがわかる（行動遺伝学については，II-3 参照）。

　それでは，生涯発達を理解する上でこれらの成果はどれだけ役に立つのだろうか。前述の説明で明らかなように，遺伝の影響を調べることは取りも直さず環境の影響を調べることであり，共有環境と非共有環境のそれぞれが個人差の程度に寄与することがわかった。知能の横断的研究から知能の発達を直接論ずることはできないが，乳児から老年期にいたる時期でそれぞれの寄与率が異なることから，プロミン（Plomin, 1986）は生涯発達モデルを提案した（図 I-2-1）。それによると，遺伝の寄与率が乳児期では少なく，児童期では増加し，その後も児童期・青年期・成人期・高齢期を通じて高くなることがわかる。非共有環境の寄与率は乳児期に非常に高く，児童期以後も比較的高い水準を維持しているのがわかる。そして寄与率が最も低いのは共有環境であった。

　このように行動遺伝学はその方法論上の弱みを抱えながらも，生涯発達心理学の発展に多大な貢献をしてきた。プロミン（Plomin, 1986）は最終章の中で，図 I-2-1 の自らの生涯発達モデルと，図 I-1-1 のバルテスらによる生涯発達モ

図 I-2-1　プロミンの生涯発達モデル（Plomin, 1986, p. 323）

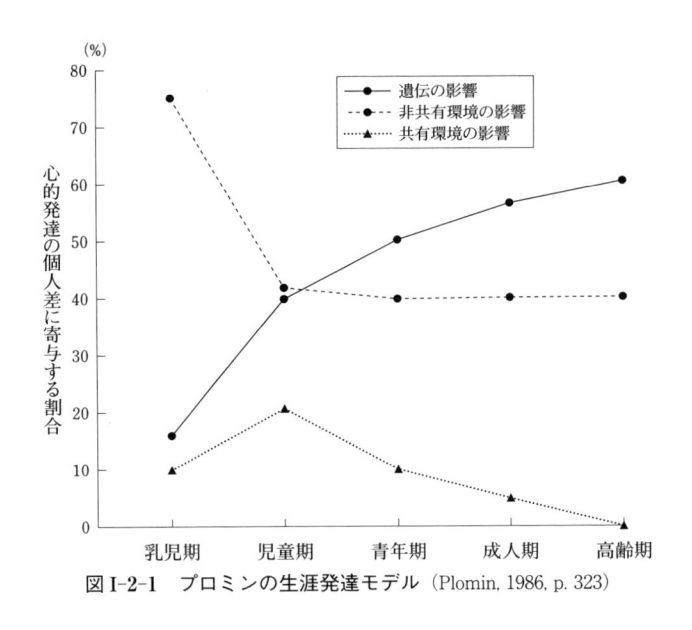

デルとの比較をしている。図 I-1-1 は3種類の事象の相対的影響が生涯にわたる変化を示すモデルであること，図 I-2-1 は個人差を生み出す個人に特殊な事象の影響についての実証的データから構成されたものであると前置きをした上で，次のような2つの解釈を提供している。1つは，バルテスの個人に特有な事象の影響が生涯増加する点について，もしその中に遺伝的影響があるとすれば，それは図 I-2-1 に表れている傾向と一致する。もう1つは遺伝の影響を取り除いた非共有環境の貢献は，生涯を通じて40％程度と，一定であるという解釈である。

　この集大成的な実証研究に基づくモデルとバルテスらによるモデルの比較はより深めることは，発達の全体像の理解に貢献するであろう。特にある集団の中のある特性の規定因としての遺伝と2種類の環境（共有環境と非共有環境）の影響を明らかにできたことと生涯発達についての大いなる示唆を提供できたことは評価できる。ただし，ある集団の中の特性の個人差を相関係数という数字に基づいて論じているかぎり，発達の仕組みについての洞察を得るには限界がある。この仕組みについては次節で詳しく述べることにする。

遺伝係数

遺伝係数（heredity coefficient）とはある集団内でのある特性のバラツキ（差異の程度）が遺伝による割合を示す。係数は次のようにして求められる。植物の例で見ると、まず遺伝的に同じ種子を均質な土壌Aと不均質な土壌Bにまく。成長を待ってこの植物の特性たとえば高さを測定する。土壌Aの植物の高さのバラツキは土壌が均質であるため遺伝によるバラツキによるものである。土壌Bの植物の高さのバラツキは土壌が均質でないため、遺伝のみならず土壌という環境にもよるわけである。前者のバラツキを後者のバラツキで割れば、遺伝係数を計算することができる。

遺伝係数＝Vh/V（h＋e）ただし、Vhは遺伝（heredity）によるバラツキ（variation）、V（h＋e）は遺伝と環境（environment）によるバラツキとする。遺伝係数はこのように環境の均質性に大きく依存するし、遺伝によるバラツキがない場合にはこの係数を計算することもできない。たとえば日本人の髪の色を1つの特性と見ることができるので、遺伝係数を出してみると、どんな環境に育ってもVhがゼロであってV（h＋e）もゼロであるので、ゼロをゼロで割った答えは不定である。ところが、髪の色は遺伝子によって決まっている。遺伝係数を出すためには、集団内での特性の差異がなければならない。遺伝係数はもともと穀物や家畜の生産性を高めるために考え出された。そのためには生産性という特性の差異が、遺伝によるか環境によるか調べることは重要である。遺伝係数がわかれば、発達に寄与する規定因に遺伝を考慮すべきかどうかを判断でき、発達の仕組みについての理解に向かって第一歩を進めることができる。

知能や気質といった心理学的特性について遺伝係数は、研究によってちがいがあるものの、.4〜.7くらいの幅で報告されている。前述のように、遺伝係数は環境によるバラツキの程度に大きく影響を受ける。経済的・教育的環境が理想的になれば、心理的特性の遺伝係数が.7に近づいたり、それを超えることが容易に予想できる。知能の遺伝係数が.5であるというと知能指数が遺伝するかのような印象を与えるがそうではない。ある集団での知能指数のバラツキが遺伝的近さのちがいと相関があるということである。知能指数が遺伝するのではなく知能を決める潜在性が遺伝するのである。この潜在性の現れ方は環境によって大きく変化する。

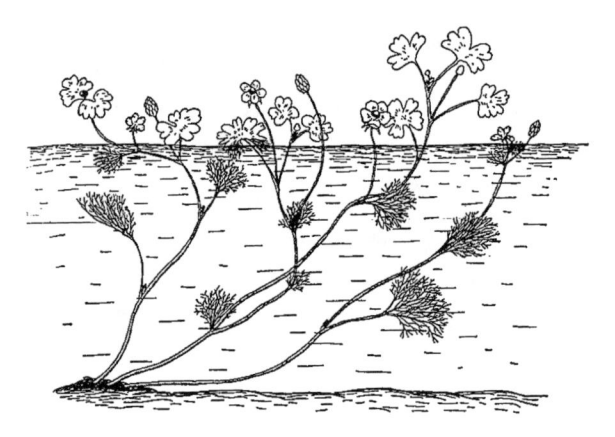

図 I-2-2　水生ラナンキュラスの反応域 (Dobzhansky, 1955, p. 75)

反応域（環境閾値モデル）

　同じ遺伝子型を持った個体が異なる環境に置かれた場合，個体の特性が変化する。この変化の幅を反応域という。また，異なる遺伝子型を持った集団が異なる環境に置かれた場合に，それぞれの集団の表現型が環境の質によって異なる反応域を示す（Dobzhansky, 1955）。遺伝子型が同じ前者の場合は環境という変数が1つだけあるので，交互作用を計算できない。しかし，個体が環境と相互作用をすることを示すよい例がある。水生ラナンキュラスの形質が水面下と水上で異なることを見れば，花の形状が遺伝するのではなく，花か葉状を決める潜在力が遺伝していることが理解できる（図I-2-2）。

　遺伝と環境の交互作用については，ゴッツマン（Gottesman, 1963）は知能の反応域を，環境の質と遺伝子型の関数として表すことができると考えた（図I-2-3）。遺伝子型Aを持った集団が貧弱な環境に置かれた場合と理想的な環境に置かれた場合を考えると，その反応域は最小である（右端の矢印を参照）。これに対して遺伝子型Dを持った集団が貧弱な環境に置かれた場合と理想的な環境に置かれた場合を考えると，その反応域は最大である。遺伝子型BとCを持った集団は遺伝子型Aと遺伝子型Dの中間の反応域を示す。同じ遺伝子型を持っていても環境の関数でその表現型が反応する範囲が変わり，異なる遺伝子型を持った集団はその遺伝子型の種類によって，異なった反応域を示す。

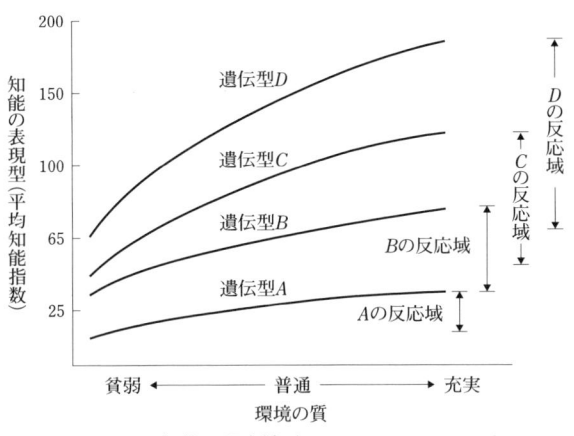

図 I-2-3　知能の反応域　(Gottesman, 1963, p. 173)

統計的交互作用の典型的な例である。グラフから，知能が遺伝するのではなく，知能の反応域を生み出す潜在力が遺伝することがわかる。

　行動遺伝学と遺伝係数と反応域の研究は，いずれも遺伝と環境の関係に示唆を与える成果をもたらした。特に，反応域の考え方は，遺伝と環境の関係を簡潔に示す点では便利である。同じ遺伝子型を持っていても，環境次第で異なった特性を発現することを示している。また，同じ理想的な環境に置かれたとしても，遺伝子型が異なれば異なる特性を発現することを示している。遺伝か環境かという二者択一のまちがった枠組みから脱するためにも，有効である。行動遺伝学で得られた知見も同じように有効である。特に，プロミンの生涯発達のモデルの提出は，発達とは何かを問う時，大いに参考になる。しかしその問いに直接的には答えていない。なぜなら，そのために提案されたモデルではないからである。

　そこで，次に，発達の仕組みを考える際に概念的に役立つモデルを提示する。

2-3　規定因から発達の仕組みの理解へ

　これまでに概観した規定因の研究は，これまでの心理学の主要な柱をなすもので，その進歩を支えてきたものと言える。規定因の研究はこれからも続くで

あろうし，その重要性を否定することはできない。すべての研究において，初めからその中心的テーマに立ち入ることはできない。発達心理学は，現段階で100年余りに及ぶ規定因の研究蓄積があり，それに基づいて，次の段階に進もうとしているところである（Cairns & Cairns, 2006; Baltes *et al.*, 2006; 鈴木, 2008）。この進歩はI-1で見たように，分子生物学・進化発達生物学などの最近の成果の影響を受けていることは明らかである。

この最近の成果が現れれば現れるほど，再評価されている発達の古典的モデルがある（Jablonka & Lamb, 2005）。それはワディントン（Waddington, 1957）のエピジェネティック地形モデル（epigenetic landscape model）である。このモデルはピアジェ（Piaget, 1966）によって1966年の国際心理学会で革命的であるとされたにもかかわらず，その後大多数の心理学者に共有されることはなかった。次にワディントンのモデルの記述をし，それが21世紀の心理学にいかに受け入れられているか，そのモデルの発達科学史上の意義について論ずる。

ワディントンのエピジェネティック地形モデル

エピジェネティクス（epigenetics）とは何か。ワディントン以前にはその名詞形エピジェネシスと言えば，地層が次から次へ堆積する様子か，生物の器官が分化を経て大人の器官になる様子を表していた。発達が後から後へと新しい形質を生み出すことを指していた。エピジェネシスは，大人の器官は受精時には微小の器官であったとする理論（前成説）に対抗する，2000年以上続いた理論であった。遺伝子とは関係のない発生の様子を記述・説明する理論であった。

ところがワディントンはショウジョウバエの幼虫に熱を加えると，新しい形質がその個体の羽に現れ，その新しい形質が何代か後の子孫にまで遺伝することをつきとめ，この現象を遺伝的同化（genetic assimilation）と名づけた。これは遺伝子から来る形質の遺伝ではなく，熱の作用によって現れた形質の遺伝（熱の影響によるエピ遺伝子の表現型の変化）であることから，エピ（epi：～の上，on top of-）を意味する接頭辞をジェネティック（genetic：発生的または遺伝的の意）につけたわけである。遺伝子の作用以上の遺伝可能な形質を研究する分野がエピジェネティクスと呼ばれる。最近の遺伝子工学，分子生物学，

進化発達生物学，さらには再生医療の発展によって，この概念の現代性があらためて認識され始め，今では発達生物学では最重要概念となった。言い換えると，細胞の分化，病理の発生，環境の変化に対する敏速な反応，遺伝，さらには進化をも統一的に説明できる概念となったのである（Jablonka, 2009）。

　ワディントンによるエピジェネティクスを理解するためには，遺伝子型，エピ遺伝子型，表現型，環境要因，発達の経路，経路化の理解が不可欠である。遺伝子型とは，個体が両親から受け継いだ遺伝子配列の総体である。エピ遺伝子型とは，遺伝子型とは独立に起こる遺伝可能な形質を生む化学的変化の総体である。表現型とは，個体の観察可能な特性を指す。環境要因とは，個体が外界から受ける栄養，温度，化学物質などの多数の環境規定因である。発達の経路とは，時間軸上で個体が表す表現型の総体である。これは個体がもしちがう環境にあったならば発現したであろう潜在的表現型ではなくて，ある時点で発現した，たった１つの表現型のことである。経路化とは，発達の経路が深いところでは環境要因の影響を受けにくく，浅いところでは受けやすい程度を指す。

　ワディントンは，これらの概念を使って，発達とは何かという難しい問いに答えようとした。難しいことをやさしく表現するために視覚に訴えた。その結果がエピジェネティック地形モデルである。このモデルは，発達の経路は複数あって，ある時点の経路の選択は環境にも遺伝にもよるという発達の大原則を表現している。図Ⅰ-2-4にあるように，起伏のある地形を下から網目のように張りめぐらされた土台として支えているのは遺伝子である。多数の遺伝子が，地形の起伏の形成に寄与する，すなわちある１つの特性の発達に寄与するという，当時としては並外れた洞察を示している。この地形モデルは提案されてから半世紀以上経った今もなお，発達科学者に示唆を与えるモデルである。個体の表現型を遺伝子に支えられた地形の上から見ると，地形は扇形をしている。扇形をしているのは発達の初期には特性のバラツキ（差異）が小さく，発達の後期にはバラツキが大きくなるからである。要のところが一番高く，広がりのあるところが低くなっている。ボールが高いところから低いところに転がる軌跡が，ある個体のある特性の発達の経路（水路）である。ボールは個体の時間軸上の位置を示すと同時に，その時の個体が持つ特性をも示す。図の上部は，個体が未分化な状態から分化する過程を示している。

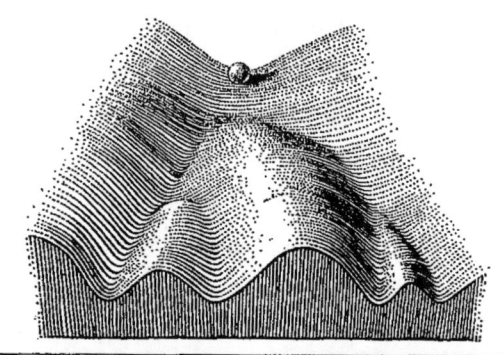

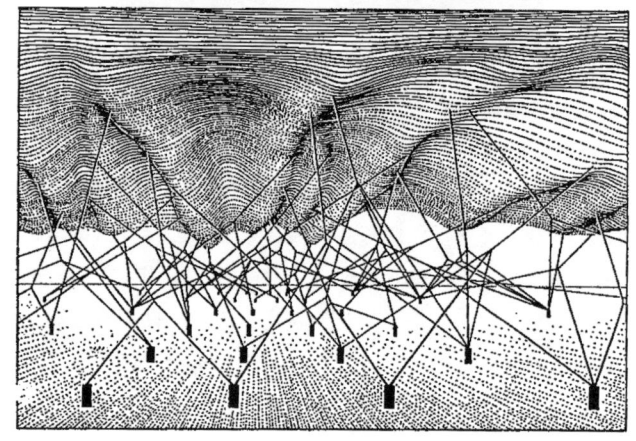

図I-2-4　エピジェネティック地形モデル（Jablonka & Lamb, 2005, p. 64）

　前節の反応域の項で見たように，同じ遺伝子型を持っていても，どの環境にいるかによって，個体は多様な表現型を現す。地形はある個体がもしも異なる環境にあったならば，発現したであろう潜在的特性の総体を示す。言い換えると，地形はある個体が環境規定因によって多様な特性を現し得ること，すなわち，発達には可塑性があることを示している。地形全体ではなくて，ボールで表される個体の発達を見る時は，ボールの位置が，ある環境下の，ある発達の時点での1つの特性を示す。
　地形モデルはもともと，未分化な細胞から分化を経て大人の器官ができる過程を遺伝子とのかかわりで記述するために考案された。ところが，発達の概念の核心をついたこのモデルは，発達心理学者にも部分的に受け入れられた。心

理学では，心理特性の分化を細胞の分化に置き換えた。たとえば，経路化の概念は，ある能力は環境の影響を受けにくく，他の能力は受けやすい理由を説明するのに使われるようになった。歩行や発話の能力はすべての子どもで1〜2歳で急速に発達するのに比べて，スケート乗りや書きことばでは同じような現象が見られない。おそらく歩行や発話の能力は深く経路化されているのであろう。どんな環境にあっても，たいていの子どもは歩行と言語の能力を幼児期に発達させる。これに比べてスケート乗りも書きことばもそれを支える環境がなければ，発達しない。これは経路化が浅いためであろう。

発達科学の視点からこの古典モデルを検討すると，モデルは経路化の度合いの理解に貢献するばかりでなく，発達とは何かという問いに正面から答えていることがわかる。つまり，環境規定因と生物学的規定因が対立する形で働くのではなく，環境の働きかけに対応できる生物学的潜在性を個体は内蔵しているということがわかる。ある1つの遺伝子型を持つ個体が多様な表現型を持ち得るのはこの可塑性のためである。これは表現型の可塑性（phenotypic plasticity）といい，時間軸上で見た時，表現型の変化は発達の可塑性（developmental plasticity）という。両者を分子レベルで支えているのは遺伝子のオンかオフの発現メカニズムとエピ遺伝子の作用である。前節で見た反応域のモデルには時間軸がないために，表現型の可塑性をとらえ得ても発達の可塑性をとらえることができない。これに対して，地形モデルはまさに時間軸を取り入れたために，表現型の可塑性と発達の可塑性の双方をとらえることに成功した。

可塑性という概念は，もちろん柔軟性，臨機応変性，変容性などの意味を持つが，それ以上の生物学的特性を指す。数十億年という進化の過程でおそらく出現したであろう天文学的数字の種を生み出す潜在力を指すと同時に，ヒトに限らずあらゆる個体が環境の変化に応じて限りない発達の経路を選択し得る潜在力を指す。生物多様性と発達経路の多様性を支える特性である。進化学の分野では発達の可塑性の概念を最重要軸にして，進化学の再編が進んでいる（Jablonka & Raz, 2009; West-Eberhard, 2003, 2008）。心理学者もこの再編に手を貸している（Gottlieb, 2002）。

セーレンらの多層システムズ地形モデル

セーレンとスミス（Thelen & Smith, 1994; 2006）はこの地形モデルを行動の発達に適用している。ダイナミックシステムズ・アプローチ（BOX5参照）は，すべてのシステムは他のすべてのシステムと関係するという前提から，これらのシステムの力動的関係の解明をめざす学である。直立二足歩行を例に取ると，そのためには足の骨格筋の系，それを制御する脳神経系，足を交互に動かす運動系，足の動きと体全体とのバランスを保つ系などがかかわって，個別の系をまとめる全体としてのシステムが形成された時に初めて歩行が可能になる。歩行の前に多くの場合「ハイハイ」が起こるが，これはすべての子どもが遺伝プログラムに従って見せる順序ではないことを示した。ある子どもにとっては「ハイハイ」が，その子どもの神経運動系のある特殊な状態と，あるところに行きたいという意思があった時に初めて成立するのであって，「ハイハイ」をせずに，腹を利用して移動する子どもも，いざる子どももいることを，示したのである。歩行への発達経路が遺伝プログラムの関数ではなく，複雑に絡まる系をまとめ上げるシステムによると提案し，この提案がワディントンの地形モデルに基づくとしている。

上の例でわかるように，ダイナミックシステムズ・アプローチはいくつもの系を前提にしているので，1つの特性の発達を説明しようとしたワディントンの地形モデルでは不十分である。そこで，セーレンらは地形モデルを多層システムズ・アプローチ（multilayered systems qpproach）の中に取り入れた（図I-2-5）。このモデルでは時間軸が水平方向の線で表され，異なる系の力動的関係が垂直方向の矢印で表されている。水平方向の線のくぼんだ部分が発達の経路となりやすい特性，盛り上がった部分が発達の経路となりにくい特性であり，それぞれ特性に安定性があるか否かを示しているという。このモデルでゲゼル的成熟理論を見直すと，ゲゼルの記述した発達は数ある発達の経路のうちの1つであることが理解できる。トマセロ（Tomasello, 2006）の言語発達理論も基本的考え方としては，この地形モデルの方向と一致している。エリクソンの理論も多数の経路選択を前提としている点で，一致している。遺伝子の働きを想定した理論ではないにもかかわらず，その理論の基本的考え方はシステム論との親和性がある。エピジェネティックモデルというエリクソンによる命名は単な

る偶然の一致なのではなく，発達の根幹思想の表現と見てよいであろう。

発達科学と現代のエピジェネティクス
　発達心理学が発達科学に移行する際の決定的要因は，隣接科学との交流であることをI-1で述べた。100年ほど前に発達心理学が成立する以前は，発生学の分野で発達とは何かが真剣に議論されてきた。その伝統を受け継いだ発生学がエピジェネティクスの成果を取り込んで発達の中核的仕組みの解明へと進んできた。今こそ発達科学はこの隣接科学の成果を取り込んで，発達についての理解を深める時であろう。次に現代のエピジェネティクスの成果を紹介する。ワディントン

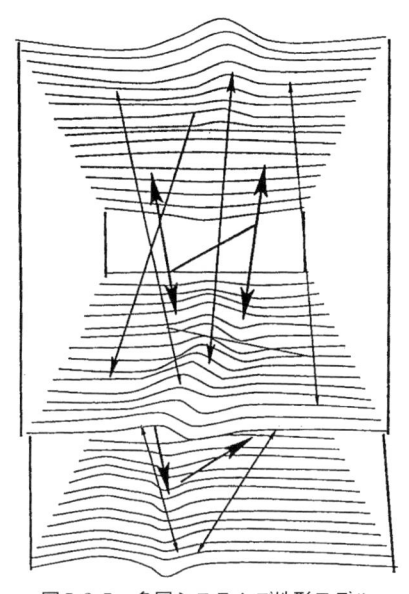

図I-2-5　多層システムズ地形モデル
（Thelen & Smith, 2006）

が知り得なかった分子生物学の成果をまとめて述べた後で，発達科学にかかわりのある研究を挙げることにする。

　現代のエピジェネティクスから見ると，ワディントンのモデルは概念的なレベルにとどまっている。それにもかかわらず，新しい科学的成果はもともとの地形モデルの中に取り込まれている。新しい成果はいくつかある。まず，遺伝子配列のすべてが解明され，遺伝子の数がおよそ22000であることがわかった。対になった遺伝子にはスイッチがあって，常時オンになったりオフになったりする。オンになった時にそれに対応する器官は特殊なたんぱく質を生成する。これによって生体の表現型が変化する。表現型の可塑性の基礎になるのは遺伝子のこのような働きによる。環境要因のあるものが特定の遺伝子配列の近くで起こす化学的変化（modification: 装飾，ワディントンの提案したエピ遺伝子に対応する）がエピジェネティクスの中核にあることが解明された。現代のエピジェネティクスとは遺伝子配列が変わらない条件で，ある環境下で遺伝子の働きと化学的変化が発達の経路を変える過程の研究分野である（Jablonka & Raz,

2009)。言い換えると，エピジェネティクスとは，個体がその表現型を時間軸上で変化させる発達の可塑性と経路化の研究分野である。現代のエピジェネティクスの新しい成果を取り入れるならば，地形モデルの地形は固定的ではなく，環境からの信号と遺伝子からの信号に常時対応する，波うつ力動的地形なのである。

　胎児の発達の経路選択はこの分野の研究の一例である。生死にかかわる程度の栄養不足に直面すると，胎児は遺伝的にプログラムされた発達の経路を選択せずに，栄養不足の環境要因がある遺伝子の近辺に分子生物的変化を起こし，発達の経路を変更させる。脳と心臓などの重要器官の発達を優先させ，腎臓・血管などの生殖に直接関係しない器官の発達を犠牲にする。つまり，胎児は低体重で生まれるものの，性成熟を加速化し，子孫を遺す経路の選択をする。その結果，その個体は高血圧・糖尿病などを早く発症し，死亡する傾向があるという。動物実験ではこの傾向が数世代にわたって維持されることが示されている（Kuzawa, 2005）。また胎児がアルコール・麻薬・鉛・水銀などを胎内で吸収すると奇形や知的障害が起こる時にも，エピジェネティックな過程の作用があるとされている。母親の養育行動が子どもに与える影響について，主として動物実験の結果から，特定の遺伝子の発現がどのようなエピジェネティックな過程を経て生じるかが明らかにされた（Meaney, 2010）。この過程は前にも述べたように，遺伝子の発現・神経伝達物質の分泌を経る分子生物学的過程であって，可塑性が高い。

　性成熟と養育環境の研究も，発達の経路選択にかかわる研究の一例である。40年前の心理学的発達研究が，進化学の理論で新たな発達科学的理解へと進んだ好例である。ヘザリントン（Hetherington, 1972）は，離婚の結果，父親不在となった家族の研究で，その娘は多数の異性との接近・交流傾向を示すことを明らかにした。ドレイパーとハーペンディング（Draper & Harpending, 1982）は，この種の結果を解釈する進化学的仮説を提出した。それによると，子どもはその幼少期に親の行動を観察し，自分の将来の設計をするという仮説である。父親不在から子どもは父親からの養育行動も期待せず，両親の結びつきのはかなさを予測する。その結果，ヘザリントンが記述した行動が現れる。他方，両親ともに子どもの養育にたずさわるのを観察すれば，当然父親からの養育行動

も父母の安定した関係も予測し，生物学的な性成熟をした後でも多数の異性との性行動を控え，両親と同じような関係を築こうとする。これは2つの極端な条件のもとでの発達の経路のちがいを説明している。

ベルスキーら（Belsky *et al.*, 1991）は，こうした進化学的仮説を社会化一般に押し広げた。ティンバーゲン（Tinbergen, 1951）にしたがって，社会化の生物学的究極規定因，遠隔的規定因，至近規定因を明示化した仮説である。究極規定因は進化，特に生殖成功率にかかわり，至近規定因は家族内のダイナミクス，遠隔的規定因は2者の間にある適当な規定因である。たとえば親の養育行動の発達は子どもの社会化から見ると1世代前に起こった遠隔的規定因となる。この進化学的仮説によると，5～7歳の頃，子どもは環境の中にどれだけ資源があるか，安定しているかの理解をする。この理解によって生物資源をどう分配するかを決める。もし，資源がなく，しかも関係が不安定であると理解すれば，性成熟を早め，短期決戦の戦略を選択する。短期決戦の戦略とは自己に照準を合わせた生殖活動である。反対に，両親の関係が信頼でき，永続的であると理解すれば，長期的観点に立った戦略，つまり生殖可能な相手との永続的関係を築いた後に生殖と養育をする経路を選択する。この進化学的仮説は養育と繁殖成功率にかかわるので，哺乳類の動物実験で分子レベルでの仮説検証が可能であろう。

分子レベルでのエピジェネティクスの研究に戻ると，双生児の発達的研究がある。一卵性双生児間では遺伝子配列が同一で，それは一生変わることがないにもかかわらず，時間が経つにつれ，遺伝子配列のある場所で分子生物学的変化が進み，表現型が変化する（Gluckman *et al.*, 2009, p.91）。3歳の双生児と50歳の双生児の分子生物学的変化の程度を見た研究によると，変化した部分の数が50歳の双生児では何十倍にもなることが示された。同じ遺伝子を持っていてもその表現型が変わり得ることを示している。将来はこの分子生物学的変化と心理特性の関係が問われることになろう。

以上，見てきたように，発達の規定因として遺伝，環境，自己の3要因を概念的に区別できるものの，その相互作用・相互浸透性と発達の可塑性こそが発達の仕組みの基礎にある。ワディントンのエピジェネティック地形モデルは心

理特性の発達の理解を深めるための重要な鍵を提供している。ある1つの遺伝子がある1つの心理特性を決めるのではなく，多数の遺伝子とエピジェネティックな過程が力動的に作用しながら，その時々の環境条件に応じて地形の形状を決める。発達の主体である自己は，その生存をかけて，地形を転がるボールのごとく，刻々と変化する地形に対応して発達の経路を選択する。発達の初期にはこの選択は無意識になされるであろうし，意識を持った存在に成長した後でも，選択は常に意識的になされるとは限らない。発達の可塑性があるからこそ，個人の選択の重要性を強調することに意味があるのである。

経路選択の鍵となるのは適応である。適応とは個体の生命維持・成長のことであり，個体の持つ遺伝的潜在性の最大化であり，さらには繁殖成功率の最大化である。こうしてみると，適応の主体が自己であることは明瞭である。遺伝・環境・自己の3大規定因の中で，自己は要である。行動主義に影響を受けた時代には，環境規定因のみで人間の行動が説明できるとする風潮が強かった。将来，発達科学は隣接科学の成果を視野に入れ，自己規定因を中心に発達現象を理解する方向に進むことを期待したい。

引用文献

安藤寿康（2011）．遺伝マインド——遺伝子が織り成す行動と文化　有斐閣
Allport, G. (1955). *Becoming*. Yale University Press. (豊沢登（訳）(1959). 人間の形成　理想社)
Baltes, P. B., Lindenberger, U., & Staudinger, U. M. (2006). Life-span theory in developmental psychology. In W. Damon (Ed.), *Handbook of child psychology*. Vol. 1. Wiley. pp. 569-664.
Belsky, J., Steinberg, L., & Draper, P. (1991). Childhood experience, interpersonal development, and reproductive strategy: An evolutionary theory of socialization. *Child Development*, **62**, 647-670.
Bogin, B. (1999). *Patterns of human growth*. 2nd ed. Cambridge University Press.
Bronfenbrenner, U. (2004). *Making human being human: Bioecological perspectives on human development*. Sage.
Cairns, R. B., & Cairns, B. D. (2006). The making of developmental psychology. In W. Damon (Ed.), *Handbook of child psychology*. Vol. 1. Wiley. pp. 89-165.
Chiao, J. Y., & Ambady, N. (2007). Cultural neuroscience parsing universality and diversity across levels of analysis. In S. Kitayama & D. Cohen (Eds.), *Handbook of cultural psychology*. Guilford Press. pp. 237-254.

Chomsky, N. (1957). *Syntactic structures*. Mouton.
Dobzhansky, T. (1955). *Evolution, genetics, and man*. Wiley.
Draper, P., & Harpending, H. (1982). Father absence and reproductive strategy: An evolutionary perspective. *Journal of Anthropological Research, 38*, 255-273.
Eagly, A. H (1987). *Sex differences in social behavior: A social role interpretation*. Erlbaum.
Erikson, E. (1950). *The childhood and society*. Norton.
Geary, D. C. (2009). *Male, female: The evolution of human sex differences*. 2nd ed. The American Psychological Association.
Gesell, A., & Thompson, H. (1938). *The psychology of early growth including norms of infant behavior and a method of genetic analysis*. Macmillan.
Gluckman, P., Beedle, A., & Hanson, M. (2009). *Principles of evolutionary medicine*. Oxford University Press.
Gottesman, I. I. (1963). Genetic aspects of intelligent behavior. In N. R. Ellis (Ed.), *Handbook of mental deficiency*. McGraw Hill..
Gottlieb, G. (1995). Some conceptual deficiencies in 'developmental' behavior genetics. *Human Development, 38*, 131-141.
Gottlieb, G. (2002). Developmental-behavioral initiation of evolutionary change. *Psychological Review, 109*, 211-218.
Hetherington, E. M. (1972). Effects of paternal absence on personality development in adolescent daughters. *Developmental Psychology, 7*, 313-326.
Inagaki, K., & Hatano, G. (2002). *Young children's naïve thinking about the biological world*. Psychology Press.
Jablonka, E., & Lamb, M. J. (2005). *Evolution in four dimensions: Genetics, epigenetic, behavioral, and symbolic variation in the history of life*. MIT Press.
Jablonka, E., & Raz, G. (2009). Transgenerational epigenetic inheritance: Prevalence, mechanisms, and implications for the study of heredity and evolution. *The Quarterly Review of Biology, 84*, 131-176.
柏木惠子・高橋惠子（編著）(2008). 日本の男性の心理学――もう一つのジェンダー問題　有斐閣
柏木惠子・北山忍・東洋（編）(1997). 文化心理学――理論と実証　東京大学出版会
Kitayama, S., & Cohen, D. (2007). *Handbook of cultural psychology*. Guilford.
Kuzawa, C. (2005). Fatal origins of developmental plasticity: Are fetal cues reliable predictors of future nutritional environments? *American Journal of Human Biology, 17*(1), 5-21.
Markus, H., & Nurius, P. (1986). Posssible selves. *American Psychologist, 41*, 954-969.
McGue, M., Bouchard, T. J., Iacono, W. G., & Lykken, D. T. (1993). Behavioral genetics of cognitive ability: A life-span perspective. In R. Plomin & G. E. McClearn (Eds.), *Nature, nurture, and psychology*. American Psychological Association. pp. 59-76.

Meaney, M. J. (2010). Epigenetics and the biological definition of gene × environment interactions. *Child Development, 81*, 41-79.

Piaget, J. (1947/1950). *Psychology of intelligence.* Routledge & Kegan Paul.

Piaget, J. (1966). Psychology, interdisciplinary relations and the system of sciences. XVIII International Congress of Psychology, Moscow.（芳賀純（訳）（1970）．諸科学と心理学　評論社）

Plomin, R. (1986). *Development, genetics, and psychology.* Erlbaum.

Schaie, K. W. (2005). *Developmental influence on adult intelligence: The Seattle Longitudinal Study.* Cambridge University Press.

Stearns, S. C. (1992). *The evolution of life histories.* Oxford Univeristy Press.

鈴木忠（2008）．生涯発達のダイナミクス──知の多様性　生きかたの可塑性　東京大学出版会

Thelen, E., & Smith, L. B. (1994). *A dynamic systems approach and the development of cognition and action.* MIT Press.

Thelen, E., & Smith, L. B. (2006). Dynamic systems theories. In R. M. Learner (Ed.), *Handbook of child psychology.* 6th ed. Vol. 1. Wiley. pp. 258-312..

Tinbergen, N. (1951). *The structure of instinct.* Oxford Univeristy Press.

Tomasello, M. (2006). Acquiring linguistic constructions. In D. Kuhn & R. Siegler (Eds.), *Handbook of child psychology.* Vol. 2. Wiley. pp. 255-298.

Turkheimer, E. (2000). Three laws of behavior genetics and what they mean. *Current Direction in Psychological Science, 5*, 160-164.

Waddington, C. (1957). *The strategy of the genes: A discussion of some aspects of theoretical biology.* George Allen & Unwin.

West-Eberhard, M. J. (2003). *Developmental plasticity and evolution.* Oxford University Press.

West-Eberhard, M. J. (2008). Towards a modern rival of Darwin's theory of evolutionary novelty. *Philosophy of Science, 75*, 899-908.

I 発達心理学から発達科学へ

3 発達の概観

高橋惠子

　本章では生涯発達の全体像を概観し，それと関連させて本シリーズ1〜3巻の各章を位置づけて紹介し，学習のための案内としたい。まず初めに，発達の区分の方法について検討する。次に，生涯にわたって発達を概観する。発達の全体像を持つことによって，発達科学が何を研究の対象にしているかの理解の一助としていただきたい。

3-1　発達をどう区分するか

発達段階説
　(1)　**発達段階説とは何か**　I-1-2では発達の連続・不連続についての実証的研究の動向を紹介した。実証的研究では主として数量的な測度が使われる。これに対して，発達の変化には量的な蓄積だけではなく，非連続的な質的変化が見られるとするのが発達段階説である。質的変化の発現には一定の順序があり，非可逆的な段階が認められるとする。その代表としては，認知発達についてのピアジェの発達段階説や心理・社会的葛藤の解決が発達を進めることに注目したエリクソンのエピジェネティック図式（epigenetic chart）がある。本シリーズ2，3巻で見るように，多くの実証的研究は彼らの発達段階説を直接・間接に検討していると言ってもよい。たしかに，それぞれの発達の側面を検討すると，発達は領域固有的であって，必ずしも普遍的な発達段階の存在が実証的に認められているわけではない。にもかかわらず，これらの発達段階説が今なお検討されているのは，ある発達段階から次の発達段階へと移行する質的変化がたしかにあり，発達段階の理論が各時期の発達の理解にとって有効な理論的枠組みを提供しているからであろう。実証的研究の成果だけでは発達心理学を，

ひいては発達科学を構築することはできないのである。

　(2)　**発達段階の移行の仕組み**　発達段階説では，それぞれの理論家が発達には質的変化があることを指摘するとともに，ある段階から次の段階に移行する仕組みについての理論化を試みていることにその特徴がある。

　たとえば，ピアジェはI-1で述べたように均衡化説を提案し，ある認知構造から次の認知構造への移行が均衡化（equilibration）によって起こると説明した。均衡化とは個体が外界と相互交渉をする時に必然的に生じるズレを克服することを意味し，人間は同化（物や外界をシェム――シェム（schème）は認知機能の作用的側面を指す。これに対してシェマ（schéma）は，イメージ，知覚，記憶などの形象的側面を言う（Piaget, 1983, p. 104）――や概念に取り入れること）と調節（物や外界に応じてシェムや概念を変えること）をとおして適応していくと考えた。同化がうまくいかないと調節し，それによって新たな同化を行うという具合に，次々により"大きな均衡（equilibration majorante）"（Piaget, 1977）をつくり出す，これを発達だとした。そして，それぞれの発達段階の心的構造は異なるので，発達は構造的には非連続であるが，同化と調節という機能に注目すれば連続性があると主張した。同化と調節は生物体の新陳代謝に相当する機能であり，ピアジェの理論はその生物学的立場を反映して発生的認識論（genetic epistemology）と名づけられた。表I-3-1にピアジェの知能の発達段階を示した。なお，感覚―運動的知能の6つの下位段階については，本シリーズ2巻の表II-3-2を参照されたい。

　エリクソンは，それまで精神分析理論に支配的であった心理―性的（psycho-sexual）な視点と心理―社会的（psycho-social）な視点を統合し，人間の存在は身体―心理―社会的（soma-psyche-ethos）の3つの過程が補完し合ったものだとし，したがって，発達はエピジェネティックに順次分化するとして，それを図I-3-1のような図式として示した。この8×8のマトリックスは人間の一生にわたる発達の予定を意味している。エリクソンは人生の基本的な性質として「活力」（virtue：ラテン語のvirilityは活力の意で強さ，統制力，勇気を統合した性質を，英語の古語では生まれながらの強さや積極性を意味する）を仮定し，「活力」は図I-3-1の対角線上にゴシック体で示したように，各発達の段階に希望，意志，目的，有能感，忠誠心などと割り振られている。

表 I-3-1　ピアジェの知能の発達段階（Piaget & Inhelder, 1966/1968 より作成）

段　階	年齢の範囲	特　徴
感覚-運動的段階	0〜2歳	感覚-運動的シェムを使って人やもの，環境を認識する。この段階は6つの下位段階が区別される。生得的な行為に始まるシェムやいくつかのシェムを協応させ，周りの人やものと交渉し，18か月頃には表象能力を発達させる。
前操作的段階	2〜7歳	ごっこ遊びに見るように，象徴機能が出現し，言葉や心的イメージが使えるようになる。4〜7歳では表象を協調させることが可能になる。しかし，充分には操作的ではなく，直感的調整作用で補う。他者の立場に立つことが難しく，それを自己中心性と呼ぶ。
具体的操作段階	7〜11，12歳	物体の状態を変換したり，元に戻したりすることを表象できるようになる。具体物を扱う限り，論理的操作をできることが，保存の実験でたしかめられる。しかし，言語的に提示される仮説についての操作はむずかしいので，具体的操作と言われる。
形式的操作段階	11，12歳〜	具体的なものへの中心化が解除され，現実や自分の信条を超えて，仮説—演繹的，形式論理学的に正しく推論をすすめることができる。操作的諸シェムが出現する。したがって，抽象的で複雑な問題を扱ったり，抽象的な知識を獲得したりもできる。

エリクソンによればこれらの「活力」は単なる思いつきで配置したのではなく，希望がないところに意志は生まれないし，愛情は確固とした忠誠心がなければ生まれないという具合に，実現した「活力」が次の「活力」の実現を支えるという具合に順序を踏んでいるとした（Erikson, 1964）。その「活力」を親和的に感じるか（syntonic quality：乳児期に例を取れば，基本的信頼），違和感を持つか（dystonic quality：基本的不信）の間で葛藤があり，それが乳児の養育環境（養育者としての母親，養育についての文化・時代）との相互作用の結果，親和感の割合のほうが優勢になれば次の段階に進む（Erikson & Erikson, 1997）。つまり，各段階で適応的な傾向が優勢であれば対角線上に示された分化を続けていくとする。しかし，これだけがエリクソンの発達段階であるととらえるのは誤りである。エリクソンがいくつもの著書で繰り返し強調しているのは，図

段階	1	2	3	4	5	6	7	8
Ⅷ 高齢期								統合 対 絶望,嫌悪 **知　恵**
Ⅶ 成人期							生殖性 対 停滞 **世　話**	
Ⅵ 成人前期						親密 対 孤立 **愛　情**		
Ⅴ 青年期					同一性 対 同一性混乱 **忠誠心**			
Ⅳ 学童期				勤勉 対 劣等感 **有能性**				
Ⅲ 遊戯期			自主性 対 罪悪感 **目　的**					
Ⅱ 幼児初期		自律 対 恥,疑い **意　志**						
Ⅰ 乳児期	基本的信頼 対 基本的不信 **希　望**							

図Ⅰ-3-1　エリクソンのエピジェネティック図式（Erikson & Erikson, 1997）

式が示している「全段階の構成を念頭において」「すべての空白の欄をも考えてみる」（Erikson, 1950, p. 272）ことが必要である。対角線上の欄の下の空欄は対角線上に示されている解決には前兆が存在することを示す。対角線の上の空欄は成熟過程にある，または，成熟した人格に見られる「活力」の派生物や変形を示す（Erikson, 1950, p. 270）。さらにエリクソンは図Ⅰ-3-2のように，対角線上に進む以外に，危機に直面して前後左右に移行するという具合に経路を選ぶ可能性があり，臨床家として図の点線の部分の欄に該当する事例がよく理解できるという（Erikson, 1964）。段階Aの「子どもらしい子ども」であったものが，横に移行すれば早熟を，上に移行すれば遅滞を意味し，そして，段階Bの「青年らしい青年」であったものが，「子どものような青年」に移行すれば退行を意味するということになる。そして，どの欄をどのような経路でたどったか

段階C	子どものような大人	青年のような大人	大人らしい大人
段階B	子どものような青年	青年らしい青年	大人びた青年
段階A	子どもらしい子ども	青年のような子ども	大人びた子ども

図I-3-2　エリクソンの図式の意味（Erikson, 1964）

が後のマトリックスの進み方に影響するとも考えたのである。

　このように発達段階説の段階の移行についてピアジェとエリクソンに共通しているのは，ともに個体と環境の相互作用に注目し，しかも，その相互作用の基礎に危機の克服，矛盾と葛藤の克服を考えた点である。

生活史の区分

　本シリーズでは，発達の様子を理解するために，受精から死にいたる生涯の生活史（life history）を用いることにした。それは，少なくとも現在は，発達についての実証的証拠を整理して区分する普遍的な理論が見あたらないこと，そしてさらに，人生90年時代になってみると，人間の生物—心理—社会的発達の順序や方向は多様であり，発達に一定の順序や普遍的な非可逆性を仮定することについての疑問が出てきたからである。しかし，以下に述べる生活史の区分での発達の特徴を見ると，発達には質的な変化がたしかにあり，質的な変化を主張する発達段階説ともそれほど矛盾していないことがわかるであろう。

　本シリーズでは生活史をわれわれが暮らす社会における習慣的，制度的な区分に合わせて8時期に分けて見ることにした。各巻とも表紙裏の見返しに掲載する表に，それぞれの区分でどのような発達上の特徴が見られるか，どのような問題が生じやすいか，さらに問題に関連する行政や教育の課題は何かをまとめ，右側の列にそれぞれの時期に該当する本シリーズ2，3巻での章とBOXを示した。

　人間の発達は生物学的基盤によって制約されてはいるが，発達上の変化の速度も内容も社会状況や本人の意志によって変わる可能性が大きい。たとえば，大人についての社会的期待が単純であれば生殖が可能な10代前半で大人と見

なされるし，現在の日本のように一人前と見なされる条件が複雑になると青年期が長くなり，成人期の開始が遅れることになる。また，社会状況（災害や経済不況など）やライフ・イベント（親の失業や死など）が青年期を突然に切り上げさせたりもする。さらにまた，本人の意思や選択によって短い青年期を生きる人や長い青年期を過ごす人もある。そして，寿命が長くなった日本では人生90年の新しい人生設計が必要となってもいる。

したがって，人間の発達を暦年齢で機械的に区切り，この区分を固定的に考えるのは適当ではない。しかし，本シリーズ2,3巻の各章で述べるように，少なくとも現代の社会では，子どもは誕生から20年近くあるいはそれ以上をかけて育ち，大人になり，大人になると生産活動に貢献し，多くは次世代を産み育て，60～70歳頃に生産活動から引退し，子育ての責任からも解放されて，自らの生活を再編成し，やがて人生を終える。このような生活史に多くの人々が参加していると概ね考えてよいであろう。就学，就職，結婚，定年などの習慣や社会制度が区分に関連していることから，それぞれの時期の生活上の課題が決まっているとも言える。むろん，この生活史をなぞるかどうかの選択はそれぞれの人に任されるべきであり，また，この生活史に参加しない（できない）人を差別しないという知恵や社会の仕組みをわれわれは育んでもきた。そのような選択，拒否，逸脱を認めた上で，生活史を区分することにした。

3-2 生活史の区分と発達の概観

本シリーズは全3巻からなる。1巻は発達科学の理論と方法，2巻は胎児期・新生児期，乳児期，幼児期，児童期の発達を，3巻は青年期，成人期，前期高齢期，後期高齢期の発達を扱っている。全3巻は互いに補い合って発達科学が理解できるようになっている。また，各章に直接入れられなかったが，発達科学に欠かせない重要な事柄について各巻7～8個のBOXを設けて解説している。以下では，発達を概観するとともに，2,3巻の構成を紹介する。

胎児期・新生児期

受精から誕生，生後4週までの新生児（誕生し母胎外での生活を準備する期

間）の成長と発達を扱う。今日では進化生物学，分子生物学，分子遺伝学，神経科学，小児医学などの生命に関する科学の理論や研究技術の進展によって，生物としての人間の理解が深まっている。それによって胎児の発達の生理的な仕組みも明らかにされつつある。さらに，胎児と妊娠中の母親，将来の父親との関係も遺伝子，ホルモン，酵素などのレベルでも研究が進められている。2巻のI-1とI-2でこの研究の動向を紹介している。2巻BOX1，2では未熟児と多胎児について解説している。

　生命科学の著しい進歩は胎児や妊婦の生理的健康や心理的安寧の維持や増進に寄与し，実際に妊婦の死亡率を下げ，高齢出産を可能にし，超低出生体重児の生育を可能にし，さらに，生殖補助医療を進めてきた。しかし，医療の進歩は新しい問題を提起してもいる。たとえば，生殖技術の進歩は私たちに人間の命をどのように考えるかという生命倫理の問題を突き付けている（柘植，1995）。進歩し続ける技術をどこまで認めるか，どこで止めるか，どの時期から人間と認めるかなどについての判断を私たちに迫っている。さらに，生殖技術によって生まれなかった子どもの人権の問題，生まれた子どもの出自を知る権利や人権をどう考えるのかという問題もある。生殖技術は性や生殖についての女性の自己決定権（リプロダクティヴ・ライツ：reproductive rights）にも新しい問題を投げかけている（家永・上杉，2008）。

乳児期

　誕生からおよそ18か月を乳児期と呼ぶ。この時期は人間が生き延びるための生物学的遺産として受け継いでいる能力や性向を使って，環境と交渉しながら発達する。すなわち，乳児は，何よりもヒトの知覚的特徴を好む性質，置かれた状況が安全かどうかをいち早く評価する生得的な一次感情，反射活動を使って生命を確保し，周囲と交渉する能力などを，単独で，あるいは，組み合わせて使い，実際にはきわめて有能である。しかし都合のよいことに，乳児は周りの大人や年長の子どもには無能力に見え，彼らは幼いメンバーの要求に応えてくれるので，乳児が持って生まれた特徴や能力は充分に引き出され，活かされることになり，概して乳児の生活は順調に営まれることになる。

　生物学的遺産を基盤にした乳児の知覚，認知，運動の発達を，2巻II-1〜

II-3で扱っている。また，人間の生得的な個性を表すとされてきた気質の研究も脳科学，行動遺伝学と結びついた新たな展開を見せていることを2巻II-4で紹介している。2巻BOX3では脳神経と行動との関連についての最新の動向であるミラーニューロンを解説している。

　乳児は感覚—運動的で表象が未発達であるために，「今，ここ」の世界で生活しているとされるが，多様な発達の萌芽が見られることも明らかになりつつある。たとえば，見慣れたものに関心を示さなくなる馴化が生後間もなくから見られることから，前の刺激を記憶しているであろうと推察される。また，興味深いことを再現したいとする生後6か月くらいから見られる循環反応には明らかに意図の兆しがある。そして，自分と他者（あるいは物）という二項関係を超えて，自分，他者，ものの3項目からなる三項関係を処理できるようになる。他者と同じものを見るという共同注意は言葉と同じ機構を持つところから言語発達の前段階として重要である。そしてさらに，これによって周りの世界を知る，つまり，文化を学ぶ契機としても重要だという議論もされている（Tomasello, 1999）。

　人間との交渉は生き延びるためにヒトの知覚的な特徴に惹かれるという生得的性質を使って生後すぐに始まる。生後6か月前後にはよく知る人と知らない人とを区別できるようになり，生後12〜18か月頃には，よく知る人の中から特に安心感を与えてくれる特別な人を選んで，自分が窮地に陥った時にはその人に応えてもらうことを強く求める愛着が出現する。乳児は人間の擁護を受けなければ生き延びられないし，また，人間との交渉を好むが，他方では生後2,3か月には自分の身体を覚知し，自己意識を持ち始める。人間関係の始まりと人間関係の中で自己が発達する仕組みを2巻II-5で述べている。

　現在は乳児を持つ母親も仕事を持つことが普通になり，0歳児でも長時間にわたって家族以外の人々に養育を受ける割合が増えている。家庭で育つのがよいのか，保育所などの保育施設でも十分に発達し得るのかという議論を超えて，家庭と保育施設の両方を合せて，子どもにとっても親にとっても，さらには，保育者にとってもよい保育の質とは何かを問題にするべき時代になったのである。2巻BOX4では，児童観を取り上げ，子どもの研究や実践における子どもについての概念・表象の重要性を指摘している。

幼児期

　生後18か月頃から就学までを幼児期と呼ぶ。この時期の発達の特徴は，歩行をはじめ様々な運動能力が著しく発達すること，認知能力が増すこと（話し言葉，表象能力，心の理論，性別意識などの獲得），生活空間が拡大すること（人間との関係の拡大と充実），そして，自己意識が明確になることである。2巻III-1で述べているように，表象の発達によって幼児は目前にないものを思い浮かべることができるようになり，「今，ここ」の制約から次第に自由になる。認知能力は十分には操作的になってはいないものの，頭の中で考えるという性質を持つようになり，意識的で自覚的な認知の基礎が形成される。様々な素朴理論が発達し，心の領域においても，行動はそれぞれの人の内面にある心が決めていること，他人の心は自分の心とは異なることが理解できるようになる。2巻III-2で述べているように，言語の発達も著しい。就学前には自分の意志や感情を言語で概ね表現できるようになる。言語は伝達手段になるだけではなく，行為の代わりをし，さらには，概念の獲得，記憶，思考の発達にかかわる。

　幼児の人間関係は一般的にはまだ家族が主であるが，保育園・幼稚園などで過ごす時間が増えるにつれて，相互交渉をする相手の種類も人数も増え，二者関係としてではなくソーシャルネットワークとしてとらえる必要がある。2巻III-3でこれを理解してほしい。2巻III-5で紹介するように，集団保育の場では家庭では体験しにくい子ども仲間との交渉を経験・習得し，子どもの持つ人間関係が変化する。一方，子どもは自分の体験や自己覚知を自己概念として持てるようになり，自己意識が明確になる。2巻III-4では自己と他者との関係の発達を扱っている。

　この時期には，多くの子どもが保育施設での集団保育を体験する。質のよい保育環境を子どもに与えることは重要である。待機児童を解消するという理由で拙速に事を運ばせないための実証的研究が必要とされている。さらに，幼児期の親たちは年若く収入が少ないこと，また，若い親は経済不況の影響を受けやすいこと，若年離婚のために乳幼児を持つ母子家庭が多いことなどから，乳幼児家庭の貧困問題が深刻になっている。2巻BOX6でこの状況を解説している。貧困がどのような影響を子どもの発達に与えるかについての研究は欧米で

はすでに進んでいるが（e.g., Huston & Bentley, 2009），日本でもこれが急がれる。さらにまた，乳幼児に対する親による虐待や再虐待（救出・介入されても家庭に戻るとまた虐待されること）の増加も深刻である（2巻BOX5参照）。「虐待は連鎖する」というような偏見を拭うためにも実証的研究が待たれる。

児童期

　小学生時代に相当するのが児童期である。学校が子どもの生活の中心であり，教科上の学力，集団生活の体験と社会の仕組みについての学習，重要な他者との関係の深化，仲間や友だち関係の拡大と充実，自己概念の明確化など，発達が活発な時期である。

　児童期の認知発達は著しく，情報を秩序づけて貯蔵し，貯蔵された知識を頭の中で処理できるようになるという性質を持つようになる。したがって，メンタル・モデルやワーキング・メモリの発達が議論の中心になる。2巻IV-1でこの発達を述べている。さらに，2巻BOX7ではこの時期の認知発達の特徴の一端である目撃証言を解説している。このような認知の発達が教科学習を可能にすることになる。2巻IV-2では学校での子どもの様子を記述している。

　とかく学力や勉強に注意が向きやすい児童期であるが，自分の内面生活への関心も強く，自分を見る目も厳しくなり，学年が進むと自尊感情得点が低くなるという報告もある。児童にとっては友だちとの関係が重要であり，精神的な深いつながりを持つ親友もできるようになる。一般には依然として親は児童にとって大切な対象ではあるが，親が子どもの精神生活において占める割合は限定され，代わって友だち・仲間など非家族との関係が重要になる。さらに，2巻IV-3で述べているように，社会の仕組みや規則などについての関心の発達にも注目してほしい。

　学力が問われる時期であるために，学力不振や学習障害，あるいは，発達障害が問題になる。家庭の貧困が子どもの学力の低下をもたらしていることを示す研究も多く見られる。2巻BOX8でこの問題と介入の可能性について解説している。学校に通うことを当然とする社会では，学校文化に適応できない子どもはつらい目に遭うことになる。学校での仲間外れやいじめ問題は深刻である。この時期の問題行動は2巻IV-4で扱っている。

青年期

　青年期とは性ホルモンの分泌による第二次性徴が始まる小学校の高学年から学校生活を終えて就職するくらいまでの十余年を指す。青年期は子どもから成人への移行期にあたる。生理的成長をたとえば初潮に見れば，初潮年齢の平均は現在日本では12歳前半である。しかし，成人に必要とされる条件である精神的・経済的な自立には時間がかかり，しかも，若年労働者を取り巻く社会的・経済的状況は厳しく，青年期は長引く傾向にある。置かれた状況や個人の選択によって，青年期の長さや内実の個人差が大きいことも看過できない。

　二次性徴は性や生殖についての関心を引き起こし，また，自分の身体に起こる新しい変化であるために自己意識，自己概念，あるいは，アイデンティティの再検討のきっかけとなりやすい。3巻I-2とI-3で，このような発達の自覚や主体性について検討している。なお，3巻BOX1で性同一性障害について解説をしている。

　社会・情動的な発達の基盤には認知発達があることはいうまでもない。3巻I-1で述べているように，青年の認知は，知識が増えるだけではなく，内省的で論理的に正しく推論できるようになり，目標志向的に推理できるようになるという特徴を持つ。保守化が著しいと論評される日本の青年の政治意識については，3巻BOX2で解説している。

　子どもから成人への移行期には精神的な葛藤や不安が生じやすい。青年期特有の一過性のものも多いが，中には深刻な問題もある。3巻I-5で述べられているように，精神的障がい・問題には多くの生物—心理—社会的な要因が複雑にかかわることが明らかになってきており，治療や予防についても，統合的介入が試みられている。さらに，3巻I-4で扱われるように，青年はケータイやパソコンなどの新しい電子機器やシステムの最も活発な使い手であり，したがって，その影響も受けやすい。

　青年期は人生の方向を決め成人となる準備の時期である。日本では95％以上の青年が高校生活を送り，卒業後には進学する者が約半数で，就職する者は少ない（16.8％）。とりあえずフリーターとして暮らす者が多くを占める。また，大学卒業後は6割近くが就職するが，依然フリーターが残りの3割を占めている（内閣府，2005）。さらには，働く意欲はあっても職がない青年，就学も

就労もせずにひきこもるニートと呼ばれる青年（推定85万人：内閣府，2005）など，多様な青年が存在する。しかし，青年心理学は伝統的に中学・高校・大学など主に学校に在籍している青年の資料に拠ってきたきらいがあり（Arnett, 2004），働いている青年，フリーター，貧困問題に直面している青年，などの資料が非常に不足している。

成人期

成人期とは，生産活動に参加し，社会のメンバーとしての責任を担い，さらに，多くの人が次世代を産み育てる時期から，これらの仕事や子育ての義務から解放されるまでの長い期間をいう。この期間には，社会的・経済的な変化や制約を受けつつ，就職，生家からの独立，結婚，子育て，場合によっては，失業や転職，離婚，親の介護や死など多様なライフ・イベントに遭遇し，あるいは，いずれかを選択しながら個人が生活をつくる。したがって，子ども時代に比べ個人差が一層大きいことも特徴である。3巻II-1で人間の個人の発達を総合的に見るパーソナリティ，その中核的な部分を扱う自己意識という概念を使って，生涯発達と適応・不適応の問題を扱っている。3巻BOX3ではベテラン，エキスパートと呼ばれる人々がどのような特徴を持つかについて解説している。

日本では，男女ともに，ワーク・ライフ・バランスの実現や生活の質の高い成人期を実現することが喫緊の課題である。労働者は過労死やうつ病が頻発するような状況にあり，就労女性は仕事と家事・育児の二重労働を強いられ，専業主婦は疎外感や育児不安に苦しむという状態に置かれている。3巻II-2でこれらの問題を扱っている。また，何らかの理由で就業できない，あるいは，最低限の収入を得られない生活困窮者に対する日本の政策の不備について3巻BOX4で解説している。

3巻II-3では，男女を問わず，親となること・親をすることとはどのようなことかを正面から取り上げている。これまでは親（中でも母親）は，子どもの発達の環境要因の1つとしてしか扱われてこなかったのである。さらに，子どもの養育，夫の世話，老親の介護，と女性によるケアで成り立っている日本の家族の問題とその解決の方向が議論されている。

人生や子どもの価値についての意識の変化，ジェンダー・バイアスの強い結

婚や夫婦関係の見直し，社会的支援が充分ではない子育ての状況，さらには，不況による経済的困難などから，成人したら「結婚して2人の子どもを育てる」というこれまでの標準的成人像が崩れ始め，成人期の暮らし方が多様になっている。まず，晩婚化が進み，さらに，少子化も著しい。また，非婚の選択をする人も増えている。しかし，いったん結婚することを選択すれば，夫婦関係のあり方が問題になる。3巻II-4で夫婦の問題を考えている。

特に，3巻II-2～II-4の3つの章では，ジェンダーの視点を持つこと，すなわち，ジェンダー・イデオロギーの存在を疑うという作業が，隠れている重要な問題を照らし出すために必須であることが理解できるであろう。

前期高齢期

前期高齢期とは，仕事や家事・育児の第一線から退いた後，自分の生活を再編成する60～74歳までをいう。前期高齢者は一般に元気であり，社会の第一線から引退後の生活の目標や生活を再構築して，第二の人生での生涯発達に挑むことになる。3巻III-1でそれがどのようなものであるかを記述している。日本では，第二次世界大戦後の第一次ベビーブーム期（1947～49年）に生まれた団塊世代の約800万人が，2007年から60歳を迎え始めた。戦後生まれのこの団塊シニアは，第二の人生についての新しいライフ・スタイルを持つと言われる（3巻III-4参照）。

社会参加活動や他者に必要とされているという認識が寿命を長らえるという報告が多い。3巻III-3で述べているが，退職後や子どもが成長した後の人間関係をいかに充実させ，活性化するかは，前期高齢者にとっての重要な発達課題である。三世代世帯が減り，ひとり暮らしの高齢者の割合が増え続けている。そして，この傾向が今後も続くであろうと予想され，非家族を含む高齢者のソーシャルネットワークが注目されている。さらに，高齢者が培ってきた豊かな経験や知恵を社会にどのように活かすかは，高齢社会が挑戦するべき課題である。3巻BOX5, 6ではエイジズムとエイジレス社会について解説している。

脳の酸素消費量や血流がかかわる流動性知能（短期記憶，計算）が，加齢につれて下降する傾向があるのに対して，社会活動や経験が生きる結晶性知能（言語，知恵）は，少なくとも前期高齢期では発達が続くことが報告されてい

る（3巻III-2参照）。

後期高齢期

後期高齢期とは75歳から人生の終焉までをいう。このうち85歳以上を超高齢者と呼ぶこともある。日本では75歳以上の人が総人口の1割を超え，世界のどの地域にも先駆けて，しかも急速に高齢社会を迎えた。そのために，どのように暮らすのがよいのか，社会がどのようにそれをサポートできるのかについて多くの問題が山積している。

個人差は大きいものの，75歳を超える頃から，分子レベル，細胞レベルから始まる生物学的老化は明らかであり，多くの人が認知機能や生活機能の衰えを自覚すると報告されている。それは，健康寿命（生活機能が自立した状態で暮らせる余命）は女性が77歳，男性が72歳であることからもたしかである。認知症の有病率は，1980年の東京都の調査では65～69歳では1.2%であるが，加齢とともに増加し，85歳以上では23.4%であると報告されている（祖父江, 2009）。

3巻IV-1で後期高齢者の心身の特徴とは何か，どのように暮らすのがよいのか，また，社会はどのように高齢者の安寧を支援できるかについて述べている。超高齢者における心理的課題（たとえば，作業記憶）と脳の神経回路の老化との関連を見る研究も始まっている。加齢が脳の老化と関連しているのは事実ではあるが，目的を持って生きること，社会から孤立しないことなど，生活の仕方とその支援が生活の質の向上には欠かせないことも指摘されている。IV-3では，日本の百寿者はデンマークの百寿者に比べると，生活上の自立の割合が低いと報告されている。「寝たきり老人」をつくってしまうのはなぜかが問われている。

3巻IV-4で高齢者に多い認知障害とうつについて述べている。生物学的原因の研究が進んでいるが，生活上の多様な要因も深くかかわっている。早期発見，治療・介入，そして，必要な支援の仕方についての研究が必要である。進行した認知症の介護は家族だけでは困難で，介護保険制度の上手な運用や制度のさらなる改善が必須である。そして，人生の最期をどのように迎えるかについての模索も続いている。3巻BOX7，8では介護保険制度と尊厳死について

解説した。3巻 IV-2 で高齢期の特徴について概観しているので，高齢期の発達の全体像を持つための参考になるであろう。

　以上，生活史上のそれぞれの区分の特徴をまとめてみた。発達は量的な変化だけではなく，質的な変化でもあることがわかるであろう。その変化には①生物としての制約，②経験を自分のものとして処理し統合する心理過程，③歴史，文化，社会による制約，の3要因が複合的にかかわっている。それが具体的にどのようなものであるかを本シリーズの 2，3 巻で見ていただきたい。

3-3　発達の理論と方法

　本シリーズの 1 巻にあたる本書の II では，発達に関する理論的理解，III では研究法について述べている。先達の仕事を手繰りながら，21 世紀の発達科学は，何をどのように問題にするべきかを明らかにすることを心がけた。

発達の理論

　II「発達の理論」では，発達科学で重要だと考えられる 8 つの理論を取り上げる。どの理論，あるいは，誰の学説を重視するかは議論が分かれるところであり，また，学問の進歩や時代の要請によっても変わる。『児童心理学ハンドブック（*Handbook of Child Psychology*）』は発達研究を概観する代表的な書物であるが，この最新版（2006 年刊行）の序文で，代表編集者のデイモンは初版から（書名や出版社が変わっているものの，1931 年から数えて）75 年間の構成をたどって，重視される理論や発達の切り口の変遷を述べている（Lerner & Damon, 2006, pp. ix-xvi）。このハンドブックによって，数年から 10 年間隔の各改訂時に，発達研究の主流において，何が問題か，どの理論が有効とされているか，どのようなエビデンスがあるかを知ることができる。理論の変遷に注目してみると，デイモンは 1970 年版（Mussen, 1970）になると人間理解の発達理論の重要性が明確になり，三大理論（ピアジェ理論，精神分析，学習理論），特に，ピアジェ理論が多くの執筆者によって言及されているとしている。ところが，1983 年版（Mussen, 1983）になると，ピアジェ自身が著した 1970 年版の

章が再録されているのを除いて，それぞれの理論は新しいアプローチの中に痕跡をとどめながら取り込まれる形になったとしている。デイモンが編集した2つの版（Damon, 1998; Lerner & Damon, 2006）ではこの傾向がもっと強まり，個々の理論というよりも発達研究の重要な問題について有効であるなら，古典的な理論も活かされているという形に変わっている。2006年版の人名索引を見ると，現在の代表的な研究者に混ざって，ピアジェ，フロイト，エリクソン，ヴィゴツキーなどの理論家の仕事が頻繁に引用されていることがわかる。そして，本書もこの傾向を受け継いだラインナップになっている。

　理論の役割は，発達の単なる記述にとどまらずに，発達的変化の仕組みを説明することである。そして，新たな問いを生むことができるかによって，その理論の真価が問われる。そのような関心を持って諸理論を学んでいただきたい。

発達科学研究のデザインと統計学

　生涯にわたる人間の変化を，しかも学際的に見ようとすれば，扱うテーマ，有効な概念，研究のデザイン，使われる統計法にも変更や工夫がせまられることになる（e. g., Teti, 2005）。さらに，パラダイムの転換も必要になるであろう。III「発達科学の研究法」ではこの問題を扱っている。多くの変数を扱いたい，発達の連続・不連続を検討したい，個の変容を理解したい，小さなサンプルの質的な資料を重視したい，などの願いをも視野に入れた発達研究のデザインの工夫や新しい分析を紹介している。特に，国際的な「統計改革」（たとえば，南風原，2011；大久保・岡田，2012）に乗り遅れないためにと，これまで実験や調査の結果について用いられてきた，有意性検定をめぐる問題について検討される。多くの英語の学術雑誌が準拠しているアメリカ心理学会（American Psychological Association: APA, 2009）の執筆要領では，効果量（effect size）や信頼区間（confidence interval: CI）を記載することがすべてのAPAの学会誌の必須事項であるとされ，さらに，欠損値についての報告も奨励されている。これらの問題が丁寧に議論されている。

　発達科学がいつも学際的で大規模なプロジェクトでなければできないかというと必ずしもそうではない。小規模でもよく考えられた研究が貢献するところも大きい。それぞれの研究の具体例を読者は各章で知ることになるであろう。

さらに詳細を知るには，各章で言及・引用されている文献に直接あたっていただきたい。

引用文献

American Psychological Association (2009). *Publication manual of the American Psychological Association.* 6th ed. American Psychological Association.

Arnett, J. J. (2004). *Emerging adulthood: The winding road from the late teens through the twenties.* Oxford University Press.

Baltes, P. B., Lindenberger, U., & Staudinger, U. M. (2006). Life span theory in developmental psychology. In R. M. Lerner & W. Damon (Eds.), *Handbook of child psychology.* 6th ed. Vol. 1. Wiley. pp. 569-664.

Damon, W. (Ed.) (1998). *Handbook of child psychology.* 5th ed. Wiley.

Erikson, E. H. (1950). *Childhood and society.* Norton.（仁科弥生（訳）(1977-80)．幼児期と社会1・2　みすず書房）

Erikson, E. H. (1964). *Insight and responsibility.* Norton.

Erikson, E. H., & Erikson, J. M. (1997). *The life cycle completed: Expanded version with new chapters on the ninth stage of development.* Norton.（村瀬孝雄・近藤邦夫（訳）(2001)．ライフサイクル，その完結　増補版　みすず書房）

南風原朝和（2011）．臨床心理学をまなぶ7　量的研究法　東京大学出版会

Huston, A. C., & Bentley, A. C. (2009). Human development in social context. *Annual Review of Psychology,* **61**, 411-437.

家永登・上杉富之（編）(2008)．生殖革命と親・子──生殖技術と家族II　早稲田大学出版部

Lerner, R. M., & Damon, W. (2006). *Handbook of child psychology.* 6th ed. Wiley.

Mussen, P. (Ed.) (1970). *Carmichael's handbook of child psychology.* 3rd ed. Wiley.

Mussen, P. (Ed.) (1983). *Handbook of child psychology.* 4th ed. Wiley.

内閣府（2005）．デフレと生活──若年フリーターの現在　平成15年版国民生活白書

大久保街亜・岡田謙介（2012）．伝えるための心理統計──効果量・信頼区間・検定力　勁草書房

Piaget, J. (1977). *The development of thought: Equilibration of cognitive structure.* Viking.

Piaget, J. (1983). Piaget's theory. In W. Kessen (Ed.), *Handbook of child development.* 4th ed. Vol. 1. Wiley. pp. 103-128.

Piaget, J., & Inhelder, B. (1966/1968). *The psychology of the child.* Basic Books.（波多野完治・須賀哲夫・周郷博（訳）(1969)．新しい児童心理学　白水社）

祖父江逸郎（2009）．長寿を科学する　岩波書店

Teti, D. M. (Ed.) (2005). *Handbook of research methods in developmental science.* Blackwell.

Tomasello, M. (1999). *The cultural origins of human cognition.* Harvard University Press. (大堀壽夫・中澤恒子・西村義樹・本多啓(訳)(2006). 心とことばの起源を探る――文化と認知　勁草書房)

柘植あづみ(1995). 生殖技術の現状に対する多角的視点――「序」にかえて　柘植あづみ・浅井美智子(編)つくられる生殖神話――生殖技術・家族・生命　制作同人会 pp. 1-13.

BOX1 生命誌

中村桂子

　生きているとはどういうことだろう。この問いを，生命科学を基本に置いて考えるのが生命誌（biohistory）である。地球上の生物はすべてDNAを基本物質として働く細胞から成ることがわかり，これを基本に生命とは何かを解く生命科学が誕生したのが1970年頃である。ただ，それは，生きものを分子機械と見てその構造と機能の解明を生命の理解とし，医療などへの応用を目的とした研究を重視している。つまり，機械論的世界観を持ち，科学技術を社会の基盤とするという価値観を持っている。

　それに対して生命誌は，生命科学を踏まえながらも，生きものを機械としてではなく，"生きているもの"，つまり"生成し，変化しながら続いていくもの"という日常感覚そのままに見ていく。数千万種とも言われる多様な生物が共通の祖先を持つことがわかった今，生命の起源から現在までの生きものの歴史をたどることで生命とは何かを知ろうと考えている（図）。

　細胞内のDNAのすべて（ゲノム：genome）を単位としてとらえ，それを切り口にすると，生物は多様でありながら共通，共通性を持ちながら多様であり，さらには個別でもあるという特徴が見えてくる。ゲノムの比較により，生きもの同士の関係と歴史とが読み取れる。そこにはもちろん環境とのかかわりも記されている。このように全体を見せながらなお，分析可能であるゲノムを手にしたことで，生きものを生きものとして見る生命論的世界観のもとでの研究が可能になったのである。

　さらにゲノムは，個体の一生の間，働き続け，生・老・病・死とかかわり，ここでも様々な環境とのかかわりが見られる。こうして，個体誕生までの生命の歴史を考える生命誌は，誕生から死までの個体の一生を追うライフ・ステージ（life stage）という切り口とつながり，発達科学をライフ・ステージを追う科学としてとらえることになる。つまり，DNAを遺伝子ととらえ，機械論と決定論で生命体を考えることをやめ，時間を織りなす生きものの記録としてのDNAを解いた上で，改めて個体を見つめていく生命誌は，発達科学の基盤と

なるはずである。

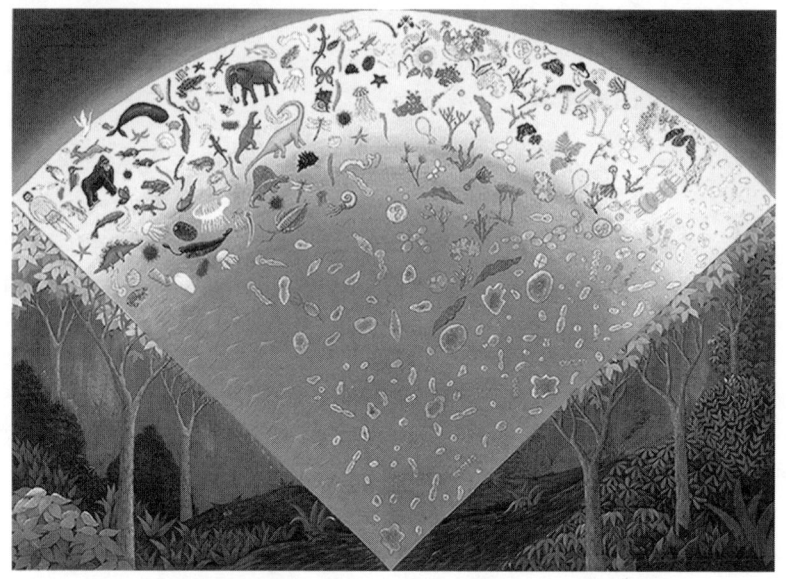

図　生命誌絵巻（協力：団まりな，イラスト：橋本律子）
38億年前に生まれた細胞から数千万種に及ぶ多様な生物が生成する過程を示す。ここから歴史との関係を探ることで生きものとは何かを知る。

参考文献
中村桂子（2006）．自己創出する生命――普遍と個の物語　筑摩書房
中村桂子（2000）．生命誌の世界　日本放送出版協会

BOX2 遺伝子・ゲノム・DNA

中村桂子

　生物が生きていくための基本単位は細胞であり，細胞の働き方を決める重要な役割を持つ物質がDNA (deoxyribonucleic acid：デオキシリボ核酸) である。
　1953年，DNAの二重らせん構造が解明され，正確に情報を維持し，子孫に伝える機能がこの構造の中に入っていることがわかって以来，DNAを基本に生命現象を解明する分子生物学が急速に進展した。
　まず，DNA → RNA →タンパク質という情報の流れで，タンパク質が必要な時に必要なだけ合成され，必要な場所で働くメカニズムが解明された。それまでの研究で「1遺伝子1タンパク」，つまりある特定の働きをするタンパク質合成を指令するDNAを遺伝子と呼んでいたので，分子生物学はまずこのようなDNAを「遺伝子」とし，様々な働きの遺伝子を特定した。
　遺伝子（gene）としては病気とかかわるものへの関心が高く，「がん」の原因遺伝子を探索したところ，様々ながんで様々な遺伝子が発見され，病気と遺伝子の関係は複雑であるとわかってきた。そこで，ヒトの遺伝子のすべてを調べ上げようという動きが生まれ，ヒト細胞の中にあるDNAのすべて（ヒトゲノム）が解析された（2003年）。こうして個別の遺伝子でなくゲノムの重要性が浮かび上った。
　様々な生物のゲノムの解析の結果，たとえばヒトではゲノムの中でタンパク合成を指令しているのは1.5%に過ぎず，他の一部は合成の調節などをしているらしいとわかってきた。そのような部分も今は遺伝子と呼んでいる。その他，単にこれまでの歴史の記録と見たほうがよい単純なくり返しもある。
　こうして，3つの重要なことがわかってきた。1つは，遺伝子という言葉からこれを遺伝とだけ結びつけて，決定論的に受け止めるのは間違いだということである。本来生物学で用いられるgeneという言葉は，生み出すという意味を持ち，遺伝子は生きものを生み出しそれが生きものとして働くことを支えるものなのである。そこには環境に応じた柔軟性がある。第2はゲノムは生命の歴史の記録であり，その解明が重要であることである。第3は，がん研究でわ

かるように，個々の遺伝子ではなく，ゲノムという総体としての機能が重要であることだ。DNA は生きているとは何かを知る 1 つの切り口なのである。

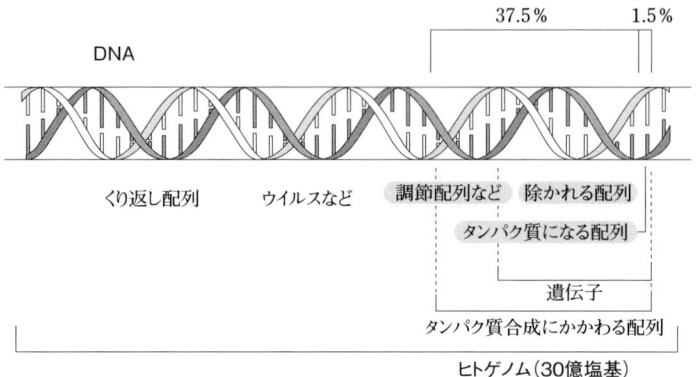

図　遺伝子・ゲノム・DNA の関係

参考文献
松原謙一・中村桂子（1996）．生命のストラテジー　早川書房
中村桂子（2004）．ゲノムが語る生命　集英社

II

発達の理論

　発達科学のための理論の選択では，次の4点を考慮した．第1に，生物としての人間，生命についての研究を重視する視点から，進化学（II-1「**進化と発達**」），脳神経科学（II-2「**脳と発達**」），そして，行動遺伝学（II-3「**行動遺伝学と発達**」）を選び，ヒトの発達の生物学的基盤にかかわる理論や研究の動向を明らかにする．

　第2に，II-6「**生涯発達**」の視点を明確に意識して発達を見るために，生涯発達の理論の構築において中心的な役割を果たしてきたバルテスの理論を主に紹介する．

　第3に，人間の発達の理解に大きな貢献をした古典的な理論（たとえば，フロイト，ピアジェ，エリクソン，ヴィゴツキー）が，現在と将来の発達科学にどのような貢献をしていくかという視点を重視する．しかし，それぞれの理論を個別に取り上げるのではなく，II-4「**認知発達**」，II-5「**社会・情動的発達**」という傘をそれぞれ大きく広げて理論的動向を述べ，それぞれの領域での今日の重要な議論の中で先達の理論がどのように機能しているかにも言及する．

　第4に，環境要因を直接的に扱う切り口として，II-7「**ジェンダーと発達**」，II-8「**文化と発達**」を取り上げる．社会と人間を扱うこれらの領域でも，新しい変化が指摘されている．たとえば，ジェンダー研究では，生物学的要因についてのエビデンスをどう取り込むかという問題に直面している．そして，文化とは何かが，ウェブ社会の進展や現実社会のグローバル化の中であらためて問われている．

　BOX3，4では，神経科学の成果と人間理解を結びつける**ロボティクス**と**社会脳**について，また，BOX5では，システム理論の新しい展開として注目されている**ダイナミックシステムズ・アプローチ**について解説する．

Ⅱ 発達の理論

1 進化と発達

長谷川寿一・長谷川眞理子

　ティンバーゲンは，動物行動の理解のために，進化，生存価，発達（発生），直接的原因（メカニズム）の4つのアプローチが重要であると指摘した（Tinbergen, 1963；長谷川, 2002a）。中でも，進化と発達は，時間軸に沿った行動理解の両輪であり，このことは人間研究についても当てはまる。人間（生物としてのヒト）がどこから来て，どこへ行くのか，そしてどのような一生を過ごすのかは，人類学者と心理学者の双方にとってきわめて重要なテーマである。本章では，進化人類学および人間行動進化学，進化心理学における近年の知見を総合し，ヒトの進化的特徴を説明した上で，それがヒトの発達とどのように関連するかを述べてみよう（長谷川, 2010も参照）。

1-1　ヒトの身体の進化

直立二足歩行

　人類の定義は，直立二足歩行する霊長類ということなので，直立二足歩行は，人類の性質として最も重要な形態的形質の1つである。遺伝的な解析から，チンパンジーと人類の系統が分岐したのは，およそ600～700万年前と言われている。また，近年アフリカのチャドから発掘されたサヘラントロプスという初期人類の化石が，およそ600万年前のものなので，化石の証拠としても，そこまでさかのぼることが明らかとなった。

　なぜ直立二足歩行になったのかについては，様々な仮説はあるが，今のところ不明である。森林からサバンナに進出して，サバンナを歩く効率的な移動様式として直立二足歩行になったと言われていたが，600万年前のサヘラントロプスから，続くアルディピテクス類，アウストラロピテクス類も，完全にサバ

ンナで暮らしていたのではなく，森林もおおいに利用し，木登りも得意だった。そこで，600万年前の時点で，まだ森林に住んでいたにもかかわらず，なぜ直立二足歩行を始めたのか，その進化的理由は不明である。近年，野生オランウータンの樹上移動様式を調査したソープら（Thorpe *et al.*, 2007）は，オランウータンが比較的細い枝を移動する際，四足歩行より二足歩行の比率が高いことを示し，二足歩行の原型がサバンナへの適応以前に進化していた可能性を論じている。

人類がサバンナに本格的に進出したのは，およそ200万年前の初期ホモ属の進化以降である。およそ160万年前から出現するホモ・エルガスターは，その代表的な化石である。この時以来，人類の身体は現在のようなプロポーションになり，足の形も変化し，もはや木登りが自在にできることはなくなった。ホモ属の身体は，地上を長距離移動することに特化して適応している。

直立二足歩行がヒトの発達や子育てに及ぼした影響は多方面に及ぶが，最も重要な点は骨盤と産道の変化に付随する「女性の難産化」であろう。特に脳が拡大したホモ属においては，胎児の脳が成長しないうちに出産する「早産化」（妊娠期間の短縮）が生じた。グールド（1995）がいう「胎児として生まれるヒトの赤ん坊」が，後述のようにヒトに固有の配偶システムと養育スタイルの変化をもたらした。

体毛の希薄化

ヒトは，身体の大部分で体毛が非常に薄くなった。このことは，体毛を作る遺伝子に大きな変化が生じたことを示しており，それとともに，汗腺のエクリン腺の数が大幅に増えた。エクリン腺は，水の汗を大量にかいて体温調節するための腺である。したがって，サバンナに進出して長距離を歩いて移動することになったホモ属において，この変化が適応的になったと考えられる。

類人猿の体毛は他のサル類ほど密ではないが，それでも全身が体毛で覆われている。そして，長距離移動する時には四足歩行する。赤ん坊は，母親の腹部の毛に両手両足の指でつかまってしがみついて運ばれる。少し大きくなった子どもは，母親の背に馬乗りになって運ばれる。

他方，ヒトの乳児には，手足の指に十分な把握力がないので，母親の身体に

自力でしがみつくことができない。そもそも母親に体毛がないので，しがみつくべき毛もない。乳児の足の指は二足歩行に適応して，親指が他の4本指と平行に並んでいるので，足指でしがみつくこともできない。そして，母親は直立二足歩行しているので，少し大きくなった子どもが母親の背に馬乗りになって運ばれるということもできない。

では，ヒトの祖先の母親はどうやって子どもを運んだのだろうか。両手で抱く，または背負うしかなく，少しでもその作業を楽にし，他の仕事に手が使えるようにするには，何らかの材料を用いた補助手段が必須だろう。そして，しばしば，乳児をどこかに置いておくことが必要となっただろう。これは，類人猿には全く生じない状況であり，200万年前のホモ属以降は，確実にそのような状況が生じたと考えられる。直立二足歩行は，類人猿のような接触型の母子間コミュニケーションから，より距離を置いた視聴覚（まなざしや音声）を介した母子間コミュニケーションへと質的に大きな変化をもたらした（長谷川，2005）。

脳の大型化

チンパンジーの脳容量はおよそ380 ccであるが，ヒトでは1380 ccもある。しかし，人類の脳は600万年の間に次第に大きくなってきたのではなく，2つの段階を経て飛躍的に大きくなった。初期人類のサヘラントロプスもアウストラロピテクス類も，脳容量は400 cc前後で類人猿とあまり変わらなかった。ホモ属が出現するとともに，脳は大きくなる。ホモ・ハビリスなどの初期のホモ属の脳容量は，500〜750 ccであった。そして，その後のホモ・エルガスター，ホモ・エレクトスなどでは，脳容量は900〜1100 ccと飛躍的に大きくなった。身体の大きさが大きくなったこともあるが，それを差し引いても，これらホモ属の脳は急激に大きくなった。ホモ・エレクトスは最初の出アフリカを果たし，ユーラシア大陸に拡散するが，やがて絶滅してしまう。その間，150万年だが，さして脳容量は増えなかった。

50万年ほど前から，古代型サピエンスと呼ばれる人類が出現し，その中から，20万年ほど前にホモ・サピエンスがアフリカで出現する。その脳容量は，1400 cc前後であり，ここでも比較的短期間に大きな増加があった。このホ

モ・サピエンスが再びアフリカから出て，全世界に拡散する。これが，私たちである。脳の大型化は，直立二足歩行とあいまって，胎児状態で無力な赤ん坊を出産することをもたらした。さらに，ヒトでは脳の完成まで約10年という長い年月を要するが（チンパンジーの脳は1～2年で完成），その間，誰が子どもの養育を分担するのかという進化的課題が生じた。

1-2 ヒトの食性と食物獲得

霊長類は，果実などの植物食を中心とした雑食である。大型類人猿は植物食指向が強く，ゴリラ，オランウータン，ボノボでは，肉食はごく稀にしか見られていない。一方，チンパンジーでは，かなりの程度の肉食傾向があり，同所的に生息している他の霊長類や，森林性の有蹄類であるダイカーなどを捕食することがしばしば観察されている。

しかしながら，チンパンジーの肉食の量は，ヒトのそれに比べるとはるかに少ない。ヒトが毎日どれほどの肉を食べるかは，集団ごとに大きく異なるのではあるが，全体として，ヒトという種の肉摂取量はかなり多い。ヒトにおいては，特に高いタンパク代謝，脂肪代謝に対処するよう，遺伝的にも変化が起きている（Finch & Stanford, 2004）。

現生の狩猟採集民集団について，その食物構成を調べた研究は，非常に興味深い。カプランら（Kaplan et al., 2000）は，世界各地に分布する30以上の現代の狩猟採集民たちが何を食べているかについて詳細に調べ，それを，長期研究のなされているいくつかの野生チンパンジーの食性と比較した。それによると，ヒトの食料において肉は摂取カロリー全体の29～79%を占めている。北方のエスキモーなどでは肉の摂取量が多く，南では少なくなるという傾向があるが，ともかくも肉はヒトの食料の3割以上を占める。一方，野生チンパンジーでは，採食時間あたりにして，肉の占める割合は0.9～2.5%に過ぎない。ヒトの肉食の依存度が，ずっと高いことがわかる。

肉以外では，ヒトの食料もチンパンジーの食料も基本的に植物であり，それらは，地中にある根茎，殻に入った種子やナッツと，木からもぎ取ってすぐに食べられる果実や葉とに分けられる。これらの植物性食物を，ただ手から口へ

と，採集して食べるだけの「容易な食物」と，地中から掘り出す，殻を割る，毒を抜くなど，何らかの抽出作業の後に初めて食べられるようになる「困難な食物」とに分けてみよう。そして，チンパンジーの食物と比較すると，チンパンジーでは，「容易な食物」が全体の採食時間の91.1〜99.1%を占めるのに対し，狩猟採集民では，摂取カロリーで見て，「容易な食物」は0.6〜20.0%を占めるに過ぎず，「困難な食物」が20.3〜63.4%を占める。つまり，ヒトでは，そもそも捕るのが難しい肉ばかりでなく，植物性食物ですら，ただ単にもぎとって食べればよいというものではない。

ホモ属の進化を考えてみよう。それまで熱帯降雨林を利用しながら暮らしていたヒトの祖先は，およそ200万年前，サバンナに進出し，まったく新しい生態学的ニッチを利用するようになった。サバンナは，降水量が少なく，熱帯降雨林に比べて格段に厳しい環境である。そこには，タンパク質のパッケージが，大型の有蹄類という形でたくさん存在するが，それを捕るのは困難である。ヒトの祖先は，食肉目ではないのに，そのような動物の狩猟をして肉を得る生活を始める。おまけに，ライオンやヒョウなど，本物の食肉目の動物たちと競争もせねばならなかっただろう。

一方，水が少ないことは植物にも大きな影響を及ぼす。熱帯降雨林のように，水分をふんだんに含んだ果実がどこにでもあることはない。植物は，自らを守るために地下茎や根茎に水分や栄養分を蓄え，種子やナッツは固い殻で守る。これらを得るには，乾燥した固い地面を掘ったり，殻を割ったりせねばならない。ヒトの祖先は，齧歯類でもないのに，こんな作業をせねばならなくなった。

200万年前のホモ属のサバンナ進出は，食物獲得という点で画期的な変革だったに違いない。このような食物獲得の困難なニッチに進出するには，道具などの技術の発明が必須になったであろう。そして，対捕食者戦略も含めて，緊密な社会集団を形成して共同作業せねばならない必要性は，これも格段に増したに違いないと思われる。

この食生活の変化は，同時に子どもの発達にも実に大きな変化をもたらした。ヒトの子どもは，独力では「困難な食物」を十分に摂取できない。次項で詳しく述べるように，離乳期以降も，子どもの「食」が成人側から供給されるという，生物界ではほとんど例を見ない新しい子育ての形態が生じたのである。

1-3 道具と社会性の進化

生活史のパラメータ

　ヒトとチンパンジーの生活史パラメータを比較すると，ヒトの寿命がチンパンジーよりも格段に長いことがわかる。それは，現代の文明社会の人間の寿命が，医療や福祉のサービスによって伸びたのではなく，ヒトという種は，チンパンジーなどに比べて生物学的に寿命が長いということである。現代の医療制度などの恩恵に浴しているわけではない狩猟採集民でも，必ずや一握りの長寿の人は存在し，1万年前の遺跡でも，40歳以上と判定される「年寄り」の人骨が，必ずと言えるほど存在する。

　大人の食料獲得が困難で，それに関する技術が複雑になれば，その技術を習得するために長い年月がかかることになる。それには長い「子ども」期が必要である。また，長い年月の学習によって習得される技術は，それを駆使できる年月が長くなければ，適応的に見合わない。そこで，複雑な生活技術は，長寿命と，長い「子ども」期と一体となって進化する。事実，ヒトの生活史パラメータには再編が起こっており，離乳後の「子ども」期が非常に長く，さらに思春期があり，そして，繁殖可能期間を超えての「老人」期が存在する（Hawkes et al., 1998）。

　ヒトは脳が大きく，成長に長い時間がかかり，その間に多くの事柄を学習せねばならない。霊長類は一般にそうなのであるが，ヒトの「子ども」期の特徴は，離乳したにもかかわらず，栄養の面でも移動の面でも少しもひとり立ちしていない点にある。チンパンジーを含めて他の霊長類の子どもも，離乳した後にもいろいろな事柄を学習せねばならないのは事実であるが，離乳後の霊長類の子どもは，栄養も移動ももはや他の個体に頼ることなく独立している。母親は，次の子どもを妊娠，出産，授乳せねばならないので，離乳した子どもへのエネルギーの流れはなくなる。他方ヒトでは，母親をはじめとする大人たちから離乳後の子どもへのエネルギー流入が長く続く。

　狩猟採集民では，離乳年齢はおよそ3歳である。しかし，第一大臼歯が生えるのはおよそ6歳であり，離乳後すぐに大人と同じ「困難な食物」を食べられ

るわけではない。ましてや，自ら食料獲得ができるようになるための複雑な技術を習得するにはさらに何年もかかる。その間に次の子どもが生まれるので，ヒトの母親は，1産1子ではあるものの，年齢が異なるそれぞれにかなりの世話を必要とする複数の子どもたちをつねに抱えていることになる。

人類がいつからこのような生活パターンになったのかの推定は困難であるが，歯の萌出やエナメル質の成長その他を基準に，いくつかの研究が行われている。それらによると，アウストラロピテクス類など，初期の人類の成長は速く，チンパンジーなどと変わりはなかった。しかし，ホモ・エルガスターでは，現代人よりは速いものの，成長パターンは多少遅くなっている。ネアンデルタール人を含め，いつ頃から現代人と同じような成長パターンになったのかは，まだ論争が続いている。

チンパンジーをはじめ一般哺乳類にないヒトの生活史のもう一つの特徴は，女性の閉経とその後の長い「おばあさん」期が存在することである（長谷川，2002b）。通常の生物は，生存期間の最後まで繁殖活動を続けるが，おそらくヒトの女性だけが，繁殖を停止し，その後を養育支援の期間に振り替える。「おばあさん」は，次項で述べる共同繁殖を支える重要な子育て「戦力」なのである。

雌の性的受容性と繁殖システム

チンパンジーの雌の性的受容期は排卵前の10日間余りであり，その時には性皮が大きく腫脹して受容を宣伝する。チンパンジーの配偶システムは，雌が性的受容期に何頭もの雄と交尾する乱婚である。特定の雄と雌の関係は非常に薄く，長続きするペアボンドもない。そして，父親が誰かはわからず，母親は単独で子育てをする。この繁殖様式は，ヒトとは大きく異なる。

ヒトの女性では，性的受容が排卵とは無関係に起こる。これは，性的受容期が消失したと表現されることが多いが，より正確には，性的受容が排卵とは切り離され，女性自身の個人的な心理に任されるようになったというほうがよいだろう。ヒトの配偶システムは，一夫一妻から一夫多妻，一妻多夫まで文化によって様々であるが，どんな婚姻制度を持っているにせよ，特定の男女の間に強いペアボンドが存在する。実際に父親が子育てにどれほど貢献するかには，

文化ごとに大きな差異があるものの，父親という存在は普遍的にある。

　また，ヒトの母親が単独で子育てすることはなく，シングルマザーが誰の手も借りずに子育てするのが当たり前である社会は存在しない。父親とその血縁者，母親の母親（おばあさん）や血縁者，友人など，親を取り巻く社会集団の多くのメンバーが子育てにかかわる。その意味で，生態学的視点から言うと，ヒトは霊長類では例外的な共同繁殖する動物である（Hrdy, 2009）。

道具と火の使用

　野生のチンパンジーも道具をつくり，使用するが，その種類は限られている。道具をつくるための技術は，自分の歯で咬み取るなど一次的な加工のみであり，道具をつくるために他の物体を使うことはない。

　人類の道具として最古のものは，エチオピアのゴナから出土したおよそ250万年前の石器である。これらはオルドワン型石器と呼ばれ，ホモ・ハビリスまたはアウストラロピテクスが製作したと考えられている。オルドワンは石と石をぶつけて剝片（フレーク）をつくる技術で，取れた剝片は，毛皮をはぐ，肉を切るなどの細かな作業に使用できる。残った元の石（コア）は，木を切り倒すなどのもっと大雑把な作業に使うことができる。オルドワン型石器は，様々な使われ方をしており，当時の人類が食物獲得のためにすでにいろいろな抽出技術を駆使していたことが示唆されている（Schick & Toth, 1993）。

　次に出現するのが，アシュレアン型と呼ばれる石器である。これは，石と石をぶつけて，その都度不定形ないろいろな形ができるオルドワン型とは異なり，一定の形式を備えている。この石器の高さと幅と厚みの比は，どれも驚くほど共通している。最も古いアシュレアン型石器は176万年前から出土し，およそ100万年以上ほとんど変わらずに続く。アシュレアン型石器は，ホモ・エルガスター，ホモ・エレクトスとともに出土し，その当時他の人類種は存在していなかったので，彼らがつくったのに違いない。ホモ・エレクトスはアフリカを出てユーラシア大陸に広がったが，ユーラシア各地で出土するアシュレアン型石器は，みな，すぐそれとわかる同じ洋梨型の形状をしている。

　およそ30万年前から，アシュレアン型石器は姿を消し始め，新たな技術が出現する。それが，ルバロワンと呼ばれる石器であり，これは，コアとなる石

の周囲から剝片を取り，続いて，さらにコアの表面からいくつもの剝片を放射状に取ってつくられる。最後に，表面の中心部から薄い剝片をはぎ取るという技術で，最初のコアの選び方，剝片の取り方により，様々な形状の剝片をつくることができる。さらに，ルバロワン型石器の一部は，木の棒などに結びつけられていたことが知られている。

　ルバロワンよりも前，およそ60万年前ごろから木製の精巧な槍が出現する。これらはヨーロッパから出土するが，ドイツでは，馬の化石とともに出土しており，馬をはじめとする大型獣の狩猟に使われたことが明らかである。槍は，先端の部分を樹木の根のほうにしてつくられており，より堅い部分を先端に使用する工夫が見られる。重心は先端からおよそ3分の1のところにあり，これは，投げるための理想的なつくりである。およそ3万年前からの後期旧石器時代になると，様々な用途別の様式化された石器が大量に出てくるようになる。さらに，芸術作品もこの頃から爆発的に増加する。

　火の使用がいつから始まったのか，また，火を利用するだけではなく，火を自ら制御できるようになったのはいつからなのか，確実なことはなかなかわからない。しかし，およそ150万年前のホモ・エルガスターの遺跡から出土する獣骨の中には，炉床で焼いたことが明らかなものが含まれている。約80万年前のイスラエル北部の遺跡からは，植物の種子なども焼かれていたことがわかっており，ホモ・エレクトスが火の使用をしていたことは確実である。

　道具の使用や制作，火おこしと火の管理は，高度な技術的知性を要し，社会的学習によって伝えられるものである。そのためには，何らかの積極的な教育が行われていたと考えられる。入来（2004）は，二足歩行によって「手」が移動のための器官から解放されたことにより，物体を操作する手の動きの視覚と体性感覚が統合されたこと，さらに道具を利用することで身体が客体化されるようになったことが，「自己」や「知性」の進化を大きく促したと論じている。

他者理解

　チンパンジーとヒトの認知能力は様々に異なるにちがいないが，どのように異なるのか，ちがいは程度の問題なのか，質的なものなのか，この50年ほどの間に大量の研究がなされてきた。

その中で，他者理解に関連して最も研究され，議論がなされてきたのが，「心の理論」に関連する能力である。この問いかけは，プレマックとウッドラフ（Premack & Woodruff, 1978）の論文に始まる。「心の理論」とは，他者の行動を理解する上で，無生物がどのように動くかの力学的，物理学的な理解などとは異なり，他者とは「心」を持ったエージェント（動作主）であり，他者の行動は，そのエージェントの「心」の内容によるのだと考えることを指す（バロン＝コーエン，2002）。その内容は，さらにいくつもの細部に分解することができる。すなわち，他者の視線の方向は，その人の知識や興味の状態を示す重要な手がかりであると知ることや，他者の表情や動作が，その人の欲求や意図を示していることを知る，などである。これは，ヒトが他者の心を理解するための方策であるが，他者の心は実際に見ることはできない。そこで，私たちは前述のような仮説のもとに他者の心を理解しようとしている。つまり，心に関する「理論」をもって理解しようとしているという意味で，「心の理論」なのである。

　「心の理論」は，それを明示的に教えられて学習していくものではなく，子どもの発達過程で自然に身につくものである。生後9か月頃から「心の理論」の理解が深まり，最終的に，5，6歳頃までに，他者の「誤信念」の理解にまで進む。すなわち，他者がある状態を見た後，その人が見ていない間に状況が変わった時，その人は，今や現実は変わってしまったのだとは知らないのだから，相変わらず以前の通りだと誤って信じているだろう，ということの理解である（本シリーズ2巻II-5参照）。

　プレマックとウッドラフの問題設定は，チンパンジーの他者理解は，「心の理論」に基づくものなのかどうか，ということだった。彼らは，図形シンボルを使ってヒトとコミュニケーションができるように訓練されたチンパンジーを対象として実験し，チンパンジーも，他者の「意図」を理解することができるという結論を出した。その後，それを否定する研究結果も報告され，議論が続けられてきた。

　30年を経て，これまでの研究結果を総覧した総説によると，チンパンジーは，他者の視線や身体の方向や動作から，他者が何を見て，何を意図しているのかを理解することができるが，他者の「誤信念」の理解はできないというこ

とらしい（Call & Tomasello, 2008）。つまり，チンパンジーは，他者の視線や姿勢，表情，動作などの様々な情報を統合し，他者の「認知」「目的」「意図」をある程度理解し，それに応じて自分の行動を選択することができる。しかし，それは，ヒトと同じように，他者が信念や欲求からなる「心」を持っているという理解ではないらしいということだ。

そのことは，チンパンジーが三項関係（本シリーズ2巻II-5で詳述）の表象の理解を欠くこととも関連している。三項関係の表象の理解とは，自分が外界の事象を見る，他者の視線を追う，他者もその事象を見ていることを知る，さらに，互いに目を見合わせ，外界の事象を見合うことによって，同じ事象を心に表象していることを確認し合うことである。ヒトの幼児が，イヌを見て指さし，「ワンワン」と言う時，母親の顔を見て，母親も同じイヌを見ているかどうかを確認する。母親もイヌを見て，さらに互いが視線を交わし，母親が「そうね，ワンワンね，かわいいわね」と言う。言語はなくてもよい。何も言わなくても，視線を交わすだけで，ヒトでは，三項関係の表象の理解が瞬時に，無意識に成立している。

また，ヒトの幼児がおもちゃなどのものを他者に持ってきて差し出す，見せる，という行為も，三項関係の理解の最初の現れであると解釈できる。おもちゃを他者に差し出す行為は，「私」と「あなた」が，「外界（おもちゃ）」に対する注意や興味を共有しようとすることである。ここには，互いに「心」を持っており，その「心」に外界が表象されており，視線や表情を交わすことで，その互いの表象を共有する，というプロセスがある。チンパンジーは，互いに視線を交わすことがほとんどない。また，外界のものを他者に差し出す，見せるということもない。

図形シンボルや手話によってコミュニケーションを訓練されたチンパンジーが自発的に発する「文」のほとんどは，食べ物などの要求である。ヒトの幼児が言語を獲得していく過程で自発的に発せられる文には，要求ばかりでなく，「お花，ピンク」「ワンワン，大きい」など，世界の描写，叙述が非常に多い。この差は，おそらく，三項関係の表象の理解のちがいに基づくのだろう。世界の描写，叙述を表現しようということは，すなわち，外界に関する表象を共有したい，共有することを確認したいという欲求があるからである。

このようなヒトに固有な他者理解が誕生し進化するためには，類人猿のような接触型の母子間コミュニケーションから，より視聴覚を積極的に利用する母子間コミュニケーションへの変化，および前項で述べた身体の客体化と「自己」の成立が前提にあったと考えられる。

模倣と教育

　ヒトとチンパンジーの大きなちがいは，模倣と教育にも見られる（松沢，2011）。チンパンジーは，動作の模倣が苦手であり，他者が出す身体的指示手がかり（たとえば指さし）の利用が見られない。また，道具使用，道具製作などにあたって，母親が子どもに積極的に教育することもない。子どもは，他者の動作を観察し，他者が何をしようとしているのか，その目的を理解すると，後は自分なりに試行錯誤で学習していく。一方，ヒトの幼児は目的がわからなくても年長者の動作を模倣するし，目的に沿った「合理的」なものではない動作を年長者がするのを見ると，その「合理的」でない動作をそのまま模倣することもある。また，年長者は積極的に教育を行う。前項で述べたように他者理解に限界のあるチンパンジーでは，子どもの欲求を理解して，目的行動を修正させることが難しい。対して，相手の「誤信念」まで理解できるヒトでは，教え手側が，学び手がなぜまちがっているかをきちんと理解できる。

文化伝達

　文化を，遺伝情報によらず，ある情報が個体から個体へと受け継がれていくことと定義すれば，チンパンジーにも少なくとも文化の萌芽は存在する（McGrew, 2004）。チンパンジーの集団ごとに，採食行動や道具使用行動，挨拶行動などにちがいがあり，それが文化的に伝達されているものであることは明らかである。

　しかしながら，ヒトの文化と比べるとその種類はきわめて少なく，変化の速度も大変に遅い。ヒトでは，三項関係の表象の理解に基づき，外界に関するアイデアを集団の成員のみなが共有することができるので，そこに新たな更新が速やかになされる。さらに教育を介して，社会学習が加速され，確実に文化情報の蓄積が行われていく。これは文化のラチェット効果（ratchet effect）と呼

ばれる現象である。

「困難な食物」に加えて社会的知識も社会の中で共有し与え合う共同体生活は，他の動物に見られない真にヒトにユニークな特徴である。

これまで述べてきたヒトの進化的特徴から，ヒトの発達の特殊性をもう一度まとめてみよう。人類は，遺伝学的には明らかに類人猿グループの一員であり，ヒト＝チンパンジーグループは系統樹の最後まで進化の歩みをともにしてきた。しかし，人類は他の類人猿と異なり，二足歩行を身につけ，森林を離れて乾燥地帯に進出した。このことは，女性の難産化や雑食性への変化，食物の処理や加工・調理などをもたらした。他の類人猿と比較し，ヒト属の母親は養育負担が大きくなり，子どもは離乳後もすぐに自活できない状況が生じた。また，サバンナでの生活では，捕食者対策としては集団生活が欠かせない。これらの生態学的要因が相まって，霊長類としては例外的な父親の養育参加や老齢者（特におばあさん）の養育支援を含む共同繁殖社会が誕生した。

母親以外の個体からの養育援助がある分，母親の授乳期間（乳児期）と出産間隔は，他の類人猿よりも短縮されたが，すぐに自活できない子どもは長い児童期と思春期（「若者期」）を社会に依存して成長するようになった。他の霊長類では例のない，食物を共同分配する暮らしによって，子どもは自力で得る以上の豊かな栄養を得ることができるようになり，代謝コストの大きな脳の増大が可能になった。成熟や社会学習に多くの時間が費やされ，繁殖開始年齢は，他の類人猿よりもずっと遅延するようになった。

母子が常時密着する類人猿に対して，ヒトの母親と乳児はより個体間距離が長い。距離のある母子間コミュニケーションを維持するために，まなざしやジェスチャー，音声のやりとりが発達し，視聴覚系モダリティへの依存度が高まった。これらは他者の心や三項関係を理解する能力を促し，共同繁殖社会であることともあいまって，他の類人猿に見られない共感性や協力行動などの社会的知性を進化させた。化石や石器，遺跡など先史人類学の証拠からは，これらの変化・進化はホモ・エレクトス以降，比較的ゆっくりと生じてきたと考えられる。

約20万年前にアフリカで生じたホモ・サピエンスは，人類史の上ではごく

短期間のうちに地球のすみずみに進出し，今日の繁栄に至っている。約5万年前から生じたと考えられる「文化爆発」は，食料だけではなく知識も社会的に共有する体制を確固たるものにした。おそらくこの頃に言語が確立し，言語によってシンボル操作や複雑なコミュニケーション，長期記憶，いっそうの他者理解が促された。さらに積極的な教育を通じて，文化伝達が一気に加速したのであろう。

　生物進化と社会・文化の間を埋めていく知的作業は，始まってまだ日が浅く，これから幾重にも塗り替えられていくことだろう。進化から見たヒトの発達の問題は，その中心テーマの1つであり，今後の研究の進展が期待される。

引用文献

バロン＝コーエン，S. 長野敬・長畑正道・今野義孝（訳）（2002）．自閉症とマインド・ブラインドネス　新装版　青土社

Call, J., & Tomasello, M. (2008). Does the chimpanzee have a theory of mind? 30 years later. *Trends in Cognitive Sciences*, **12**, 187-192.

Finch, C. E., & Stanford, C. B. (2004). Meat-eating genes and the evolution of slower aging in humans. *Quarterly Review of Biology*, **79**, 3-50.

グールド，S. J. 浦本昌紀・寺田鴻（訳）（1995）．ダーウィン以来——進化論への招待　早川書房

長谷川眞理子（2002a）．生き物をめぐる4つの「なぜ」　集英社

長谷川眞理子（編著）（2002b）．ヒト，この不思議な生き物はどこから来たのか　ウェッジ

長谷川眞理子（2010）．言語の出現を可能にしたヒトに固有の進化　長谷川寿一（編）　言語と生物学　朝倉書店　pp. 149-178.

長谷川寿一（2005）．視線理解研究の意義とこれから　遠藤利彦（編）　読む目・読まれる目　東京大学出版会　pp. 203-208.

Hawkes, K., O'Connell, J. F., Blurton Jones, N. G., Alvarez, H., & Charnov, E. L. (1998). Grandmothering, menopause, and the evolution of human life histories. *Proceedings of National Academy of Science the United States of America*, **95**, 1336-1339.

Hrdy, S. B. (2009). *Mothers and others: The evolutionary origins of mutual understanding*. Belknap Press.

入來篤史（2004）．道具を使うサル　医学書院

Kaplan, H., Hill, K., Lancaster, J., & Hurtado, A. M. (2000). A theory of human life history evolution: Diet, intelligence and longevity. *Evolutionary Anthropology*, **9**, 156-185.

松沢哲郎（2011）．想像するちから——チンパンジーが教えてくれた人間の心　岩波書

店

McGrew, W. C. (2004). *The cultured chimpanzee: Reflections on cultural primatology*. Cambridge University Press.

Premack, D., & Woodruff, G. (1978). Does the chimpanzee have a theory of mind? *Behavioral and Brain Science, 1*, 515-526.

Schick, K., & Toth, N. (1993). *Making silent stones speak: Human evolution and the dawn of technology*. Simon & Shuster.

Thorpe, S. K. S., Holder, R. L., & Crompton, R. H. (2007). Origin of human bipedalism as an adaptation for locomotion on flexible branches. *Science, 316*, 1328-1331.

Tinbergen, N. (1963). On aims and methods of ethology. *Zeitschrift für Tierpsychologie, 24*, 410-433.

II　発達の理論

2　脳と発達

開　一夫

　脳の世紀と言われ始めて10年以上が経過した現在，「脳科学」という文字は毎日のようにマスコミを賑わし，「脳」に関連した研究紹介や一般向けの解説記事を見ない日はない。脳に対してこれほど多くの関心が集まるのは，脳機能が私たちの「心」と直接関係するという共通理解が形成されていることの証であろう。私たちの性格や能力，そして意思や感情までもが脳と深い関係にあると言われるからこそ，多くの人々の関心を集めてやまないのだろう。

　「心」は直接観察できない対象である。一方で，脳科学隆盛の立役者と言ってもよい機能的核磁気共鳴画像法（functional Magnetic Resonance Imaging: fMRI）やポジトロン断層撮影法（Positron Emission Tomography: PET）などを用いた脳機能イメージング技術は，その名が示す通り，脳の働きを「観る」ことを目標とした技術である。脳機能イメージングは，これまで行動レベルでしか理解されていなかった心的事象に対して，多数の知見を与えてきた。しかしながら，fMRIやPETを用いた脳機能イメージング技法は技術的・倫理的問題から発達過程の子どもに適用することが難しい。特に，身体的拘束をともなう計測装置内で乳幼児を対象とした心理学的実験を行うことは困難である。脳機能イメージングが発達科学の発展に貢献するためには，成人で用いられてきたものとは異なる手法が必要となる。

　こうした背景にあって，高密度（high-density）脳波（electroencephalography: EEG）計や，近赤外分光法（Near Infrated Spectroscopy: NIRS）を用いた装置は，乳幼児に対して過度な身体的・心理的負担を与えることなく脳活動を計測することが可能であり，近年これらの手法を乳幼児に適用した発達研究が産出され始めている（Hirai & Hiraki, 2005; Shimada & Hiraki, 2006; Moriguchi & Hiraki, 2009）。しかしながら，乳幼児を対象とした脳研究は，現時点において

質的にも量的にも十分であるとは言い難い。本章では，近年登場し始めた乳幼児の脳活動計測研究が，発達研究に与えるインパクトについて展望しつつ，今後の課題を整理する。

2-1 脳の構造的発達

図 II-2-1 は，MRI を使って撮られた健常な乳児から成人までの脳の白質と灰白質を画像処理で際立たせた写真である（Matsuzawa *et al.*, 2001）。1 か月児と 12 か月児の脳を比べると，白質と灰白質の割合が劇的に変化していることがわかる。白質の割合の変化は神経細胞の髄鞘化（myelination）にともなうと考えられている。図 II-2-1 から，20 歳近くになってもまだ白質と灰白質の割合が変化していることが読み取れる。髄鞘化は脳全体で一様に起こるわけではなく，皮質の領域ごとに生起するタイミングがちがうのである。

脳を構成する基本単位である神経細胞（ニューロン）の数は，誕生の時点で 1000 億個を超える数になると言われている。単純に計算すると，受胎してから誕生まで，毎分 250,000 個以上もの神経細胞が生成されていることになる。新生児の神経細胞の数は，成人と比べて 1.3〜1.5 倍程度多いと言われている。つまり，神経細胞数は，成長するにしたがって減少する。しかし，このことは，必ずしも，成人になってから「新しい」神経細胞が生成されないことを意味するものではない。最近の研究では脳の特定の場所（海馬など）では，成人になってからでも新たな神経細胞が生成されていることが明らかになっている（van Prang *et al.*, 2002）。

脳機能を支える上で最も重要であると考えられているのが，神経細胞間をつなぐネットワークの形成である。神経細胞には長く伸びた軸索という部分があり，これが別の神経細胞の樹状突起と呼ばれる部分と接合して「シナプス」を形成する。1 つの神経細胞には 1000 個以上のシナプスが形成されていると言われており，脳に 1000 億の神経細胞があるとして単純に計算すると約 100 兆という膨大な数のシナプスが脳の中に存在することになる。

自動車や電気製品など人工物では，一般に高機能を実現しようとすると部品点数が多くなる傾向にある。部品の数が増えれば，それらの間の関係も複雑に

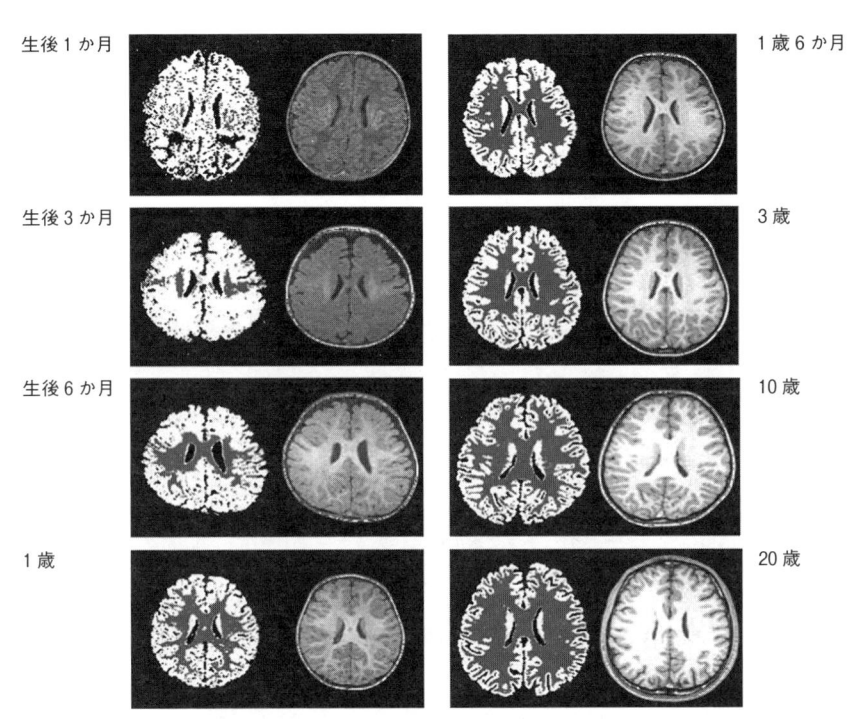

図 II-2-1　MRI で撮影された脳の白質と灰白質の割合の変化（Matsuzawa *et al.*, 2001）
それぞれ，左が画像処理後，右が元の画像。

なる。神経細胞やシナプスが脳機能における重要な役割を果たしているのだとすると，短絡的に考えれば，（沢山のパーツからできている工業製品が高機能であるのと同じように）神経細胞数（部品の数）やシナプス数（部品間の接続の数）が多いほうが高機能なようにも見える。しかしながら，脳の発達は人工物の設計原理とは異なる戦略を取っているようだ。最初に神経細胞やシナプスを過剰に生成し，誕生後の環境に合わせて必要な部分だけを残す（「刈り込む」）という戦略である。

フッテンロッハーら（Huttenlocher *et al.*, 1982）は献体されたヒトの大脳皮質におけるシナプス数を顕微鏡で調べた。図 II-2-2 は，それを元に横軸に週齢・月齢・年齢を，縦軸に 1 mm^3 あたりのシナプスの数を模式的に表したグラフである。皮質における部位によってもちがいはあるが，シナプス数は，ある時

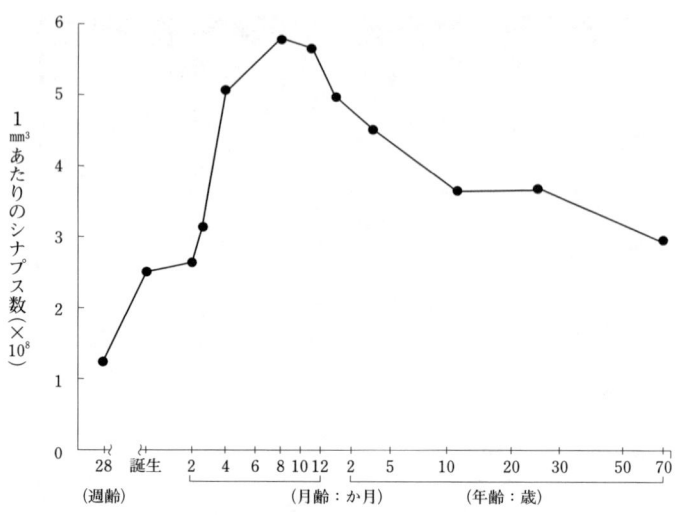

図 II-2-2　脳の単位容積あたりのシナプス数の発達にともなう変化（Huttenlocher, 2002 より作成）

期に（視覚野の場合は生後7〜8か月頃に）ピークを迎え，その後は減少してほぼ一定の数に落ち着く。

　脳神経レベルでの構造的変化と認知機能の発達的変化を比較対比することは発達認知神経科学における主要な課題である。音声知覚や顔知覚の初期発達を調べた研究では，乳児の弁別能力が成人と比較して高いことを示す結果が得られている（e. g., Kuhl et al., 2003, Pascalis et al., 2002）。たとえば，パスカリスら（Pascalis et al., 2002）は，6か月児と成人を対象に，図II-2-3に示したようなヒトの顔とサルの顔を呈示する実験を行っている。この実験では，成人の場合はサルの顔に関しては弁別が困難であるが，6か月児はヒトの顔もサルの顔も弁別可能であることが示唆されている。この結果は，知覚弁別の発達に関しては必ずしも加齢にともなって漸増的に能力が高まるものではないことを示しており，接触頻度の高い刺激カテゴリーに対しては特化し，接触頻度の少ない刺激に対してはカテゴリー内の刺激弁別能力を減退することで環境に適応していると解釈できる。

　直感的には，初期の知覚弁別能力が加齢とともに環境に適応して減退していくことと，発達初期にシナプスが過剰に生成され，その後，刈り込まれていく

こととは密接に関連していそうである。しかしながら、現時点では、これらの対応関係を直接的に示した研究は存在しないようだ。

ここでは、脳構造の初期発達に焦点をあてた研究を紹介したが、加齢にともなう認知症やアルツハイマー患者の脳の構造的・機能的変化の解明は生涯発達を科学的に扱う上で非常に重要な課題である（オリヴェリオ・オリヴェリオ-フェッラーリス、2008）。さらに、初期

図II-2-3 弁別実験で呈示されたヒトの顔とサルの顔の画像（Pascalis *et al.*, 2002）

発達と後期発達との関連性について直感的対応づけを超えた研究も行っていくべきであろう。たとえば、アルツハイマー患者で時折観察される相貌失認や見当識失認は、発達心理学で多くの研究が存在する自己認知研究と密接に関連するであろう。乳幼児と高齢者の認知脳メカニズムを直接対応づけた研究は多くないが、「幼少期から成人までの自己の発達過程」と「加齢による自己認知に関連した機能の低下」の両者に潜む脳の機能的変化・変遷を明らかにすることが期待できる（本シリーズ2巻II-2；3巻IV-4参照）。

2-2 脳の構造と機能

脳機能イメージング研究は、脳の中にそれぞれ役割の異なる「部品」が存在しており、1つ1つの「部品」の役割（とそれらの関係）を明らかにできれば脳全体（あるいは心的機能全体）がわかるはずである、という大前提に立っている。

では、脳の中の「部品」はいつできるのだろうか。図II-2-1でも明らかな

ように，少なくとも白質・灰白質のレベルでは，乳児の脳と成人の脳では大きなちがいがある。人工物（たとえば自動車）であれば，全体設計図に基づいて必要な部品（エンジンやブレーキ）をつくり，最終的にはそれらを組み立てて製品（自動車）が完成する。人工物の設計図には，一般に，どんな部品をどの場所に配置するのかの詳細な情報が記載されている。

しかし，心的機能と脳（の特定の部位）との関係はそれほど単純ではない。ここでは，問題の深遠さを例示するため，社会的認知能力の性差に関する発達的研究について紹介する。

すべての女性にあてはまるという訳ではないが，一般に女性は男性と比較してコミュニケーション能力に長けている。また，相手の表情から感情状態を読み取るなどの社会的認知能力にも優れている。

ウッドら（Wood et al., 2008a）は，成人の男女を対象にこうした社会的スキルを調べるためのテストを行った。結果は予想通り，女性のほうが男性よりもテストの成績が高い傾向にあった。彼らは，こうしたテストを実施すると同時に，MRIを用いて各被験者の脳画像を撮り，テストと相関の高い脳部位を見つけ出した。その場所は，前頭葉の「直回（Straight Gyrus: SG）」と呼ばれる部位で，平均的に女性は男性よりも脳全体に占める相対的体積が多く，かつ，社会的スキルのテストのスコアが高い人は，男女問わず直回が大きい傾向にあった。この結果を単純に解釈するならば，直回が社会的スキルと対応していると言える。

成人と同様に幼児も女児は男児と比べて，会話が上手であったり，ままごとのような「社会的」遊びをよく行ったりする。バロン-コーエン（2005）は，新生児であっても「顔」の弁別において女児と男児に差異が認められると報告している。バロン-コーエンは，胎内にいる間に照射されるテストステロンという性ホルモンが，身体的差異だけでなく脳機能の発達にも影響を与えているという「仮説」を提唱している。

直回が社会的スキルと関係するのであれば，子どもの脳を調べても成人と同じように社会的スキルの高い子どもの直回が大きいことが予想される。ウッドら（Wood et al., 2008b）は，成人における研究に後続して，7〜17歳を対象とした研究を行っている。実験参加者は，成人での研究と同様に社会的スキルを調

べるテストを受けた。テストの成績は，予想通り女子が男子を上回っていた。

しかし，MRIを用いて計測した直回の体積のデータは解釈し難いものとなった。女子の直回の脳全体に占める相対的大きさは，男子のそれよりも小さく，かつ，男女問わず社会的スキルの成績と直回の大きさは負の相関を示したのである。

この結果は，脳における「部品」の大きさが「機能」の高さに単純に関係しているのではないことを物語っている。これと関連する例として，発達初期に重篤な脳損傷を負ったとしても，その後の発達過程で認知機能がキャッチアップするケースが多く報告されている。たとえば，難治性てんかんの治療目的で，脳の半分を切除（正確には，機能的半球切除術）しても，健常児と見分けがつかないほどキャッチアップした事例も存在する（バットロ，2008）。

しかし，こうした研究事例は，脳領域の体積（「部品」の大きさ）を調べたものであり，活動の内容や強さを調べたものではない。脳と心の発達的変化を知るためには，発達途上にある乳幼児の，覚醒下での脳活動を研究する必要がある。

2-3 乳幼児を対象とした脳機能計測

ここ20年間で，認知科学研究全体に最も大きな影響を与えた出来事と言えば，何をさしおいてもfMRIやPETなど脳活動計測技術の開発であろう。しかし，fMRI，PETどちらも，乳幼児に適用することは困難である。これまで，睡眠状態の乳児を対象とした，fMRI研究は存在するものの（Dehaene-Lambertz et al., 2002），覚醒下の乳児が実験に応じてくれるにはMRI装置の革新的改良が必要である（少なくとも「被曝」させてしまうPETに関しては，乳児研究の方法として対象外である）。

こうした中で，乳幼児の脳機能を探るために現在利用可能な装置は，脳波計や近赤外分光法に基づく脳活動計測装置である。以下では，この2つの装置を使った乳児研究について概観することにする（脳機能イメージングの方法については，BOX6参照）。

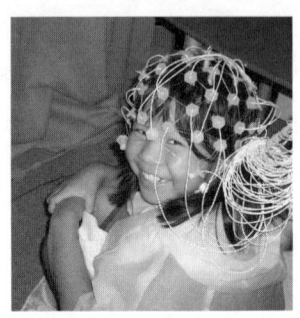

図 II-2-4　ネット型の高密度脳波計（撮影：開一夫）

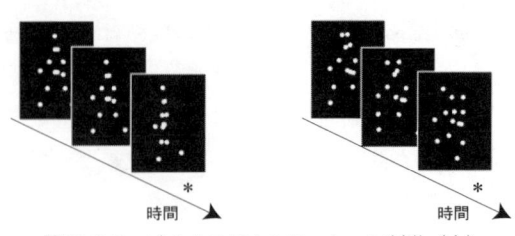

図 II-2-5　バイオロジカルモーション刺激（左）とスクランブルモーション刺激（右）

2-4　脳波計を用いた研究

　脳波計は，頭皮の上に電極（センサ）を装着し，脳神経の電気的活動を計測する装置で，完全に受動的かつ非常に安全な装置である。脳活動の計測法として，脳波計は最も歴史が古く，これまで多くの学術的蓄積がある。近年，高密度脳波計が開発され，活動部位に関する議論も少なからず可能になり，成人を対象とした研究においても，事象関連電位（Event-Related Potential: ERP）を指標とした実験が多数行われるようになってきた。
　ERP 手法は，外的要因および内的要因により誘発される脳活動電位を頭皮上に装着された電極間の電位差を求めることによりミリ秒単位で計測するものである。この手法は，複数存在する脳活動計測法の中でも特に時間解像度の点で優れているため，知覚・認知現象の脳内におけるダイナミックな側面をとらえることができる。脳波計を乳児に用いる場合の問題点として，電極の装着に時間がかかることが挙げられる。しかし，近年になって図 II-2-4 に示すようなネット型の高密度脳波計が開発され，従来のものと比較して格段に早く装着することが可能となった。
　ここでは，ERP を乳児研究に適用した研究について紹介しよう。平井・開（Hirai & Hiraki, 2005）は，バイオロジカルモーション知覚の発達的変化をとらえることを目的とし，乳児に図 II-2-5 に示すような，バイオロジカルモーション刺激（左）とスクランブルモーション刺激（右）の 2 種類の刺激を呈示し

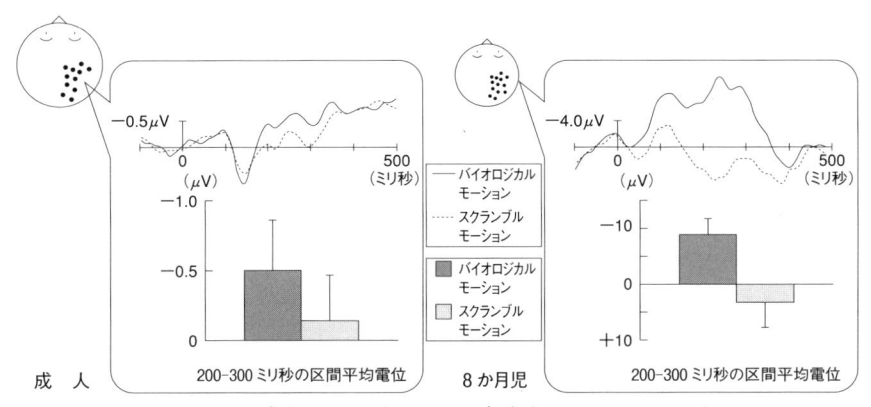

図 II-2-6　成人と 8 か月児の ERP 波形（Hirai & Hiraki, 2005）

た時の事象関連電位を計測した。

　乳児を対象とした認知実験では，成人のそれと異なり，実験に対する教示を言語的に与えることができない。そこで，それまでの成人を対象とした ERP 実験で発見された陰性方向の ERP 成分（Hirai et al., 2003）を指標とすることで，バイオロジカルモーション知覚が乳児でも成立しているかどうかを調べた。図 II-2-6 に示すように，生後 8 か月児（右）を対象に図 II-2-5 のような 2 種類の刺激をそれぞれ呈示して ERP 計測を行った結果，右半球における ERP 波形（上の折れ線グラフ）は成人（左）のものと類似し，200〜300 ミリ秒における区間平均電位（下の棒グラフ）に関しても成人と同様に，バイオロジカルモーション刺激に対しては，コントロールとして呈示されたスクランブルモーション刺激に対してよりも有意に大きいことが示された。

　この実験以前では，乳児を対象としたバイオロジカルモーション知覚の発達的研究といえば，選好注視法など注視時間を指標にするものが主流であった。また，その発達時期については諸説入り乱れている状況であった。この実験は，少なくとも 8 か月児においてバイオロジカルモーション知覚が成立していることを示唆している。乳児研究における ERP 手法は，この他，視線検出や顔認知など様々な領域でその有用性が検証されつつあり，今後さらなる発展が見込まれる。

2-5 近赤外分光法を用いた研究

　脳波計は時間解像度の点で優れているものの，空間解像度の点では，たとえ高密度脳波計を用いたとしても，十分であるとは言えない。ある認知機能が脳内のどの部位で担われているのかがわかれば，心のメカニズム解明において貴重な情報を得たことになる。しかし，前述したように乳児実験で，（現在の）fMRIを用いることはできない。こうした状況において，近年，開発されたNIRSに基づく脳活動計測装置は，乳幼児研究に画期的な革命をもたらす可能性がある。NIRSは非侵襲の計測装置であり，装着も容易で被験者に身体的拘束を課さないため，図II-2-7のように乳児の認知実験にも使用することが可能である。

　NIRSは頭皮上から脳皮質の表面（深さ2cm程度まで）を流れる血液に含まれる酸素化ヘモグロビン（oxyHb）と脱酸素化ヘモグロビン（deoxyHb）の濃度変化を測定することができる。そのうちoxyHbの変化が局所脳血流の変化と最も相関が高いと言われ，認知実験における指標として用いられることが多い。以下では，就学前児を対象として私たちが行った研究を紹介しつつ，NIRSを用いた発達研究の可能性と課題を整理する。

　森口・開（Moriguchi & Hiraki, 2009）は，NIRSを用いて3歳児と5歳児が次元変化カード分類（Dimensional Changing Card Sorting: DCCS）課題を実施中の前頭前野の活動を計測した（図II-2-8）。DCCS課題とは，（幼児の）実行機能の研究で広く用いられている課題で，カード分類課題中の分類規則変更に対して柔軟に対応できるかどうかがテストされる。低年齢（3歳以下）の子どもでは，規則変更への対応が困難であり，初期の分類規則を固執的に用いる傾向が知られている。

　成人を対象とした神経心理学的研究では，前頭前野に損傷を負った患者はDCCSと類似のウィスコンシン・カード分類課題（Wisconsin Card Sorting Test: WCST）の成績が低下することが知られている。つまり，前頭前野損傷患者の場合は健常者と比較して，カードを分類するための規則が途中で変更されるとそれに対応しづらい。

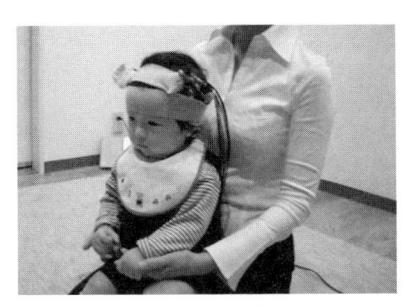

図 II-2-7　NIRS の乳児実験への適用

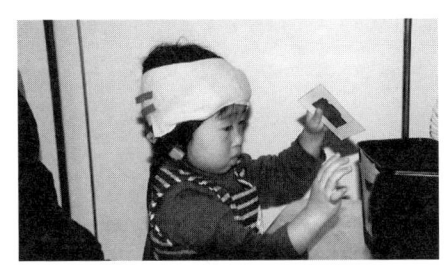

図 II-2-8　DCCS 課題を実施中の3歳児の前頭前野の活動を計測（撮影：開一夫）

　森口・開（Moriguchi & Hiraki, 2009）の研究の狙いは，発達途上にある幼児を対象に固執的行動と前頭前野の活動との関連性を見出すこと，そして前頭前野の機能的発達過程を明らかにすることであった。
　実験の結果，行動レベルのパフォーマンスに関しては，先行研究と同様に3歳児において固執的なふるまいが見られた（5歳児には固執的なふるまいが見られなかった）。脳活動に関しては，固執的行動を産出した3歳児の脳活動とその傾向がなかった5歳児の脳活動の間に著しいちがいが見られた。
　DCCS 課題は前頭前野の機能的発達と実行機能の発達との強い関連性を示唆するものである。では，行動レベルで固執的ふるまいを見せた3歳児は，その後どのように発達していくのか。
　森口・開（Moriguchi & Hiraki, 2011）は，この研究に参加した3歳児を対象にして縦断的に脳活動を調べた。縦断的脳活動計測は，発達的変化の著しい乳幼児期においては重要な研究手法となる。われわれが研究に着手するまで，EEG を用いた乳幼児の縦断的脳活動計測は実施されていたものの，NIRS を用いた脳活動計測は実施されていなかった。
　3歳時点と4歳時点における下前頭領域の活動を，NIRS を用いて比較すると非常に興味深い結果を得ることができた。3歳時点で DCCS 課題を通過した幼児（グループ A）は右の下前頭領域を活動させたのに対して，通過しなかった幼児（グループ B）はその領域を活動させなかった（図 II-2-9，3歳時点）。グループ A の幼児は，4歳時点では左右両側の下前頭領域を活動させた。一方，グループ B の幼児は，4歳時点で課題を通過したが，右側ではなく左の下

グループA　3歳時点で課題を通過した幼児

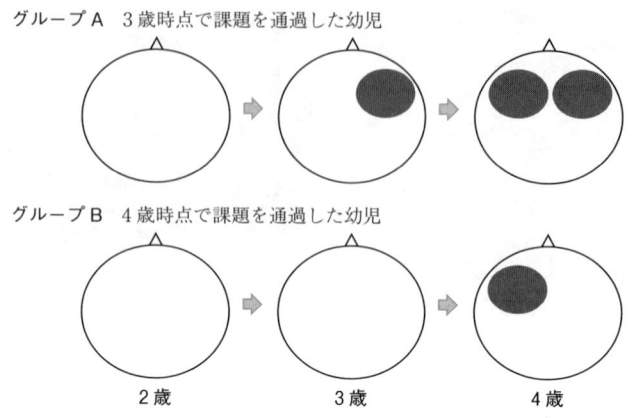

　　　2歳　　　　　　3歳　　　　　　4歳

グループB　4歳時点で課題を通過した幼児

　　　2歳　　　　　　3歳　　　　　　4歳

図II-2-9　DCCS課題を通過した幼児（グループA）と通過しなかった幼児（グループB）の下前頭領域の活動（Moriguchi & Hiraki, 2011）

前頭領域を活動させた（図II-2-9，4歳時点）。この結果は，同じ課題においても，早くから解ける子どもとそうでない子どもの脳の発達プロセスにはちがいがあることを示唆する。

　今後，研究が進めば，前頭前野の機能不全との関係が示唆されている注意欠陥多動性障害（ADHD）に関する研究や，脳神経科学的エビデンスに基づいた効果的教育方法の開発に結びつく可能性がある。

　幼児だけでなく，乳児を対象とした研究でも，fMRIを用いることができない以上，現状で，脳の「場所」に関する議論をするにはNIRSが最も有望である。しかし，現在の装置では，まだまだ空間解像度や計測範囲の点で十分であるとは言えず，今後の改良が期待される。特に現在のNIRSでは脳深部の活動を計測することは不可能であり，発達初期における脳機能で最も見たいところが見えないという歯がゆさが残る。

　本章では，発達研究における新たな研究方法として，脳波計とNIRSについて取り上げた。乳幼児の発達研究に関して言えば，わざわざ高価かつ発展途上の脳活動計測機器を使わなくても，まだまだ工夫の余地が存在する。たとえば，容易に計測可能な生理指標を開発することが，乳児の行動実験で頻繁に用いられている注視時間法を補完し，この分野を大きく発展させるであろう。

乳幼児の脳活動計測に関しては，装置や実験手法が開発途上であるとともに，非常に重要な問題を解決する必要がある。脳の構造的変化と機能的変化をどう結びつけるかという問題である。発達初期の段階では，脳の構造的変化が著しく，成人と同じ部位，同じ活動パターンが得られないからといって，ある認知機能を乳児が有していないとは言い切れない。乳児の脳だけを見ていても意味がなく，行動実験を中心とした綿密な実験デザインを開発し，脳と心をリンクさせる努力をしていかねばならない（BOX3；BOX4参照）。

引用文献

バロン-コーエン，S. 三宅真砂子（訳）(2005). 共感する女脳，システム化する男脳　日本放送出版協会

バットロ，A. M.（2008）. 半分の脳——少年ニコの認知発達とピアジェ理論　医学書院

Dehaene-Lambertz, G., Dehaene, S., & Hertz-Panier, L. (2002). Functional neuroimaging of speech perception in infants. *Science*, **298**, 2013-2015.

Hirai, M., Fukushima, H., & Hiraki, K. (2003). An event-related potentials study of biological motion perception in humans. *Neuroscience Letters*, **344**(1), 41-44.

Hirai, M., & Hiraki, K. (2005). An event-related potential study of biological motion perception in human infants. *Cognitive Brain Research*, **22**(2), 301-304.

Huttenlocher, P. R. (2002). *Neural plasticity: The effects of environment on the development of the cerebral cortex*. Harvard University Press.

Huttenlocher, P. R., de Courten, C., Garey, L. G., & Van der Loos, H. (1982). Synaptogenesis in human visual cortex: Evidence for synapse elimination during normal development. *Neuroscience Letter*, **33**, 247-252.

Kuhl, P. K., Tsao, F. M., & Liu, H. M. (2003). Foreign-language experience in infancy: Effects of short-term exposure and social interaction on phonetic learning. *Proceedings of the National Academy of Sciences of the United States of America*, **100**(15), 9096-9101.

Matsuzawa, J., Matsui, M., Monishi, T., Noguchi, K., Gur, R. C., & Bilker, W. (2001). Age-related volumetric changes of brain gray and white matter in healthy infants and children. *Cerebral Cortex*, **11**, 335-342.

Moriguchi, Y., & Hiraki, K. (2009). Neural origin of cognitive shifting in young children. *Proceedings of the National Academy of Sciences of the United States of America*, **106**, 6017-6021.

Moriguchi, Y., & Hiraki, K. (2011). Longitudinal development of prefrontal function during early childhood. *Developmental Cognitive Neuroscience*, **1**(2), 153-162.

オリヴェリオ，A.・オリヴェリオ-フェッラーリス，A.　川本英明（訳）（2008）. 胎児

の脳・老人の脳——知能の発達から老化まで　創元社
Pascalis, O., de Haan, M., & Nelson, C. A. (2002). Is face processing species-specific during the first year of life? *Science,* **296**, 1321-1323.
Shimada, S., & Hiraki, K. (2006). Infant's brain responses to live and televised action. *NeuroImage,* **32**(**2**), 930-939.
van Prang, H., Schinder, A. F., Chrislie, B. R., Toni, N., Palmer, T. D., & Gage, F. H. (2002). Functional neurogenesis in the adult hippocampus. *Nature,* **415**, 1030-1034.
Wood, J. L., Heitmiller, D., Andreasen, N. C., & Nopoulos, P. (2008a). Morphology of the ventral frontal cortex: Relationship to femininity and social cognition. *Cerebral Cortex,* **18**, 534-540.
Wood, J. L., Murko, V., & Nopoulos, P. (2008b). Ventral frontal cortex in children: Morphology, social cognition and femininity/masculinity. *SCAN,* **3**, 168-176.

II 発達の理論

3 行動遺伝学と発達

安藤寿康

　ヒトは他のあらゆる生物と同様に，進化の過程で蓄積してきた自らの遺伝的資源を，自己の生存にかかわる環境の諸条件に対して，生涯を通じて適応的に発現しようとし続けている。発達科学は，そのような適応の（そしてしばしば不適応の）諸相の時間的変化を，様々な発達段階における様々な心理的・行動的側面について科学的に解明しようとするものであるが，そのおおもとの規定因となる遺伝要因と環境要因の関係の一般的なあり方についてはどのように理解したらよいだろうか。本章では，発達科学の基本となるこのような問題に対して，行動遺伝学（behavioral genetics）からのアプローチを紹介しよう。

3-1　行動遺伝学とは何か

　ヒトの発達の遺伝的規定因について考える際，遺伝によって与えられた，種の一般的・普遍的特徴に着目する進化的な視点と，遺伝的変異から個体差に着目する視点がある。発達科学において種の普遍性に着目する視点とは，たとえばヒトの発達段階（生活史）の特徴を他の霊長類などの動物と比較して理解しようとするもので，生活史研究や進化心理学，人間行動生態学などによってアプローチされるテーマである。これに対し，個体差に着目する視点とは，たとえば知能やパーソナリティなどの個人差が遺伝子型や環境の差異の影響をどのように受けて発達的に形成されてきたかを明らかにするもので，これが行動遺伝学によって研究されるテーマである（Plomin *et al.*, 2008）。

　遺伝に対する普遍的視点と個体差的視点という2つのアプローチは，文字通り遺伝的につながりのある，2人の歴史上の人物によってそれぞれ創始された。普遍的視点，すなわち進化的視点は，現代に連なる進化学の基礎を確立したダ

ーウィンによる。ダーウィンの進化理論は，今日の遺伝学に照らして解釈すれば，新たな種の起源が，既存の生物が持つ遺伝的変異の中で，環境により適応的な形質をもたらす遺伝子が多く残され続けることによるとするものである。一方，ヒトの遺伝的変異がどのように伝わるかに関心を示したのが，ダーウィンの祖母ちがいのいとこにあたるゴールトンであった。ゴールトンは生物統計学と差異心理学，そして優生学の祖であり，優秀な才能が同じ家系から輩出されやすく，血縁が近いほどその類似性が高いことを統計的な手法で示そうとした（Galton, 1869）。これが行動遺伝学の始まりである。

　行動遺伝学はこのように，もともと双生児や親子，養子など血縁関係の異なる者どうしの系統的な類似性の差異を用いて，様々な心理的形質の個人差に及ぼす遺伝と環境の相対的比率を明らかにすることを目指す学問であった。それが1990年代からは，構造方程式モデリング（structural equation model: SEM）（III-2参照）を用いた，多変量を扱える洗練された統計手法により，形質間の相関関係と因果関係にかかわる遺伝と環境の構造モデルの検証の科学として発展した。さらに1990年代後半以降は，特定の表現型に関連する遺伝子とその発現機構を解明しようと，最先端の分子遺伝学の手法を取り入れながら発展しつつある。

行動遺伝学の方法——双生児法・養子研究法と構造方程式モデリング

　ヒトの行動に及ぼす遺伝の影響を知る方法として，ゴールトンが用いたような家系内の伝達と類似性だけを手掛かりにする方法が必ずしも適切でないことは容易にわかるだろう。血縁が近いほど，遺伝要因だけでなく環境要因も似る傾向があるから，血縁者間の類似性を示すだけでは遺伝要因の影響を示したことにはならないからである。遺伝要因の影響を明らかにするためには，環境要因の影響を等しく統制した上で，遺伝要因の近いものほど行動が類似することを示す必要がある。これを可能にするのが双生児法と養子研究法であり，今日の行動遺伝学の主要な方法として用いられるものである。

　双生児法も養子研究法も，あるいはそれ以外の血縁関係による方法も，基本的には遺伝要因と環境要因の類似性の系統的なちがいを，伝統的な遺伝学の一分野をなす集団遺伝学（population genetics）と量的遺伝学（quantitative genetics）のモデル（Falconer, 1989）を用い，心理学的な形質に応用して，遺伝と環境の両要因の影響力を検出するための方法である。量的遺伝学とは，メンデルの法則に基づく古典的な遺伝学のモデルを，体の大きさや作物の収量など連続変量として変異する量的形質に適用した遺伝学であり，それを行動遺伝学は同じように量的形質として扱える知能やパーソナリティ特性などの心理学的形質に適用する。また疾患についても，その疾患への易罹患性を同じように連続に変異する形質と考え，その形質のディメンション（dimension：次元）上のある閾値を超えた場合に疾患と診断するというディメンショナル・モデル（ジャン，2007）を考える。

　ここで行動遺伝学で最もよく用いられる双生児法について説明しよう。双生児には一卵性（monozygotic twin: MZ）と二卵性（dizygotic twin: DZ）がある。両者は子宮環境を含む生育環境が原則として等しい。しかし遺伝的には一卵性双生児が遺伝子のすべてを共有するのに対し，二卵性双生児は約50%を共有するのみである。したがってある形質に関して一卵性の類似性が二卵性のそれを上回れば，そこに遺伝の影響がかかわっていることを意味する。これが双生児法の基本的な原理である。

　この原理をより定量的な形で表現してみよう。遺伝子の等しい一卵性双生児が，共有する成育環境（主に家庭環境）の影響を受けて形質として発現させた表現型（phenotype）の類似性（相関係数としてrMZで表す）には，両親からそれぞれ受け継いだ各遺伝子の組み合わせである遺伝子型（genotype）の総体的影響（A: additive genetic effect, 量的遺伝学における相加的遺伝効果）と共有環境（C: common environment）の影響が反映されている（rMZ＝A＋C: ①）。一方，同じように共有する成育環境で育ちながら遺伝的には50%しか類似しない二卵性双生児の表現型の類似性（rDZ）には，共有環境の影響は一卵性と等しいが，遺伝子型の影響は一卵性の半分しか関与しない（rDZ＝.5A＋C: ②）。また同一の遺伝子型を持ち同環境で育った一卵性双生児間にも見られる差異（非類似性）は，一人ひとりに固有で，きょうだい間では互いに無関係な環境，すなわち非共有環境（E: error）の影響によるものである（E＝1－rMZ: ③）。ここである形質に関して，代表性の高い双生児サンプルから得られた相関データに，①～③の方程式をあてはめることによって，遺伝要因

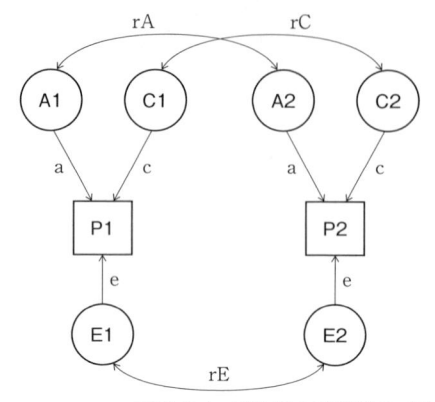

	rA	rC	rE
一卵性双生児	1.0	1.0	0
二卵性双生児	0.5	1.0	0
一卵性双生児（別環境）	1.0	0	0
養子親子	0	1.0	0
養子きょうだい	0	1.0	0
半きょうだい	0.25	0	0
いとこ	0.125	0	0

図 II-3-1　双生児の表現型のパス図（左）と相関係数（右）

(A)，共有環境要因（C），非共有環境要因（E）のそれぞれが，その形質の個人差に及ぼす影響の程度を推定することができる。

　こんにち，遺伝と環境の影響を定量的に推定するより洗練された方法としては，図 II-3-1 のパス図で示すように，双生児の表現型（P1，P2）の関係を遺伝（A1，A2），共有環境（C1，C2），非共有環境（E1，E2）の各要因の共分散構造として表現し，構造方程式モデリングを適用して，各要因の影響の有無の検定や程度の推定をする。一卵性双生児は遺伝要因が等しいのでA1とA2の遺伝要因間の相関（rA）は1.0であるのに対し，二卵性双生児では0.5となる。一卵性でも二卵性でも共有環境は等しいことが前提であるから，共有環境間の相関（rC）は1.0，非共有環境要因間の相関（rE）はその定義から無相関0である。構造方程式モデリングを用いることで，A，C，Eからの寄与（a，c，e）の有無や程度，信頼区間などを推定することができる。

　図 II-3-1 の図は，さらに別々に育てられた双生児（環境を共有していないのでrC＝0），養子のきょうだいや親子（遺伝的には無関係なので，遺伝要因間の相関 rG＝0 だが，家庭環境は共有しているので，rC＝1.0），片親だけが同じである半きょうだい（rG＝0.25），いとこ（rG＝0.125），さらには（図中にはないが）双生児のきょうだいを親として生まれた子ども（拡大双生児デザイン）など，あらゆる血縁関係の共分散構造を表現することができ，入手可能な種類のデータをすべて統合してこのモデルで分析することによって，より信

図 II-3-2 心理的形質における MZ/DZ の類似性（安藤, 2010 より作成）

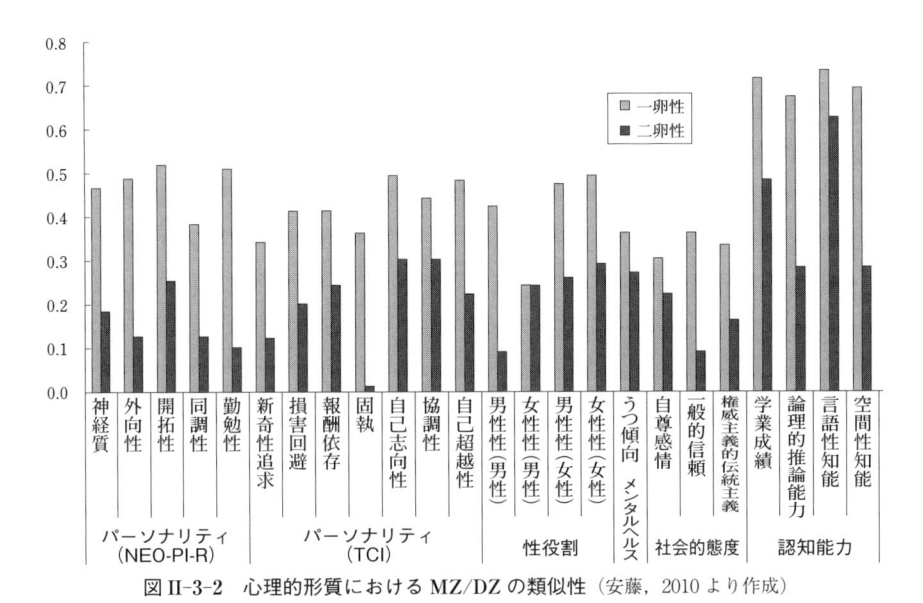

頼性の高い推定値を，より複雑な変数関係について求めることができる。

行動遺伝学の三原則

　図 II-3-2 は，様々な心理的形質についての一卵性双生児と二卵性双生児のきょうだいの類似性を相関係数で表現したもの，図 II-3-3 はその相関係数をもとに，構造方程式モデリングによって遺伝，共有環境，非共有環境の各要因の影響を相対的に表したものである。

　この数値は，このサンプルが属するある母集団における表現型の「ばらつき」（統計学でいう分散）に占める各要因の相対的な割合であり，特定の個人にあてはめて解釈することはできない。たとえば，一般知能に占める遺伝要因の相対的割合が 77% とは，IQ が 100 の人の 77 までは遺伝が，残り 23 が環境で説明できるという意味ではなく，ある集団の IQ の表現型分散が 100 だった時，遺伝分散は 77 だという意味であることに注意されたい。

　図 II-3-3 を見ると，多くの心理的形質において，その個人差が遺伝要因と非共有環境によって説明され，共有環境の影響が見られる形質は少ないことが

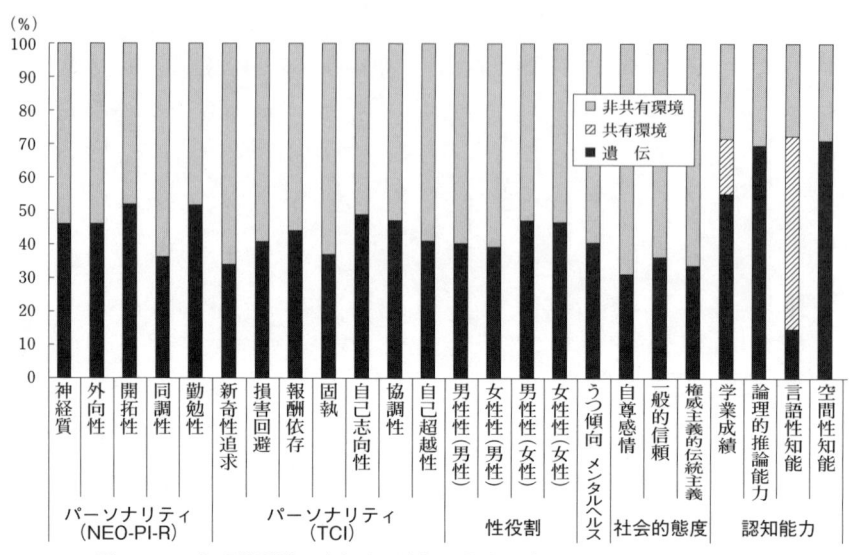

図 II-3-3 心理的形質に寄与する遺伝と環境の影響 (安藤, 2010 より作成)

わかる。この特徴は，いわゆる行動遺伝学の3原則（Turkheimer, 2000）として，以下のようにまとめられている。

　第1原則　人間のすべての特性は遺伝の影響を受ける。
　第2原則　同じ家族で育ったことの影響は，遺伝の影響よりも小さい。
　第3原則　人間の複雑な行動特性に見られる分散のうち，相当な部分が遺伝でも家庭環境でも説明できない。

　このうち「同じ家族で育ったことの影響は，遺伝の影響よりも小さい」という第2原則は，共有環境の影響がほとんど見られないことを意味し，親の影響を重視し，親子相関を環境の影響と見なしがちな伝統的な発達心理学の常識をくつがえすものであろう（e. g., Harris, 1998）。ただしこれらはあくまで一般的な原則であるから，例外もまた存在する。この図でも例示されている言語性知能や学業成績には共有環境の影響が見られることが多い。また後述する遺伝と環境の交互作用まで検討すると，特定の環境下では共有環境が強く表現される場合があることも報告されている（敷島・安藤，2004）。重要なことは，発達の結果としての個人差には，常に遺伝と環境の両方の影響が反映されていること，

言い換えれば，発達とは遺伝的に個性的な一人ひとりが，その遺伝的素因を特定の環境に対して柔軟に変化させながら発現させた結果の表れだということである。

3-2　行動遺伝学小史

こんにち行動遺伝学は心理学の諸分野や脳神経科学，経済学など，様々な領域からの是認と注目を集めるようになっている。しかしここに至る道筋は必ずしも平坦ではなかった。行動遺伝学を正しく理解するために，その歴史を次の2つの軸から簡単に把握しておくことは有益であろう。第1は19世紀末以来のダーウィン，ゴールトン，メンデルに始まる，この学問それ自体の方法の発展の歴史，第2は20世紀半ばに登場し，遺伝学の主流を塗り替えた分子遺伝学との関係の歴史である。

行動遺伝学の歴史

ゴールトンの生物統計学の手法は，20世紀の初頭に，生物学ではメンデル遺伝学の理論に統合したフィッシャーやライトらによる集団遺伝学，その量的形質への適用である量的遺伝学の中で洗練され，進化理論や育種学の理論的支柱となり，潜在的な遺伝子型の影響が環境の中でどのように表れるかを集団レベルで明らかにする科学として発展した。一方，同じゴールトンの生物統計学的手法が，心理学ではスピアマンやサーストンらによる多変量を扱う心理統計学となり，因子分析に代表されるような，もっぱら表現型としての心理的・行動的変数や環境変数間の相関関係を扱う科学として発展した。このように，行動遺伝学は，ゴールトンの生物統計学という同じ出自から枝分かれした，生物学と心理学の大きな2つの流れの合流点に位置する学問である。

行動遺伝学の黎明期から，知能や統合失調症を対象とした数多くの双生児研究と養子研究がなされ，前節で行動遺伝学の3原則として要約されたような知見はすでに1960年代までには収集されてきた。この頃までの研究の多くは，主に単一の形質について一時点だけで調査した，小規模でしばしば偏りが指摘されるサンプルによる相関係数や遺伝率の報告であった。それでも特に知能に

関しては豊富な研究の蓄積がなされ，1963年にはアーレンマイヤー−キムリングとジャービク（Erlenmeyer-Kimling & Jarvik, 1963）が3万組の血縁者相関の古典的なメタ分析を行った。そして行動遺伝学が国際学会（Behavior Genetics Association）を設立する1969年，ジェンセンの人種差別問題が勃発した。

　心理測定の研究で高い評価を得ていたジェンセン（Jensen, 1969）が著した『われわれはIQと学業成績をどの程度引き上げることができるか』は，知能の遺伝に関する包括的な概観論文であったが，その中で白人と黒人の間にIQの遺伝的差異があることに言及していたことから，遺伝的人種差別主義として強い非難を浴びることになった。それは科学的な論争を超えて社会問題化し，「ジェンセニズム」ということばまで生まれた。この論文がさらに問題を助長したのは，その中で引用されていたバートの論文にデータねつ造の疑惑が向けられたことである。社会心理学者ケイミン（Kamin, 1974）は，ジェンセン論文に対する様々な批判を試み，イギリス心理学会の重鎮であるバートが報告した，一連の別々に育てられた双生児の相関係数が，サンプル数が増えても小数点第3位まで同じ数値が掲載されていること，論文の共著者の実在が疑われることなどを明らかにした。これもマスメディアを巻き込む科学スキャンダルとして社会問題化され，バートの評価を大きく貶めたと同時に，行動遺伝学研究への信頼を失墜させることとなった。

　特にバートのねつ造事件はこんにちでも既成の事実であるかのように紹介されることが少なくない（たとえばサトウ・高砂, 2003; 鈴木, 2008）。しかし事後の詳細な検証研究（Joynson, 1989; Fletcher, 1991）では，バートが意図的にデータをねつ造した証拠を見出すことは困難であり，むしろ科学メディアとそれに協力する反遺伝主義的な科学者たちの生み出した報道の問題性が指摘されている。バートの報告した数値そのものも，他の膨大な研究から得られた成果と整合性を持つもので，少なくともバート事件そのものについては「真相不明」と判断すべき状況にある。

　しかしながらこの事件を契機として，それまでの行動遺伝学研究に向けられた，サンプリング・バイアスや遺伝と環境の影響の推定の仕方などの方法論的な批判，単に遺伝が何％という情報の不毛性の指摘に応えて，1980年代までの間に，欧米では人口に基づく（population based）大規模で代表性の高い双

生児レジストリ（registry）を構築し，長期にわたる双生児や養子の縦断研究が数多くなされるようになった。その成果は 1983 年，アメリカ心理学会の *Child Development* 誌の特集号「発達的行動遺伝学」にまとめられている。

さらに 1990 年までの間に，ヨレスコクらの LISREL のような，多数の潜在変数の因果モデルの解析と検証を扱うことのできる構造方程式モデリングのためのプログラムが，コンピュータに実装できるようになると，前節で紹介した遺伝要因（A），共有環境要因（C），非共有環境要因（E）の各分散に表現型分散を分解するいわゆる ACE モデルをスタンダードとして，II-3-3 に紹介するような遺伝と環境の様々な要因を仮定したモデルの検証が可能になり，単に遺伝要因と環境要因の寄与の有無や程度（how much）だけでなく，両者がどのようにかかわっているか（how）を扱うことができるようになったのである（Neale & Maes, 2003）。

分子遺伝学との関係

行動遺伝学は古典的なメンデル遺伝学に基づいている。それは遺伝子を直接扱うのではなく，表現型の背後に潜在要因として遺伝子を仮定し，その影響を血縁近親の表現型から推定するという間接的な方法を用いる。一方，20 世紀半ばから急速に発展した分子遺伝学（molecular genetics）は，遺伝子の構造と機能とを，その物質的な基盤である DNA の分子レベルから明らかにしようとするものであり，表現型にかかわる遺伝子の同定とその発現過程（BOX2 参照）の解明を目指すという意味で，遺伝子を直接扱う。このことから分子遺伝学の登場は古典的遺伝学に置き換わるものとして考えられ，もはや双生児研究などは不要とする見方すらささやかれるようになった。実際，分子遺伝学が遺伝学の主流となり，特にショウジョウバエやマウスなどの実験動物を用いて，特定の遺伝子に改変を加えるトランスジェニックなどの手法によって，特定の行動をつかさどる遺伝子とその発現過程が同定される中で，統計学的な潜在変数としての遺伝要因が集団の表現型分散を何％説明するかといった抽象的な理解の仕方にとどまる行動遺伝学は，前項で紹介した方法論的展開にもかかわらず，少なくとも 1990 年代半ばまでは，心理学の他の領域や他の研究分野との接点を持ち得ずに孤立した道を歩んでいるかのようであった。

この状況に変化が見られるようになったのは，まず1996年に，新奇性追求という気質の個人差にドーパミン受容体遺伝子DRD4の多型が影響することなどの発見（Ebstein et al., 1996; Benjamin et al., 1996）により，ヒトの心理的・行動的形質と具体的な遺伝子との間に関連があるという認識が精神医学や経済学，社会学などの他分野にも印象づけられてからである。これまで抽象的だった行動遺伝学の知見が，具体的な遺伝子特定に進むための必要条件としてその意義を再評価されるようになった。それは21世紀に入り，ヒトゲノムがすべて読み解かれるようになってさらに加速されるようになる。

　21世紀に入ってからは，行動遺伝学も関連解析（association study）や連鎖解析（linkage study）など，分子遺伝学の手法を取り入れて，心理的・行動的形質の関連遺伝子特定に積極的に取り組むようになった。知能やパーソナリティなど心理的な量的形質にかかわる遺伝子は，基本的にポリジーン（polygene：多遺伝子）の様式を持つと考えられ，その染色体上の位置，すなわち量的形質遺伝子座（quantitative trait loci: QTL）の特定がまずなされねばならない。一般にその1つ1つの効果量はきわめて小さく，検出が困難であるが，そこで双生児法を併用することにより，検出力を高めることができる。今日では行動遺伝学者自身が，必ずしも双生児法など従来の手法に限定されることなく，全ゲノム情報を使った関連解析（genome wide association study: GWAS）などにも着手するようになり，両者の境目は事実上なくなった。

　こうして分子遺伝学的研究が活発になされるようになると，改めて遺伝子の特定が難しいこと，仮に候補遺伝子を絞り込んでも，1つの遺伝子が説明できる割合はせいぜい数％に過ぎず，研究結果の再現性も必ずしもよくない中で，行動遺伝学が示す数十％もの遺伝的寄与を分子遺伝学的に限られた遺伝子に還元して説明することは，依然としてきわめて困難であることが認識されるようになってきた。また，遺伝子発現（BOX2参照）の過程での後生的な化学的調節機構であるエピジェネティクス（I-2参照）の発見によって，非遺伝的要因の重要性も再認識されるようになるにつれて，改めてヒトの心理的・行動的形質の発達に及ぼす遺伝と環境の両要因のかかわりの全体を明らかにできる行動遺伝学の意義が再認識されるようになった。

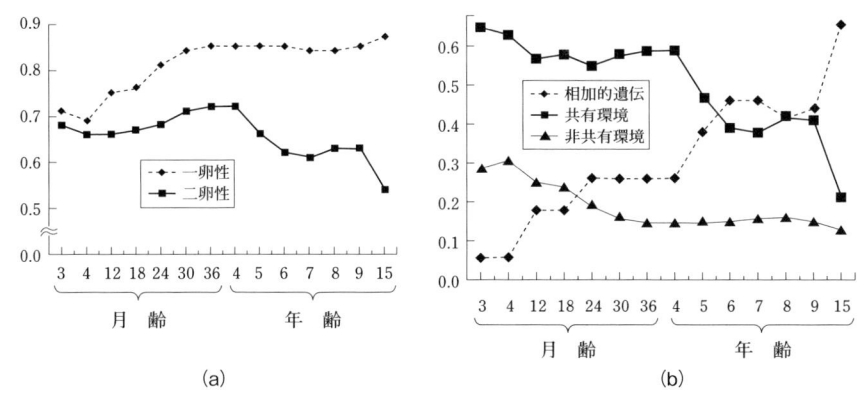

図 II-3-4 IQ の双生児相関（a）と遺伝・環境の各要因の相対寄与率（b）の発達的な変化
（Wilson, 1983 より作成）

3-3　遺伝と環境のダイナミズム

遺伝と環境の影響の発達的変化

　図 II-3-4（a）は IQ の双生児相関を発達の時点ごとに示したもの，図 II-3-4（b）はそこから推定された遺伝と環境の各要因の相対寄与率の変化を示したものである。この図が示すように，IQ の個人差に及ぼす遺伝要因の寄与は発達とともに増加するのに対し，初め優位だった共有環境の寄与は減少する。素朴に考えると，出生直後の乳児期はまだ環境の影響も受けず，遺伝要因がそのまま発現しているのに対して，発達とともに環境の影響が強まりそうな印象を受けるかもしれないが，実際はむしろ逆であり，年を重ね経験を積むほどに遺伝的素質がより明確に表れてくると言える。

　この切り口は，いわばスナップショットを時系列的に並べたようなもので，横断的なデータでも示すことのできる発達の様相である。双生児や養子の追跡調査による縦断データがあれば，さらに発達過程における遺伝と環境の要因の変化をより詳細に明らかにできる。たとえば，双生児の一般認知能力の乳児期から青年期までの発達的変化と安定性に及ぼす遺伝と環境のかかわりを分析した結果が，図 II-3-5 である。

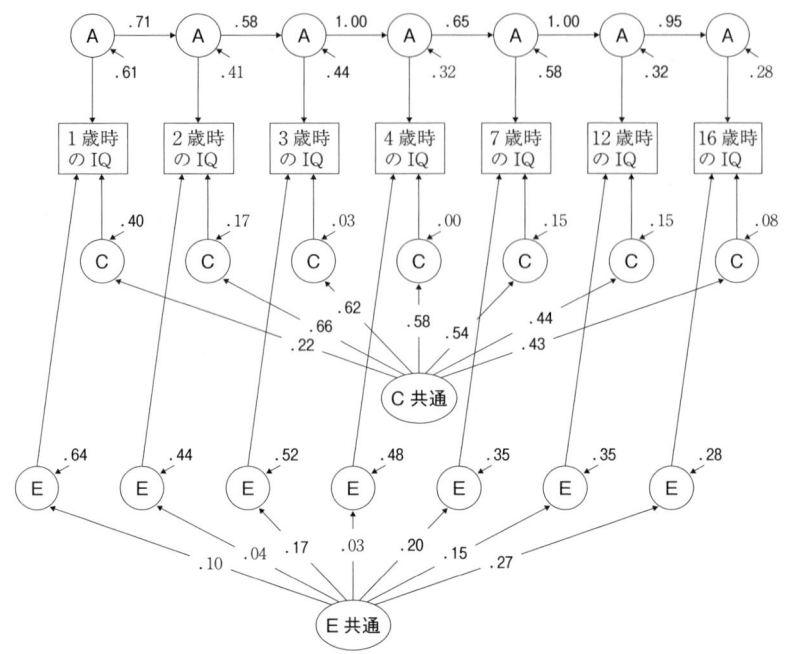

図 II-3-5　認知能力の時間的変化の遺伝・環境構造（Brant *et al.*, 2009）
数値は寄与率で，5％水準で有意だったものはゴシック体で示した。遺伝要因（A）は全体として持続的だが，3，7，12歳時に新たに有意なAの発現が見られる。共有環境要因（C）の影響は，全体に共通な要因からのパスのみが有意であるのに対し，非共有環境要因（E）は各時点に特異的である。

　データは1歳時から，2歳，3歳，4歳，7歳，12歳，そして16歳時と縦断的に測定されている。このうちシステマティックな変化に関与しているのは新しい遺伝要因（A）の発現であり，共有環境要因（C）は存在するとすれば新たな変化よりも時間を通じての安定性に関与する。そして，非共有環境要因（E）がその時点時点に特殊な影響をもたらして，もう1つの変化の要因となっている。これはヒトの心理的・行動的形質の発達的変化に関する標準的な特徴と思われる。特に認知能力に関するこの結果を見ると，幼児期の認知的・行動的変化の大きな時期（3歳），そして前操作期から具体的操作期に移行する児童期の始まり（7歳），ならびに具体的操作期から形式的操作期に移行する青年期の始まり（12歳）に新たな遺伝要因の発現が見出される。これは遺伝

子自身のタイムテーブルに従った発現プログラムによるとも考えられれば，環境条件が大きく変化することによって開発された適応的変化にともなう遺伝要因の発現によるものとも考えられるだろう

　同じ縦断的データに成長曲線モデル（Growth Curve Model）（III-1 参照）をあてはめ，それに遺伝要因と環境要因の諸パラメータを適用させると，さらに新たな切り口から発達的変化への遺伝と環境の影響を見ることができる。前述の各時点ごとのスナップショットの時間的系列による分析も，コレスキー分解による分析も，基本的には発達的変化の時点ごとの到達点の個人差に及ぼす遺伝や環境の影響を知る手段であり，一人ひとりに異なる発達測度の緩急を反映した発達の軌跡をたどることはできていない。それに対して潜在成長曲線モデルは，一人ひとりの発達曲線に最も近似する方程式のパラメータを分析の対象とする。たとえば，ある人のある形質 y の発達の軌跡が，$y = ax^2 + bx + c$（ここで x は測定時点を表す変数）のような二次曲線で近似できるとすれば，二次項（傾き）の係数である a は発達速度の立ち上がりの速さと終わりの減速の程度，一次項の係数である b は全体的な発達速度，切片の c は測定の初期値あるいは全体の通じての平均的な大きさを反映する。これらのパラメータのそれぞれに対する遺伝と環境の影響を検討する。たとえば 50 歳以上の認知能力の発達的変化に関する双生児研究（Raynolds *et al.*, 2005）では，切片について遺伝要因と非共有環境要因の相対的比率がそれぞれ 91％ と 9％，一次項では 1％ と 99％，二次項が 43％ と 57％ であり，個人の全体的な高さだけでなく，一人ひとり異なる変化のパターンにも遺伝要因が関与していることが示されている。

3-4　これからの課題

　これまで見てきたように，遺伝要因の影響も環境要因の影響も，発達にともなってそれぞれ変化する。これまでの事例では，遺伝と環境の各要因が相互に独立にそれぞれの機能をどのように発現しているかを示してきた。しかし，それだけではなく，遺伝要因が異なることによって環境要因の影響の仕方が異なったり，環境要因が異なることによって遺伝要因の発現の程度が異なるという，

いわゆる遺伝と環境の交互作用という現象も，局所的には存在することが知られている。たとえば，子どもの一般知能に対する遺伝要因の影響は，親の学歴が高いほうが低いほうよりも大きいという報告がある（Rowe et al., 1999; Harden et al., 2007; Turkheimer et al., 2003；ただし Asbury et al., 2005 では逆のパターンが見出されている）。あるいは，喫煙や飲酒の量に及ぼす遺伝の影響は，田舎よりも都会のほうが大きい（Dick et al., 2001; Legrand et al., 2008）。これを発達的なデータに適用することによって，遺伝と環境の交互作用が発達の過程でどのように作用するかという，より複雑なメカニズムを検討することがこれから求められてくるだろう。

また，もちろんこうした現象をつかさどる具体的な遺伝子，具体的な環境要因を特定する作業も重要であり，その方向への展開も期待される。実際，反社会的行動に及ぼす MAOA 遺伝子と虐待経験との交互作用（Caspi et al., 2002），うつに及ぼす 5HTT 遺伝子とストレス経験との交互作用（Caspi et al., 2003），刺激追求性に及ぼす DRD4 遺伝子と親の養育態度との交互作用（Sheese et al., 2007）など，分子遺伝学的に具体的な遺伝子を特定した研究でも報告されている。さらに，同じ遺伝子を持つ一卵性双生児が異なる経験によって異なる行動特性を形成している場合に，そのエピジェネティックな遺伝子発現の差異を特定できれば，遺伝要因が環境要因に対してどのように適応的にその発現を変化させるかを具体的に明らかにすることも可能だろう。

行動遺伝学は決して遺伝決定論のようなイデオロギーの上に立つものではなく，むしろ遺伝と環境の両要因を等しく考慮することのできる方法論を提供するものである。これが発達科学において，様々な領域固有の問題の解決に何らかの形で寄与することが期待される。

引用文献

安藤寿康（2010）．遺伝マインド——遺伝子が織り成す行動と文化　有斐閣

Asbury, K., Wachs, T., & Plomin, R. (2005). Environmental moderators of genetic influence on verbal and nonverbal abilities in early childhood. *Intelligence*, 33, 643-661.

Benjamin, J., Li, L., Patterson, C., Greenburg, B. D., Murphy, D. L., & Hamer, D. H. (1996). Population and familial association between the D4 dopamine receptor gene and measures of novelty seeking. *Nature Genetics*, 12, 81-84.

Brant, A. M., Haberstick, B. C., Corley, R. P., Wadsworth, S. J., DeFries, J. C., & Hewitt, J. K. (2009). The developmental etiology of high IQ. *Behavior Genetics*, **39**, 393-405.

Caspi, A., McClay, J., Moffitt, T. E., Mill, J., Martin, J., Craig, I. W., Taylor, A., & Poulton, R. (2002). Role of genotype in the cycle of violence in maltreated children. *Science*, **297**, 851-854.

Caspi, A. *et al.* (2003). Influence of life stress on depression: Moderation by a polymorphism in the 5-HTT gene. *Science*, **301**, 386-389.

Dick, D. M., Rose, R. J., Viken, R. J., Kaprio, J., & Koskenvuo, M. (2001). Exploring gene-environment interactions: Socioregional moderation of alcohol use. *Journal of Abnormal Psychology*, **110**, 625-632.

Ebstein, R. P., Novick, O., Umansky, R., Priel, B., Osher, Y., Blaine, D., Bennett, E. R., Nemanov, L., Katz, M., & Belmaker, R. H. (1996). Dopamine D4 receptor (D4DR) exon III polymorphism associated with the human personality trait of novelty seeking. *Nature Genetics*, **12**, 78-80.

Erlenmeyer-Kimling, L., & Jarvik, L. F. (1963). Genetics and intelligence: A review. *Science*, **142**, 1477-1479.

Falconer, D. S. (1989). *Introduction to quantitative genetics*. 3rd ed. Wiley.（田中嘉成・野村哲郎（訳）（1993）．量的遺伝学入門　蒼樹書房）

Fletcher, R. (1991). *Science, ideology & the media*. Transaction Publishers.

Galton, F. (1869/1992). *Heredity genius: An enquiry into its laws and consequences*. World.

Harden, K. P., Turkheimer, E., & Loehlin, J. C. (2007). Genotype by environment interaction in adolescents' cognitive aptitude. *Behavior Genetics*, **37**, 273-283.

Harris, J. R. (1998). *The nurture assumption: Why children turn out the way they do*. The Free Press.（石田理恵（訳）（2000）．子育ての大誤解――子どもの性格を決定するものはなにか　早川書房）

Jang, K. L. (2005). *The behavioral genetics of psychopathology: A clinical guide*. Erlbaum.（安藤寿康・大野裕・佐々木掌子・敷島千鶴・中嶋良子（訳）（2007）．精神疾患の行動遺伝学――何が遺伝するのか　有斐閣）

Jensen, A. R. (1969). How much can we boost IQ and scholastic achievement? Harvard Educational Review.（岩井勇児（訳）（1978）．IQの遺伝と教育　黎明書房）

Joynson, R. B. (1989). *The Burt Affair*. Routledge.

Kamin, L. J. (1974). *The science & politics of IQ*. Erlbaum.（岩井勇児（訳）（1974）．IQの科学と政治　黎明書房）

Legrand, L. N., Keyes, M., McGue, M., Iacono, W. G., & Krueger, R. F. (2008). Rural environments reduce the genetic influence on adolescent substance use and rule-breaking behavior. *A Journal of Research in Psychiatry and the Allied Sciences*, **38**(9), 1341-1350.

Neale, M. C., & Maes, H. H. M. (2003). *Methodology for genetic studies of twins and*

families. Kluwer Academic Publishers.
Plomin, R., DeFries, J. C., McClearn, G. E., & McGuffin, P. (2008). *Behavioral genetics*. 5th ed. Worth Publisher.
Raynolds, C. A., Finkel, D., McArdle, J. J., Gatz, M., Berg, S., & Pedersen, N. L. (2005). Quantitative genetic analysis of latent growth curve models of cognitive abilities in adulthood. *Developmental Psychology*, **41**, 3-16.
Rowe, D. C., Jacobson, K. C., & van den Oord, E. J. (1999). Genetic and environmental influences on vocaburary IQ: Parental education level as moderator. *Child Development*, **70**, 1151-1162.
サトウタツヤ・高砂美樹（2003）．流れを読む心理学史――世界と日本の心理学　有斐閣
Sheese, B. E., Voelker, P. M., Rothbart, M. K., & Posner, M. I. (2007). Parenting quality interacts with genetic variation in dopamine receptor D4 to influence temperament in early childhood. *Development and Psychopathology*, **19**, 1039-1046.
敷島千鶴・安藤寿康　（2004）．社会的態度の家族内伝達――行動遺伝学的アプローチを用いて　家族社会学研究, **16**, 12-20.
鈴木光太郎（2008）．オオカミ少女はいなかった――心理学の神話をめぐる冒険　新曜社
Turkheimer, E. (2000). Three laws of behavior genetics and what they mean. *Current Direction in Psychological Science*, **5**, 160-164.
Turkheimer, E., Haley, A., Waldron, M., D'Onofrio, B., & Gottesman, I. I. (2003). Socioeconomic status modifies heritability of IQ in young children. *Psychological Science*, **14**, 623-628.
Wilson, R. S. (1983). The Louisville twin study: Developmental synchronies in behavior. *Child Development*, **54**, 298-316.

II　発達の理論

4　認知発達

湯川良三

　現代の認知発達研究は，1950年代の米国におけるピアジェの発達理論への関心の高まりとともに始まった。ピアジェが描き出す子どもの思考の特徴は驚きを持って迎えられ，認知における主体の能動的な構成を強調する彼の発達理論は，認知革命（Gardner, 1985）と言われる時代精神と相まって，児童心理学（発達心理学）がアカデミックな心理学に確固とした地歩を占める道を開いた。行動主義や学習理論が盛んな時代にあって，S-R理論とは異質なピアジェ心理学の理解は容易ではなかったが，フラベル（Flavell, 1963）の"The developmental psychology of Jean Piaget"はその理解に大いに寄与し，多くの研究者が認知発達研究に参入してきた。日本は，波多野（1990）が早くからピアジェ理論の重要性を認識していたが，欧米における実験的研究を背景としたピアジェ熱の高まりが発達研究を刺激し，1960年代にはピアジェの解説書（波多野, 1965a, 1965b）が相次いで刊行され，ピアジェ心理学への関心が一挙に広まった。

　本章では，半世紀あまりに及ぶ認知発達研究において新しい時代を切り拓いてきた理論的な話題のいくつかを振り返り，生涯発達の視点も勘案し，認知発達研究の現在の一端を紹介する。

4-1　ピアジェ理論の系譜と展開

ピアジェの遺産

　ビョークランド（Bjorklund, 2005）は認知発達の「真理」の第一に，「認知発達は，子どもの生物学的構成（遺伝的特徴を含む）とその子どもの物理的および社会的環境（文化を含む）のダイナミックで相補的な相互作用を通して進展

する」(p. 499) ことを挙げている。これは，認知に限らず，あらゆる発達の根底にある中核的な仮定であると言える。また，「認知発達が構成的な過程であり，子どもが自身の心の構成において能動的な役割を果たしている」(p. 501) という信念もまた，現代の認知発達研究者の多くに浸透している。構成論的な観点は認知発達研究に通底する「真理」であり，重要なピアジェの遺産である (Fischer & Hencke, 1996; Flavell, 1996; Gopnik, 1996; Siegler & Ellis, 1996)。しかしながら，魅力的な新たな理論が常にそうであるように，ピアジェの寄与を肯定的に評価する一方で，彼の理論とその経験的知見を標的とした研究は，種々の批判を招来した。批判の中には的を射ていないものもある（Lourenço & Machado, 1996 参照）が，それらはまちがいなくその後の認知発達研究における様々な進展を大いに促した。

　ピアジェ理論に対して提起された主要な問題をまとめる（Miller, 2011a, 2011b）と，①知識内容の広範囲な領域に及ぶ一般的な発達段階，あるいはまとまりのある全体構造（structure d'ensemble）という考えに反する証拠があるので，認知の理解は領域一般的ではなく領域固有なのか。②早生のコンピテンスが示されているが，ピアジェは子どものコンピテンスを過小評価していたのか，それとももっと進んだ後の概念のまだあまり進んでいない型の概念に過ぎないのか。③概念は訓練できることが示されているが，経験による学習に対する認知的な制約は何か，学習と認知的な変化はどう違うのか。④発達のメカニズムについて均衡化の考えは魅力的だが，変化のメカニズムについての説明は曖昧で不正確である，などである。

モジュール性生得論

　ピアジェの方法が子どものコンピテンスを低く評価していることは，ピアジェ理論の検証実験の比較的当初から，具体的操作期の諸概念を対象とした実験的研究で明らかにされてきた（Gelman & Baillargeon, 1983）。さらに近年では，運動，言語，あるいは情報処理といった能力を課題要求から軽減し，実験材料や反応を単純なものに変えると，目覚ましい遂行行動が得られることが示されている。ピアジェの考えていた以上の乳児の認知能力が示唆され，「驚くべき素晴らしい赤ちゃん」（Gopnik & Meltzoff, 1997）研究は，今，最も盛んな研究領

域の1つとなっている。モジュール性生得論（modularity nativism）は，早生の乳児のコンピテンスをそれぞれの知識領域に特異的なモジュールの存在によって説明する。言語や心の状態や物体についての知識が迅速に獲得されるのは強力な生物学的制約によると考え，認知発達の出発点は恵まれたものであると主張する。

　認知発達におけるモジュール性生得論はフォーダー（Fodor, 1983）の主張に負うところが大きい。彼は，脳のいくつかの領域はもっぱら特定の認知課題を遂行することにあてられるという脳機能のモジュール性という考えを提案した。モジュールは専用のシステムで，情報的に他から遮断されていて，認知的に進入不可能（Pylyshyn, 1980）であり，脳（あるいは心）の他の部分はそのモジュールの働きに影響を及ぼすことはできないし，それにアクセスすることもできない。いろいろな認知機能は独立していて，異なる認知領域は異なる脳の機能によって制御されている。認知能力は領域固有だという考えである。ヒトは適応に必要な特定の知覚的な能力や認知的な能力を進化させてきた（Cosmides & Tooby, 2002; Bjorklund & Pellegrini, 2002）。モジュールは進化によって形成された産物であり，乳児はその結果を携えて生まれてくる。モジュールはプログラムがあらかじめ組み込まれ，その駆動に経験はほとんど必要とされない。発達的な変化はモジュール外の要因，たとえば脳の成熟によって生じる。つまり，認知の発達は神経系の発達に帰せられる。こうして，モジュール性生得論では知識が早期に出現することを説明し，認知発達と神経科学と進化との結びつきが探求される。

　ピンカー（Pinker, 1994）は，言語と知覚に加えて15ものモジュールがヒトの心に備わっていると推定している。ギアリー（Geary, 1998）は社会的世界，生物学的世界，物理的世界での情報処理のためのモジュールが組織化されていると考えて，進化した心の領域として13の下位モジュールの階層的構造を提案している。実験的研究については，乳児が生物学的制約のもとで物体や数について生得的な知識を持って生まれてくるという知見（Spelke et al., 1992; Baillargeon, 1986; Wynn, 1992）が認知発達研究者の興味を大いに刺激した。心の理論についても，ヒトの進化の過程で進化し，社会的な知識の基礎であるとするバロン-コーエン（Baron-Cohen, 1995）やレスリー（Leslie, 1994）のモジュール説を

はじめ，その社会的な相互作用の構成要素のモジュール性を乳児に求める議論が注目されている（たとえば，Emery, 2000）。

　モジュールが生得的であるといっても，誕生時にそれがあるということではなく，成熟の過程で生じるものもある。モジュールの取り上げ方はいろいろあり，核となる原理あるいは認知的な傾向が生得的であるということである。近年，そうした初期の認知の装置が発達する間に変容するというモジュール論の新しい展開が見られる。スペルキら（Spelke, 2000; Spelke & Kinzler, 2007）は，ヒトは新しい可塑的な技能や信念体系を築く基礎となる，分離可能な核知識（core knowledge）のシステムを生まれながらに持っていると主張している。物体，行為，数，空間，そしておそらくは仲間を表象する知識システムはヒトの乳児，ヒト以外の霊長類，そして様々な文化の子どもや大人に見出される領域特殊的で課題特異的なシステムであり，それらが新たな認知を築く基礎の役割を果たしている。そして，新しい概念は，既存の概念を修正したり，選択したり，結びつけたりする過程から生じると考えている。

　ケアリー（Carey, 2009）も，発達の早期に現れる高度に構造化されていて，ヒトにも他の動物にも見られる生得的な核認知（core cognition）システムに組み込まれた表象と，後に発達する，顕在的で言語的に符号化された知識システムに組み込まれた概念表象と，2つの型があると想定する。しかしながら，彼女は，ヒトは感覚的な表象や核認知をしのぐ表象をつくり出し，新しい表象の資源は発達の中で出現し，乳児の心的表象と後に現れる表象とは異なり，概念発達の過程は不連続だと主張している。また，表象システム内には2種類の不連続性があることを明らかにしている。システムが因って来たるそれよりも表現力のまさるシステムが築かれる場合と，先行概念と共約不可能（incommensurable）なシステムが築かれる場合である。彼女が提起している概念発達の不連続性，その基礎となる学習機制とされるクワインのブートストラップ（Quinian bootstrapping）など，表象の生得性とその後の発達についていかに謎解きをするか，もっぱらの議論の的である（Carey, 2011a と，それに続く同僚の論評および Carey, 2011b 参照）。

理論説

理論説（theory theory）は素朴理論（naïve theory）と呼ばれることもあり，現代の認知発達研究者の多くが関心を寄せる理論で，大きな影響力を持っている（Gopnik & Wellman, 1994）。そのアプローチは，乳児研究（Gopnik & Meltzoff, 1997），概念獲得（Keil, 1989; Wellman & Gelman, 1998），心の理論（Perner, 1991; Wellman, 1990）など，実に様々である。理論説では，子どもの知識は，一貫性のある，因果的な説明体系に組織化されていると考えている。子どもは理論を構成する傾向があり，それにより世界を理解している。理論は境界の定まった現象についての詳細な科学的論述ではなく，そうした科学理論の発展を制約し，道標となる枠組み（framework theory）あるいは基礎となる理論（foundational theory）が世界を切り取り，その領域を核とした特定の内容についての理解やその変化が展開する（Wellman & Gelman, 1992, 1998）。認知発達の過程は科学的な発見の過程と酷似している。科学者同様に，理論を用いて，世界を予測し，解釈し，説明している。子どもは，素朴な理論を持って生まれ，理論を検証し，新たなデータの説明がつかないと古い理論は改訂され，理論は変化する。理論説の提唱者たちの仮説は，科学が進歩するのは，幼児にまず見られる概念変化のいくつかの基本的な過程を反映しているからであり，子どもは小さな科学者と考えるよりもむしろ科学者が大きな子どもと考えられる点で似ているという。

理論説も生得的な制約を仮定するが，モジュール性生得論のようにすべての生得的構造がモジュールであるという強い見方ではなく，初期状態生得論（starting-state nativism）（Gopnik & Meltzoff, 1997）に拠っている。子どもは特定の一揃いの入力の表象とそれらに作用する規則を生まれながらに持っている。しかし，それらの規則や表象は経験によって変更するという。生得的な認知構造を仮定し，領域に特異な理論を子どもが持っているとする点で，領域一般的な論理的構造による発達段階を主張するピアジェと異なるが，子どもは組織化された知識を持ち，それを経験により構成し，その知識が子どもの持つ予測や解釈を制約すると考えている点でピアジェ的である。子どもが領域に特異な理論を持ち，理論が危機に陥って混乱する時期があって，ついには新たに同じように一貫性のある安定した理論が現れる理論変化の過程は，ピアジェの均衡化

の考えに準えられる (Bjorklund, 2005)。カーミロフ-スミス (Karmiloff-Smith, 1991, 1992) の表象の書き換え (representational redescription) 理論は，子どもは生来能動的で，世界がどのように機能しているのかについて理論を自発的につくり上げていくという点でピアジェの考えに立っている。しかし，特殊な用途の知識は元来モジュール的で，モジュール的な情報処理装置から自身の思考過程を意識したより柔軟な処理装置に変化するという主張は，初期値をモジュールに帰する理論説の初期状態生得論と言うことができる。

確率モデルアプローチ

生得論は特定の知識領域に適合するように設計された少数の生得的なモジュールを想定し，その抽象的な表象は学習されることはなく，発達的な変容は核知識の要素が結びつけられたり (Spelke & Kinzler, 2007)，言語がモジュール間の隙間を埋めてヒトに特有のシステムを提供する (Spelke, 2003) ことによると仮定している。ケアリー (Carey, 2009) は抽象的な構造に関与する過程と学習と概念変化に関与する過程との不連続性を主張している。理論説は構造化された抽象的な表象を幼児に認め，それを出発点とした具体的な経験と学習による表象の変化を示唆している。

これらに対して，確率モデル (probabilistic model) は，1つの枠組みの中に構造と学習を統合できるような，計算機的に正確な発達認知科学を目論んだアプローチで，近年，それへの関心が高まっている (Griffiths *et al.*, 2010; Gopnik *et al.*, 2010; Tenenbaum *et al.*, 2011)。確率モデルによると，幼い乳児であっても構造的で階層的な抽象的表象を持っており，乏しいデータから最良の推論をする学習が可能であり，言語のような外的な表象は必要としない。子どもは確率の学習者であり，証拠を重みづけ，ある仮説よりも他の仮説に対する支持を強めたり弱めたりして仮説を改訂し，更新していく。また，このような確率学習と容易に結びつけられるいろいろな形式の構造的な表象の定式化を試みている確率モデルのアプローチは，仮説の構成過程を計算機的に明確にしている点で，理論説の前進に寄与するところが大きいと評価される。

ごく最近，子どもに確率計算の才能を認めるが，理論説のように特定の内容が組み込まれていることを前提としない構成論も現れた。新構成論 (neoconstructivism）（Newcomb, 2011a, 2011b）である。その鍵概念は，種に典型的な経験が神経系の発達的な組織化に不可欠な役割を果たしているという，経験期待（experience expectancy）である。世界は豊かに構造化されており，子どもはその環境において種に期待される経験を受け入れ，強力な確率的推論能力により学習し，学習の変化に応じて発達するという。発達の初期値について，理論説とのちがいを理論，実証の両面で明確にすることが望まれる。

神経構成論

認知発達は経験依存的な過程によって心的表象が漸進的に構成されていくとする，ピアジェに代表される見解を足場とした，新たな理論的枠組みが提唱されている。神経構成論（neuroconstructivism）である。心理的な発達は，脳の発達の機構面や形態面と絡み合っているとの見解のもと，近年の脳機能の発達に関する理論の知識も取り入れ，心的表象出現の機序を示すことを意図している（Westermann *et al.*, 2007, 2011; Mareschal *et al.*, 2007a, 2007b）。

このアプローチでは，心的な表象は発達途上にある脳の神経ネットワークにおいて実現される神経活動パターンであるとされ，認知発達を理解する要は，心的表象を支えている神経基質がどのように形成されるかに求められる。神経システムの発達は，相互作用する多様な生物学的な制約と環境の制約を受けており，認知発達の道筋は，脳の発達に対して作用するこれらの制約との関連で生じるとされる。制約は遺伝子から社会的環境まであらゆる水準に認められ，これらの制約を考慮に入れることで，脳の発達と認知の発達に関する種々の見解を統合することを目指している。その見解とは，①経験と遺伝子発現との相互作用を強調する確率論的エピジェネシス（probabilistic epigenesis）（Gottlieb, 2007），②脳内の規模の小さな神経構造の経験依存的な精緻化に焦点を合わせた神経構成論（Quartz, 1999），③脳機能の発達において制約し合う脳領域間の相互作用を強調する，脳発達の相互作用的特殊化（interactive specialization）説（Johnson, 2001），③認知発達と認知処理における身体の役割を強調する身体化（embodiment）説（Clark, 1999; Smith, 2005），④主体的な知識獲得を強調する認知発達への構成主義アプローチ（Piaget, 1970），⑤発達途上の子どもにとっての社会的環境の役割を強調するアプローチ（Vygotsky, 1978; Rogoff, 1990, 2003）

などである。

　1つ目の制約は遺伝子の働きである。遺伝子の発現は外的および内的環境からの信号によって調整されており，したがって，発達は遺伝子，神経活動，物理的，社会的環境の双方向的な相互作用に依存している。2つ目は細胞レベルの制約である。ニューロンの発達は常に細胞の環境によって制約されている（encellment）。神経活動パターン（表象）はその下にある神経構造の制約を受けるが，次には経験依存的な過程を介して神経構造に変化をもたらす。個々のニューロンがその発達に影響を及ぼす他のニューロンと結合しているように，個々の機能的脳領域は脳の中に埋め込まれていて，相互作用による特殊化の過程を経て，その領域は他の領域と一体となってネットワークの形で発達する。つまり，脳領域の機能的特性は他の領域との共発達（co-development）の制約を受けている（embrainment）。2つの脳領域が相互作用して発達するとするこの考えは，カプセル化された機能的脳領域の孤立的な発達に注目するモジュール見解と対照的である。身体化は神経構成論が認める重要な制約である。脳は身体に埋め込まれていて，身体自体も物理的，社会的環境に埋め込まれていることが認知発達に対する制約に多大な影響を与える。身体は環境からの情報のフィルターとしての役目を果たすが，環境を操作し，新たな感覚入力と経験を生む手段としての役目も果たしている。身体化は，環境の探索における主体性（pro-activity）が認知発達の根幹であることを強調している。神経構成論は，身体，脳，環境の即時的な相互作用と動的なループを重視している。また，神経表象の出現は子どもの置かれた社会的な環境によっても制約される（ensocialment）。こうして，神経系の発達に対する制約は相互に働き合い，神経構造を形づくり，表象の基礎が形成される。

　神経構成論では，神経構造の発達に対する制約から，すべての分析水準を通じて作用する共通の原理や機構が導き出されている。その中核をなす原理が「文脈依存性」である。心的表象を生み出す神経構造の形成はそれが発達する文脈に強く依存している。「競争」と「協調」の過程を介して特定の文脈が実現され，心的表象が神経構造同様に形成される。競争はシステム内の構成要素の特殊化をもたらし，より複雑な表象を発達させる。協調は関連のない構成要素を統合し，既存の知識の再利用を可能にする。さらに，表象の発達は子ども

の内部で発生した主体的な活動，すなわち主体性を頼りに構成されるが，ある時点でのシステムの状態がそのシステムの先の状態を制約し，発達の過程は個人の発達史に制約され，表象は漸進的特殊化（progressive specialization）に沿って生起する。

これらの制約と機構が，環境の現下の要請によってそれぞれの時点で決定される学習の軌跡をもたらす。この局所的な適応は，既存の表象に対して断片的に表象が付加される小さな適応で，結果として，十分に詳細な単一の中核的な表象を構成するのではなく，ある範囲の脳領域に分散された部分的表象（partial representation）が生じる。

神経構成論では，認知発達は神経ネットワークの構成に相互作用し合う複合的な制約が働く創発的な結果であると考えている。発達障害は制約の変容とされ，通常の進路を外れて発達の道筋を推し進めることによると理解される。典型的な発達と同じく，複合的な制約への適応であることに変わりはないが，制約にちがいがあり，表象の構成の過程が脇にそれ，異なる結果をもたらしたととらえる（Karmiloff-Smith, 1998, 2009）。また，大人の認知は発達の道筋に沿ったより安定した状態に過ぎない。したがって，どの制約が発達を形成してきたのかがわかれば，発達的な目で大人の処理過程が明らかにされる。このように，神経構成論は，種々の発達の道筋もそして大人の処理過程も統一的に見ようとしている。また，モデルにおける学習の道筋が相互に作用する制約への部分的な局部的適応の所産でもあるので，コネクショニストのモデルは神経構成論の枠組みの中で発達を研究する道具として理想的であると位置づけ，計算モデル化も試みられている（Westermann et al., 2006）。

神経構成論の課題

神経構成論はピアジェの構成的見解を継承し，心理的な発達に脳の機構や形態の発達を絡み合わせ，さらに，計算モデル化も取り入れた統合的な見解として魅力的である。発達の道筋を，脳の発達に対する制約の変化，あるいは差異として，静的なスナップ写真の連続ではなく，一貫した視点からとらえようとする姿勢も特記に値する。しかし，認知発達理論として未だ発展途上にあり，包括的な理論の提示に成功しているとは言い難い。もっとも，有機体とその文

脈的環境が絶えざる相互作用を行い，表象が文脈依存的であるという神経構成論の中心的な考えを身体化のレベルにおいて注目するなら，感覚運動を認知の出発点としたピアジェ理論への新たな回帰ととらえられる。認知は有機体と環境との相互作用において出現し，非認知的な知覚や行為の過程から切り離すことができないとするスミス（Smith, 2005; Smith & Sheya, 2010），身体化された自律的な行為者（agent）が現実あるいは仮想の環境と相互作用する認知発達ロボティクスの考え（浅田，2004）やそうした行為者のモデル化（Schlesinger, 2003），非認知的な単純な過程の結果，構造が創発するとするコネクショニストのダイナミックシステムズ・アプローチ（McClelland et al., 2010）など，身体化の視点は現代の認知発達科学において着実な歩みを進めている。

　他方で，神経構成論の社会化の水準では，表象の出現に対する社会的環境の役割に注目し，ヴィゴツキー（Vygotsky, 1962, 1978）の認知の道具としての言語の役割や発達の最近接領域，ロゴフ（Rogoff, 1990, 2003）の導かれた参加（guided participation）などに言及し，社会文化的な観点を取り入れようとしている。ヴィゴツキーの発達理論において中心となる仮定の1つは，高次の知的な機能は道具に媒介されるという考えである。道具は子どもを物理的世界や社会と結びつけるが，最も重要な心理的道具が言語である。今1つの重要な仮定は，内面的精神過程は外面的な精神間的活動から発生し，個人の心的機能の起源は社会文化的であるという考えである。発達の最近接領域やこれを拡張した導かれた参加は，社会文化的な環境における人と人との協同活動の中で発生する精神間活動が精神内活動に転化する過程に介在するものと位置づけられる。

　ピアジェもヴィゴツキーに代表される社会文化的な観点も，子どもの能動的な役割を強調し，発達が弁証法的な過程によると考えたが，後者が社会的な力や人と人あるいは観念間の協同を強調したのに比べると，前者の環境はいささか静的である。社会文化的な観点の特徴は，文化的な文脈の中で活動する子どもを一体としてとらえるところにある。ピアジェ的発想による身体化とヴィゴツキー的発想による社会化はどのような関係にあるのか。対峙して比較されてきた2つの観点が神経構成論においていかに統合されるのか。神経構成論に限らず，個体に焦点化してきた認知発達論やモデルに問われる共通の課題である。

4-2　生涯認知発達研究の構想

　認知に関する子どもの発達研究とエイジング研究は，異なる歴史的背景のもとで発展してきた。認知発達についての研究は，子どもの知能の成長についての観察研究や教育の働きや達成についての研究に端を発し，一方，認知のエイジングについての研究は，様々な能力の心理測定学的な研究と実験的な認知心理学の知見，方法，理論を主な情報源として展開している（Craik & Bialystok, 2008）。この展開に沿うように生涯発達理論を組み立てようとする取り組みにも，2つの姿勢が見出される（Li & Baltes, 2006）。1つは，年齢別に特定の発達的特色に注目し，それらを結びつけてその機序や過程を詳らかにしようとするアプローチである。生涯のいろいろな時期の発達の普遍的側面と特異な側面を比較対照して，全体的な枠組みをつくり出そうとする取り組みである。いま1つは，生涯全体に注目し，生涯発達の一般原理をとらえようとする取り組みである。いわば，ミクロな観点からの取り組みとマクロな観点からの取り組みと言える。生涯発達を視野に入れた認知についての統合的な説明はまだ数少ない（たとえば，Baltes, 1987; Salthouse & Davis, 2006）が，近年，「子ども時代は成長，高齢期は衰退」とか「エイジングは逆順の発達」とかいった過度に単純化するのではなく，生涯にわたる認知の変化の過程とその機序を検討するための枠組みを呈示しようとする試みがいくつか認められる。

統合の視点

　リとバルテス（Li & Baltes, 2006）の試みはその1つである。彼女らは，生涯認知心理学の目標は，①年齢別の認知過程の長期にわたる来歴とその成り行き，②認知発達に対する神経生物学的な影響と社会文化的な影響とが共同構成する（co-constructive）相互作用，および，③生涯のあらゆる時期における発達の背景としての役割を果たすような包括的な適応的資源配分原理（adaptive resource allocation principle），について新たな見識を示すことであると考えている。彼女らは，生涯心理学の重要な3つの構想から生涯認知の考え方を導き出し，生涯認知心理学の要点を説明している。

たとえば，生涯心理学の重要な構想の1つは，個々の個体発生における変化の過程はライフ・コースのどの時期にも起こり，それぞれは，一生涯にわたり，生物学的ならびに文化的な時機と制約に選択的に適応し，またそれらの時機と制約を利用するという主張である。発達の道筋は，人間の進化という遠位の歴史的文脈から個々人の個体発生という近位の状況や即時的なミクロ発生まで多様な水準での選択的適応であり，そのことが個人内でも個人間でも発達の可塑性が認められることを証拠立てるものだと仮定されている（詳細は，Li, 2003）。

　2つめは，発達の過程の本質は多元的でダイナミックであるという考えである。発達に対する比較的多くの普遍的な影響因と比較的多くの多様性のある影響因が同時に存在し，発達はその次元も方向も機能も多様である。発達は獲得，維持，変容，消滅を包含する複合的な過程で，それらのダイナミックな相互作用の結果である。その結果は個人内のみならず遺伝の進化や社会での役割にかかわる個人間の変異をもたらすことを示唆している。

　3つめは，発達の利得と損失（損益）についてである。発達の過程は単純により有効性の高い方向に向かうのではなく，発達では常に利得（成長）と損失（後退）が共に生起している。発達に「損失をともなわない利得はなく，利得をともなわない損失もない」(Baltes, 1987)。利得と損失の割合は，様々な機能の領域について年齢による系統的な変化があるが，人生には完全には解決し得ない課題が多くあるので，広範な領域にわたって全般的に恩恵をもたらす汎用のメカニズムの獲得が生涯発達に求められる。行動，認知，神経レベルで発達の資源を柔軟に生成，調整するメカニズムが選択・最適化・補償（Selection, Optimization, and Compensation: SOC）モデル（Baltes *et al.*, 2006）であり，適応的な生涯発達を支えるプロトタイプであると考えている。

　Liらによると，生涯発達の枠組みから強調されるべきは，認知の働きに対する生物学と文化の相対的な寄与には生涯にわたって変動があることである。したがって，生涯の様々な時期にわたって，生物学的，社会文化的な状況に関連づけられた選択的な認知発達のダイナミックスを統合的に理解することは大変難しい課題である。それに応えるには，①年齢，②訓練量や訓練タイプ，あるいは文脈の支持を変えながら実験的にシミュレートされる個人的な経験，③熟達の観点からより生態学的に妥当な領域で評価される個人的な経験，④いろい

ろな多重の課題要求を系統立て比較することを含む比較研究法,を統合する必要があるとまとめている。

バルテスら (Baltes et al., 2006) は,生涯発達の心理学的理論への取り組みについて,メタ理論的なレベルから経験的なレベルに至る5つの分析レベルを考えている (II-6参照)。その第5のステップが,認知,知能,パーソナリティー,自己といった,特定の機能や領域における生涯理論や研究である。リらの研究は,認知の生涯発達を統合的にとらえようとする第5レベルでの生涯発達理論への取り組みと位置づけられる。

表象と制御の相互作用モデル

認知発達が生物文化的な共同構成であり,適応的な性質を持つとするリらの観点からすれば,認知的な操作の年齢差を基礎的な情報処理のメカニズムの盛衰とそれに関連した神経生物学的な機序のみで決められるという説明はあまりにも直接的であると考えるのは当然である。しかしながら,クレイクら (Craik & Bialystok, 2006, 2008; Bialystok & Craik, 2010) は,子どもから高齢者に至る認知発達の連続的な変化は,表象と制御という基礎的なメカニズムの変化であるとして,概括的な表題のもとに体系づけることができるのではないかと提案している。

前述のように,認知についての子どもの発達研究とエイジング研究は歴史的背景を異にしてきた。認知の変化について発達研究が示すところは,実施し得るほとんどの測度を取ってみても,年少児に比べると年長児の成績のほうが優れている。他方で,成人期後期では,広範な検査のほとんどで年長者の成績が年少者よりも劣っている。それぞれの研究から導かれる発達の軌跡をつなぐと,認知の遂行は幼児期から成熟期にかけて高まり,高齢になるにしたがって低下するというように描かれる。単純につなぐと認知の生涯発達の遂行が逆U字型の軌跡で描き出される。5歳から90歳過ぎの高齢者に及ぶ広範囲の対象を用いた研究で,ソルトハウスら (Salthouse, 1998; Salthouse & Davis, 2006) は,認知の諸変数は子どもでも大人でも同一の認知能力要因にまとめられ,認知の遂行に処理速度が基本的な役割を果たしていることを示した (高齢者の認知については,本シリーズ3巻III-3参照)。しかしながら,たとえば,認知の基礎をな

す大脳の構造や機能の生涯を通しての変化はU字の鏡映型とは言い難く（Craik & Bialystok, 2006），1組の変数が人生の様々な時期におけるいろいろなタイプの認知能力の基礎にあるとする1要因モデルは，あまりにも認知の生涯発達を単純化したモデルである考えられる。

これに対して，発達はたしかに連続的なものではあるが，少なくとも2つの過程の創発的な特性だと考えられるとする見方が認知発達の2要因あるいは2過程モデルである。これに関してよく知られているのが，知能あるいは認知の機能を流動的メカニクス（fluid mechanics）と結晶的プラグマティクス（crystallized pragmatics）の2カテゴリーに分けるバルテス（Baltes, 1987, 1997）によるモデルである。クレイクらは，バルテスに倣い，表象とは結晶的な知識の集まりであり，記憶や学習性の手続きや世界についての知識の基礎であるとし，制御とは意図的な処理や適応的な認知の遂行を可能にする流動的な操作の集まりだと定義している。そして，2要因モデルのほうが1要因モデルよりも好ましいが，それぞれが生涯にわたってただ1つの軌跡をたどる単一の一体的な2つの概念を前提とするのは現実的ではないと考えている。むしろ，いろいろな表象システムが異なる年齢で発達し，衰退する。制御は領域一般的であるが，制御が用いられる表象システムにしたがって現れ，両者は基本的に相互作用し合っていると考えるモデルのほうが現実的であるとしている。

生涯発達における認知の変化の包括的な説明を意図した彼らの提言の要点は，次のようにまとめられる（Craik & Bialystok, 2006; Craik & Bialystok, 2008; Bialystok & Craik, 2010）。

表象的知識は子ども期に著しく増大し，成人期を通じてゆっくりとした速度で蓄積され続けるが，成人後期では比較的安定している。それに対して，認知制御は力，速度，複雑さが乳児期から成人期初期にかけて増大し，その後は衰退する。認知制御の逆U字型関数は前頭前野の効率的な機能の成長と衰退に並行している。ただし，前頭前皮質の特定の領野が頭頂部や脳の他の部位と相互に作用し合って，制御過程を媒介している。

表象と制御は社会や文化的側面を含む環境的な文脈と共同して影響を及ぼし合うが，行動が生起する文脈は，人生の両端で決定的に重要である。幼い子どもは現在の環境に大いに左右されるが，成熟して内的な表象を積み重ね，子ど

も期に表象の構造や体制化を確立し，知識構造やスキーマが強固になり，直接的な文脈から離れて行動できるようになる。高齢者では，表象的な知識にアクセスすることが次第に難しくなり，それを補うのに環境の支持が改めて必要となる。

　表象と制御の相互作用に関して，その遂行への効果における両者のバランスは不変ではなく，生態と経験との関数として人生のいろいろな時期の至る所で絶えず変化する。ただ，相対的なバランスを類型化してしまうと，相互作用に対する課題固有の影響を見過ごしてしまうことになる。表象と制御のそれぞれを高次の認知機能に関連づける唯一の公式があるのではない。

　クレイクらは，表象と制御の結びつきを詳細に検討するために，将来の研究課題として次のような項目を挙げている（Craik & Bialystok, 2006）。

① 大脳の前頭部，あるいは前頭回路が特定の制御過程にどのようにかかわっているのか，そしてそのかかわり方は生涯を通じてどのように変化するのか。

② 表象は分化し，脱分化するようであるが，制御過程も同じように分化し，脱分化するのか。

③ 高齢者の認知の衰退は，より少数の一般能力への逆戻り（脱分化）とかかわりがあるのか，それとも，衰退は特定の能力の喪失を反映していると見なすのがよいのか。

④ 二言語併用のように，長年にわたる訓練の経験は様々な課題にわたって制御過程の効率を高めるように働くのか。

⑤ 知識表象と制御過程はどのように相互に作用し合い，行動を導くのか。

⑥ 行動の調整において外的環境はどのような役割を果たすのか，また，その役割は生涯の間にどのように変化するのか。

⑦ 知識や能力が分化し，脱分化するにしたがって生涯を通じて変化する神経系の相関者は何か。

　表象と制御という基本的な処理の機構に発達の連続性を求める視点は生涯発達へのアプローチとしてもっともらしく思われる。生涯にわたって起こる変化に関して見られる認知発達の異同を理解する際にその処理機構がそもそもどれほどの重みで寄与しているのか，将来の研究課題としてまず挙げておかなけれ

ばならない。

　本章では，ピアジェ理論を現在の認知理論の嚆矢と位置づけ，その理論への批判を手がかりに新しい時代を切り拓いてきたいくつかの認知発達理論や構想を取り上げた。ピアジェの「大理論」に対して数々の「小理論」が立ち現れた。どれが妥当であるのか，にわかには決め難い。多様で複雑な現象の切り口は一通りではない。答はいくつもあるのかもしれないが，そのような現象に取り組もうとしているためだけでなく，理論の枠組み，そこに示される諸概念，理論の含意など，明快に十全に論じられていない場合も少なくない。近年の発達認知神経科学の隆盛を目にすると，これまでもそうであったように，新しい技術や方法から新たな地平が開ける可能性もある。現象の確実な把握と着実な経験的知見の蓄積が何よりも望まれる。

　また，乳幼児期からの発達についての理論的アプローチは盛んであるが，その射程に，ピアジェ（Piaget, 1972）が言及したような青年期以降を含めた論考はほとんど見あたらない。認知のエイジングの理論的展開は一部に限られていたり，認知心理学の延長に留まっている。発達研究の上への延伸とエイジング研究の下への視点が出会い，生涯認知発達理論の成長が促されることを期待したい。

付記　秋山道彦氏（ミシガン大学名誉教授）に本章の原稿を読んでいただき，貴重なコメントをいただきました。記して感謝いたします。

引用文献

浅田稔（2004）．認知発達ロボティックスによる赤ちゃん学の試み　ベビーサイエンス，**4**, 1-21.

Baillargeon, R. (1986). Representing the existence and the location hidden objects: Object permanence in 6-and 8-manth-old infants. *Cognition,* **23**, 21-41.

Baltes, P. B. (1987). Theoretical propositions of life-span developmental psychology: On the dynamics between growth and decline. *Developmental Psychology,* **23**, 611-626.

Baltes, P. B. (1997). On the incomplete architecture of human ontogeny: Selection, optimization, and compensation as foundation of developmental theory. *American Psychologist,* **52**, 366-380.

Baltes, P. B., Lindenberger, U., & Staudinger, U. M. (2006). Life span theory in developmental psychology. In R. M. Lerner (Vol. Ed.), W. Damon & R. M. Lerner (Eds.), *Handbook of child psychology*. 6th ed. Vol. 1. Wiley. pp. 569-664.

Baron-Cohen, S. (1995). *Mindbrindness: An essay on autism and theory of mind*. MIT Press.

Bialystok, E., & Craik, F. I. M. (2010). Structure and process in life-span cognitive development. In W. Overton & R. M. Lerner. *The handbook of life-span development: Cognition, biology and methods*. Wiley. pp. 195-225.

Bjorklund, D. F. (2005). *Children's thinking: Cognitive development and individual differences*. 4th ed. Wadsworth.

Bjorklund, D. F., & Pellegrini, A. D. (2002). *The origin of human nature: Evolutionary developmental psychology*. American Psychological Association.

Carey, S. (2009). *The origin of concepts*. Oxford University Press.

Carey, S. (2011a). Précis of *The Origin of Concepts*. *Behavioral and Brain Sciences*, **34**, 113-124.

Carey, S. (2011b). Concept innateness, concept continuity, and bootstrapping. *Behavioral and Brain Sciences*, **34**, 152-167.

Clark, A. (1999). An embodied cognitive science? *Trends in Cognitive Sciences*, **3**, 345-352.

Cosmides, L., & Tooby, J. (2002). Unraveling the enigma of human intelligence: Evolutionary psychology and the multimodular mind. In R. J. Sternberg & J. C. Kaufman (Eds.), *The evolution of intelligence*. Erlbaum. pp. 145-198.

Craik, F. I. M., & Bialystok, E. (2006). Cognition through the lifespan: Mechanisms of change. *Trends in Cognitive Sciences*, **10**, 131-138.

Craik, F. I. M., & Bialystok, E. (2008). Lifespan cognitive development: The roles of representation and control. In F. I. M. Craik & T. A. Salthouse (Eds.), *The handbook of aging and cognition*. 3rd ed. Psychology Press. pp. 557-601.

Emery, N. J. (2000). The eyes have it: The neuroethology, function and evolution of social gaze. *Neuroscience and Behivoral Reviews*, **24**, 581-604.

Fischer, K. W., & Hencke, R. W. (1996). Infants' construction of actions in context: Piaget's contribution to research on early development. *Psychological Science*, **7**, 204-210.

Flavell, J. H. (1963). *The developmental psychology of Jean Piaget*. Van Nostran.

Flavell, J. H. (1996). Piaget's legacy. *Psychological Science*, **7**, 200-203.

Fodor, J. A. (1983). *The modularity of mind: An essay on faculty of psychology*. MIT Press.（伊藤笏康・信原幸弘（訳）(1985). 精神のモジュール形式——人工知能と心の哲学　産業図書）

Gardner, H. (1985). *The mind's new science: A history of cognitve revolution*. Basic Books.（佐伯胖・海保博之（監訳）(1987). 認知革命——知の科学の誕生と展開　産業図書）

Geary, D. (1998). *Male, female: The evolution of human sex differences*. American Psychological Association.

Gelman, R., & Baillargeon, R. (1983). A review of some Piagetian concepts. In P. H. Mussen (Ed.), J. H. Flavell & E. M. Markman (Vol. Eds.), *Handbook of child psychology*. Vol. 3. Wiley. pp. 167-230.

Gopnik, A. (1996). The post-Piaget era. *Psychological Science*, **7**, 221-225.

Gopnik, A., & Meltzoff, A. N. (1997). *Words, thought, and theories*. MIT Press.

Gopnik, A., & Wellman, H. M. (1994). The theory theory. In L. A. Hirschfeld & S. A. Gelman (Eds.), *Mapping the mind*. Cambridge University Press. pp. 257-293.

Gopnik, A., Wellman, H. M., Gelman, S., & Meltzoff, A. N. (2010). A computational foundation for cognitive development: Comment on Griffiths et al. and McLellan et al. *Trends in Cognitive Sciences*, **14**, 342-343.

Gottlieb, G. (2007). Probabilisitic epigenesis. *Developmental Science*, **10**, 1-11.

Griffiths, T., Chater, N. N., Kemp, C., Perfors, A., & Tenenbaum, J. B. (2010). Probabilistic models of cognition: Exploring representations and inductive biases. *Trend in Cognitive Sciences*, **24**, 457-364.

波多野完治（編）（1965a）．ピアジェの発達心理学　国土社

波多野完治（編）（1965b）．ピアジェの認識心理学　国土社

波多野完治（1990）．ピアジェ――人と思想　小学館

Johnson, M. H. (2001). Functional brain development in humans. *Nature Reviews Neuroscience*, **2**, 475-483.

Karmiloff-Smith, A. (1991). Beyond modularity: Innate constraints and developmental change. In S. Carey & R. Gelman (Eds.), *The epigenesis of mind*. Erlbaum. pp. 171-197.（針生悦子（訳）（1992）．モジュラリティを超えて――生得的制約と発達的変化　安西裕一郎・石崎俊・大津由起雄・波多野誼余夫・溝口文雄（編）認知科学ハンドブック　共立出版　pp. 156-172.）

Karmiloff-Smith, A. (1992). *Beyond modularity: A developmental perspective on cognitive science*. MIT Press.

Karmiloff-Smith, A. (1998). Development itself is the key to understanding developmental disorder. *Trends in Cognitive Sciences*, **2**, 389-398.

Karmiloff-Smith, A. (2009). Nativism versus neuroconstructivism: Rethinking the study of developmental disorders. *Developmental Psychology*, **45**, 56-63.

Keil, F. C. (1989). *Concepts, kinds, and cognitive development*. MIT Press.

Leslie, A. (1994). ToMM, ToBY, and agency: Core architecture and domain specificity. In L. Hirchfeld & S. Gelman (Eds.), *Mapping the mind*. Cambridge University Press. pp. 119-148.

Li, S.-C. (2003). Biocultural orchestration of developmental plasticity across levels: The interplay of biology and culture in shaping the mind and behavior across the life span. *Psychological Bulletin*, **129**, 171-194.

Li, S.-C., & Baltes, P. B. (2006). Cognitive developmental research from lifespan perspectives: The challenge of integration. In E. Bialystock & F. I. M. Craik (Eds.), *Lifespan cognition.* Oxford University Press. pp. 344-363.

Lourenço, O., & Machado, A. (1996). In defence of Piaget: A reply to 10 common criticism. *Psychological Review,* **103**, 143-164.

Mareschal, D., Johnson, M. H., Sirois, S., Spratling, M. W., Thomas, M. S. C., & Westermann, G. (Eds.) (2007a). *Neuroconstructivism.* Vol. 1. Oxford University Press.

Mareschal, D., Sirois, S., Westermann, G., & Johnson, M. (Eds.) (2007b). *Neuroconstructivism.* Vol. 2. Oxford University Press.

McClelland, J. L., Botvinick, M. M., Noelle, D. C., Plaut, D. C., Rogers, T. T., Seidenberg, M. S., & Smith, L. B. (2010). Letting structure emergent: Connectionist and dynamical systems approaches to cognition. *Trends in Cognitive Sciences,* **14**, 348-356.

Miller, P. H. (2011a). Piaget's theory: Past, present, and future. In U. Goswami (Ed.), *The Wiley-Blackwell handbook of childhood cognitive development.* 2nd ed. Wiley. pp. 649-672.

Miller, P. H. (2011b). *Theories of developmental psychology.* 5th ed. Worth Publishers.

Newcombe, N. S. (2011a). What is neoconstructivism? *Child Development Perspectives,* **5**, 157-160.

Newcombe, N. S. (2011b). Three families of isms. *Child Development Perspectives,* **5**, 171-172.

Perner, J. (1991). *Understanding the representational mind.* MIT Press.

Piaget, J. (1970). Piaget's theory. In P. H. Mussen (Ed.), *Carmichael's manual of child psychology.* Wiley. pp. 703-732.

Piaget, J. (1972). Intellectual evolution from adolescence to adulthood. *Human Development,* **15**, 1-12.

Pinker, S. (1994). *The language instinct.* Penguin Books.（椋田直子（訳）（1995）．言語を生み出す本能　上・下　日本放送出版協会）

Pylyshyn, Z. W. (1980). Computation and cognition: Issues in the foundations of cognitive science. *Behavior and Brain Sciences,* **3**, 111-132.

Quartz, S. R. (1999). The constructivist brain. *Trends in Cognitive Sciences,* **3**, 48-57.

Rogoff, B. (1990). *Apprenticeship in thinking: Cognitive development in social context.* Oxford University Press.

Rogoff, B. (2003). *The cultural nature of human development.* Oxford University Press.（當眞千賀子（訳）（2006）．文化的営みとしての発達——個人，世代，コミュニティ　新曜社）

Salthouse, T. A. (1998). Independence of age-related influence on cognitive abilities across the life span. *Developmental Psychology,* **34**, 851-864.

Salthouse, T. A., & Davis, H. P. (2006). Organization of cognitive abilities and neuropsychological variables across the lifespan. *Developmental Review,* **26**, 31-54.

Schlesinger, M. (2003). A lesson from robotics: Modeling infants as autonomous agent. *Adaptive Behavior,* **11**, 97-107.

Siegler, R. S., & Ellis, S. (1996). Piaget on childhood. *Psychological Science,* **7**, 211-215.

Smith, L. B. (2005). Cognition as a dynamic system: Principles from embodiment. *Developmental Review,* **25**, 278-298.

Smith, L. B., & Sheya, A. (2010). Is cognition enough to explain cognitive development? *Topics in Cognitive Science,* **2**, 725-735.

Spelke, E. S. (2000). Core Knowledge. *American Psychologist,* **55**, 1233-1243.

Spelke, E. S. (2003). What makes us smart? Core knowledge and natural language. In D. Gentner & S. Goldin-Meadow (Eds.), *Language in mind.* MIT Press. pp. 277-311.

Spelke, E. S., Breinlinger, K., Macomber, J., & Jacobson, K. (1992). Origins of knowledge. *Psychological Review,* **99**, 605-632.

Spelke, E. S., & Kinzler, K. D. (2007). Core knowledge. *Developmental Science,* **10**, 89-96.

Tenenbaum, J. B., Kemp, C., Griffiths, T. L., & Goodman, N. D. (2011). How to grow a mind: Statistics, structure, and abstraction. *Science,* **331**, 1279-1285.

Vygotsky, L. S. (1962). *Thought and language.* (Trans. & Ed. by E. Hanfmann & G. Vakar). MIT Press.

Vygotsky, L. S. (1978). *Mind in society: The development of higher psychological processes.* (Eds. by M. Cole, V. John-Steiner, S. Scribner, & E. Souberman). Harvard University Press.

Wellman, H. M. (1990). *The child's theory of mind.* MIT Press.

Wellman, H. M., & Gelman, S. A. (1992). Cognitive development: Foundational theories of core domain. *Annual Review of Psychology,* **43**, 337-375.

Wellman, H. M., & Gelman, S. A. (1998). Knowledge acquisition in foundational domains. In W. Damon (Ed.), D. Kuhn & R. S. Siegler (Vol. Eds.), *Handbook of child Psychology.* 5th ed. Vol. 2. Wiley. pp. 523-573.

Westermann, G., Mareschal, D., Johnson, M. H. Sirois, S., Spratling, W., & Thomas, S. C. (2007). Neuroconstructivism. *Developmental Science,* **10**, 75-83.

Westermann, G., Sirois, S., Shultz, T. M., & Mareschal, D. (2006). Modeling developmental cognitive neuroscience. *Trends in Cognitive Sciences,* **10**, 227-232.

Westermann, G., Thomas, M. S. C., & Karmiloff-Smith, A. (2011). Neuroconstructivism. In U. Goswami (Ed.), *The Wiley-Blackwell handbook of childhood cognitive development.* 2nd ed. Wiley. pp. 723-748.

Wynn, K. (1992). Addition and subtraction by human infants. *Nature,* **358**, 749-750.

Ⅱ 発達の理論

5 ・ 社会・情動的発達

久保ゆかり

　社会・情動的発達をとらえる枠組みを検討するために，本章では，人間関係の発達，社会的なものの見方の発達，情動の発達という3つの側面を取り上げる。第1の側面の人間関係は，それを形成し，広げ，深めていくこと自体が社会的な発達の重要な部分であると同時に，社会的な発達が生じる基盤ともなるものである。そのようないろいろな人々との相互交渉を通して，子どもの中には，第2の側面である社会的なものの見方についての理解や態度が構成されていく（井上，1997）。そして近年，情動は，そのような社会的な発達にとって必要不可欠なものであると考えられるようになってきた（Izard, 1991; Saarni et al., 2006 他）。情動は，人と人との間をつなぎ，社会的な発達を下支えするものと見なされるようになってきたのである。そこで，情動の発達を第3の側面として取り上げることにする。

　検討をしていく際には，「自分中心の要求と社会的な義務との間の避け難い対立」（Hoffman, 2000, pp. 1-2）といった，人間の存在そのものにともなう「個と社会の葛藤」や「自己と他者の葛藤」に留意しながら，進めることにしたい。というのは，社会的な発達とは，単に社会の規範や慣習に沿った行動が取れるようになることを指すのではなく，自分を生きることと他者のために生きること（ひいては社会のために生きること）とのバランスを自分自身で判断し，他者とともに自分を生きられるようになるプロセスを意味しているのではないかと考えるからである。

5-1 人間関係の発達をとらえる枠組み

人間関係の発達的変化

　人間関係の発達を包括的にとらえる枠組みとしては,「精神医学は,対人関係論である」とした精神医学者のサリヴァン (Sullivan, 1953a) のものがあろう。発達の変化の方向を安易に決めつけることは,特に社会的な発達においては適切ではないが,サリヴァンの枠組みはおおよその目安として有用であると考える。

　サリヴァンは,人間関係の発達を,成長とともに次のような社会的な欲求——やさしさ,ともに行動すること,受容されること,親密さ,性——が生じ,それに応える人間関係が展開していくこととして記述する。乳児期には,庇護を求めるというやさしさへの欲求があり,養育者によってそれが満たされると,子どもは安定することができる。乳児期における養育者と子どもの関係は,エリクソン (Erikson, 1950) のエピジェネティック図式でも基本的信頼感の獲得にとって重要だとされ,ボウルビィ (Bowlby, 1969) の愛着理論 (attachment theory) でも最重要視されている。

　次に幼児期には,ともに行動する相手を求める欲求が生じ,それに応えるのは,同年輩の幼児である。児童期には,受容される欲求が加わり,応えるのは仲間集団 (たとえばクラスメイト) であり,その仲間集団から除け者にされることを恐れるようになる。青年前期には親密さの欲求が加わり,応えるのは同性友人 (親友) である。

　サリヴァンは,この親密な関係をとりわけ重視し,たとえそれまで人間関係に恵まれなかったとしても,この時期の友人との親密な関係によって社会的な発達を回復させることが可能であるとしている。また児童期から青年期にかけて子どもは,親からの自立を獲得することが課題であるが,その過程を支えるのは,同性友人との親密な関係であると考えている。

　そして,青年期には性への欲求が加わり,異性の相手との関係が展開するようになる。さらにここで,完全に人間となる時期 (Sullivan, 1953b) が近づくとされる。完全に人間となるとは,自分のやりたいことを行う自由を持ちながら,

同時にそれが，自分の所属する社会の秩序に適応しており，またそのことを気持ちよく感じる状態であるとされる。これは，「個と社会の葛藤」に対してある程度の折り合いをつけられるようになることと解釈できる。それに近づく時期として，青年期が位置づけられている。

サリヴァンは，人間関係の発達として青年期までを取り上げているが，それ以降の人間関係の発達は，その時々の文脈の中で，「個と社会の葛藤」「自己と他者の葛藤」が展開していくという観点から描くことが可能であると思われる。たとえば，成人し，親となる場合には，「育てられる者」から「育てる者」への移行があり（鯨岡，1998），「育てる者」としての葛藤が加わる。あるいは，「看取る者」への移行，さらには「看取られる者」への移行もあろう。その間には，子どもの巣立ち，退職なども生じるかもしれない。清水（2008）は，中年期のアイデンティティ課題として，「他者を通した達成をも考慮に入れた自己投入の形を獲得する」（p. 312）ことの重要性を指摘している。成人期以降の人間関係の発達は，生活構造や役割・立場の変化に見舞われて，葛藤が形を変えて立ち現れ，その都度，柔軟に折り合いを模索することとして描出できるのではなかろうか（本シリーズ3巻III-3参照）。

人間関係の発達の連続・不連続

人間関係の発達はいろいろな個人差を含みつつ，おおまかには以上のような道筋をたどると考えられるが，それは連続性のあるものだろうか。その問題を検討する時に手がかりを提供する理論として，愛着理論とソーシャルネットワーク理論がある。

愛着とは，危機的な状況に際して，あるいは潜在的な危機に備えて，特定の対象との近接を求め，維持しようとする個体の傾向である（Bowlby, 1969）。愛着は，鳥類や他の哺乳類と同様に，人間の乳児が捕食者から身を守り，生き残るために必要な機能を提供していると考えられる。そして特定の対象に近接することで安全地帯を得ることができ，安心や安全感が得られる。さらに加齢にともない，子どもは安全地帯についての心的な表象をつくることができるようになり，行動レベルの近接から表象レベルの近接へと移行していく。

愛着理論では，初期の主要な愛着対象（主として母親）との関係がもととな

って安全の基地についての心的な表象が形成され，それは，その後の親密な人間関係に生涯にわたって強く影響を与えると仮定されている。

それに対して，ルイス（Lewis, 2005）は，子どもは出生直後から，母親との関係だけではなく，多様な人間関係の中にあって，各々の関係において異なる経験や学習をして発達するということを強調している。それは，ソーシャルネットワーク理論と呼ばれる。そこでは母子関係は，乳児が誕生以来取り込まれている複雑なソーシャルネットワークを構成している多くの関係の1つであると見る。高橋（2010）も，「重要な他者と情動的な交渉をしたいという要求を充足させる人間関係」（p. 63）を「愛情の関係」と呼び，愛着を，そのようなより広い人間関係のネットワークの一部として位置づけることを提案している（本シリーズ2巻 III-3 参照）。

ソーシャルネットワーク理論では，子どもは，同時に多様な種類の人間関係を持ち，基本的にはそれぞれが独立に発展していくと考える。そのようなルイスの理論の背景には実存哲学の影響があり，人間のあり方は過去に規定されるというよりも，むしろ過去は現在のフィルターを通して意味づけられるものであると見ようとすることがある（Lewis, 1997）。これは，人間を発達のエージェント（主体）として重視し位置づけていこうとする見方（Rathunde & Csikszentmihalyi, 2006）につながるものである。

人間を発達のエージェントとする見方と呼応するものとしては，アイゼンバーグ（Eisenberg, 2006）が，社会・情動的発達研究についてまとめた枠組みが挙げられる。彼女によると，社会・情動的発達のとらえ方として，次の3点が近年重視されるようになってきた。①子どもは，社会化のプロダクト（産物）であるとともに，環境のプロデューサー（製作者）でもある，②養育者と子どもは互いの行動と情動状態とをともに調整するものである，③発達とは，社会的なやりとり——社会文化的な文脈と，やりとりの参加者すべてによって形成されるもの——の結果として理解されるべきものである。人間関係の発達も，そのような双方向的，多層的な見方によって，より総合的にとらえられ得るのではなかろうか。

5-2 社会的なものの見方の発達をとらえる枠組み

　子どもは，次第に広範囲の他者との間に関係を広げていき，そのような人々との相互交渉を通して，社会的なものの見方についての理解を構成していく。そのような構成の典型的な例として，道徳性の発達をとらえる枠組みを見ていくことにしよう。

　精神分析理論では道徳性は，養育者から注入された規範を内化する，超自我の問題であるとされる。一方，社会的学習理論（social learning theory）では，援助行動（helping behavior）などの向社会的行動（prosocial behavior）が学習されていく側面を重視してきた。それらに対して，子ども自身の認識・判断を重視したのは，認知発達理論的アプローチを取ったコールバーグ（Kohlberg, 1969）であった。コールバーグは，行動自体よりも認識の内容，すなわち道徳判断に注目した。そしてピアジェ（Piaget, 1932）の認知発達理論を下敷きにして，子どもの道徳判断は，自己中心的な快・不快や損得に基づいて判断する「慣習以前の水準」から，他者からの期待や社会秩序の維持に基づいて判断する「慣習的な水準」を経て，正義・良心・人間の尊厳などに基づいて判断する「慣習を超えた水準」へと達すると考えた。これは，「個と社会の葛藤」に折り合いをつけていく道筋として見ていくこともできる。そして，最後の「慣習を超えた水準」は，人が既存の社会的慣習を対象化し検討することができるよう発達可能な存在であることを明示したものと考えられる。

　その後，道徳判断の発達については，正義よりもむしろ「配慮や思いやり」を重視した判断もあるのではないか（Gilligan, 1982）と指摘され，道徳判断の発達の多元性について議論されている。また，社会的な義務や規範に関連する領域は道徳のみではないとも指摘されるようになり（Turiel, 1983），道徳領域を社会慣習領域や個人領域と区別して扱うようになってきており，実際に子どもたちもそれらを識別してとらえていることが示唆されている。さらに山岸（1995）は，日本の青少年を対象に，コールバーグの枠組みに基づいて道徳判断の発達を実証的に検討し，文化を超えた共通性とともに，文化によるちがいも見出し，コールバーグの理論の意義と限界を描き出している。

また，セルマン（Selman, 1971）は，コールバーグの理論に，社会的な視点取得（perspective taking）の発達理論を対応づけている。自他の視点を分化できない水準から，分化できる水準へ変化し，次に，自他の視点を一方向からなら関連づけられる水準から，相互的にも関連づけられる水準に変化し，さらには，ネットワークや体系をなす社会的な視点としてとらえることのできる水準へと発達するとされる。視点取得は，社会的な認識の基盤であると考えられるが，実際の社会的行動との関連については，必ずしも明瞭ではなく課題とされ続けている。セルマン（Selman, 2003）はその問題に対し，子どもが自我関与しやすい文学作品（様々な立場の人間の視点が対立しているもの。たとえば偏見を抱かれている子どもの話）を題材にして，リテラシー教育の場で問いかける試みをしている。視点取得のみならず，その子どもにとっての意味を，教室や学校の文脈や文化的な背景とともにとらえようとし，社会的な理解を促すプログラムを開発している。脱文脈化された抽象的な構造のみでなく，個別具体的な内容を含んだ研究へと進展させている。そのプログラムは，情動をも喚起させるものであり，道徳性の発達において，認知的側面のみならず情動的側面も注目されるようになってきている。日本では渡辺（2007）が，セルマン（Selman, 2003）の理論と実践を参考にして，絵本を教材とした「思いやり育成プログラム」を開発し，子どもの社会性の発達を促す働きかけについて検討を進めている。

　道徳性の発達において，情動的な側面を重視した発達理論としては，ホフマン（Hoffman, 2000）の共感性（empathy）の研究が代表的なものである。ホフマン（Hoffman, 2008）によると，共感性の発達は，情動伝染のような，ほとんど認知的な過程を必要としない原初的なものから始まり，既有の類似経験や知識が喚起されて他者の情動と類似の情動になることが加わり，さらには他者の視点を想像することにより他者の情動を理解しようとする視点取得が含まれていく過程であると論じられている。このことは，脳科学研究（LeDoux, 1996）からもその一部が確認されている。情動の生起にかかわる回路としては，情報が大脳皮質を経由せず直接に大脳辺縁系に送られる回路と，情報が大脳皮質を経由して大脳辺縁系に送られる回路との少なくとも2種類があることが示唆されており，前者は原初的な共感と，後者は他者理解に基づいた共感と対応する

と考えられる。福島（2009）も共感の仕方の多様性に着目し，その神経的基盤を探索している。

そして，そのような共感は，思いやりの情動的基盤であるとされている。ただし，共感が過剰に喚起されると，自身に強い苦痛（personal distress）が生じ，それが他者への関心をそぎ，自身に焦点を絞った行動を取らせてしまうことにつながり，向社会的行動にとって逆効果となる危険性が指摘されている（Hoffman, 2008）。アイゼンバーグら（Eisenberg et al., 2007）によると，この問題を解く鍵は，情動調整（emotion regulation）にあるという。情動調整とは，自身の目標を完遂するために，情動反応をモニターし，評価し，修正する内的・外的プロセスである（Thompson & Meyer, 2007）。アイゼンバーグらは，情動調整に長けた子どもは，そうではない子どもに比べ，自身に強い苦痛を感じることが生じにくく，他者に焦点を絞った同情を感じやすかったことを見出している（Valiente et al., 2004）。道徳性の発達をとらえる上でも，情動の役割の重要性がクローズアップされてきている。

5-3　情動発達をとらえる枠組み

道徳性にとっても，情動の役割が重視されるようになってきた。では，情動発達そのものをとらえる枠組みにはどのようなものがあるのだろうか。

基本情動理論

イザード（Izard, 1991）に代表される基本情動理論では，喜び，驚き，悲しみ，嫌悪，怒り，恐れ，興味，罪悪感，恥，軽蔑といった情動を，「基本情動」とし，それらは，進化の過程で適応のために準備されたものであり，人間という種に生得的に備わっているものであると見なしている。そして情動には，知性とは別種の，合理性・有用性があるとされる。個々の情動は，分化した状態で生得的に組み込まれており，顔の表情などの行動表出，主観的情感，神経生理学的変化という3側面がセットになっていて，特定の事態に対して反応するよう仕組まれていると考える。個々の情動は，乳幼児の頃から顔などに表出され，それと1対1の対応関係にある主観的情感，神経生理学的変化とともに1

つのまとまりをなして存在し，それは生涯を通して変わらないと仮定する。

　基本情動理論は，情動が進化論的起源を持つと論じ，情動の合理性・有用性に光をあて，さらに乳幼児の情動は，未熟・未分化なものではなく，機能的・適応的なものであるという見方を提出した。それは，情動は理性を乱す非合理なものと見なす西洋哲学を背景とした情動観が優勢な中にあって，画期的なことであった。しかし，情動の発達を子どもの日常に即して詳細に見ていくと，基本情動理論にそぐわないことも出現してきた。キャムラス（Camras, 1992）は，生後間もない乳児（自身の娘）の情動表出を観察したところ，怒り，悲しみ，驚きなどと分類することが可能な表情が生じたが，それに対応する誘発因が周囲にはなかったことを見出した。また逆に，ある情動が経験されると仮定される状況で，その情動表出が見られなかったこともあった（たとえば，予想外のことが生じた状況で，驚きの表情が出現しなかった）。そこから，乳児の表情は，より低次の顔面筋の動きが，個別に時間の経過とともに自己組織化され，形づくられていくものであり，これらの表情は，発達の過程において，情動の他の側面と徐々に結びついていくようになるのではないかと考察されている（Camras & Fatani, 2008）。

構造—発達的アプローチ

　一方，ルイス（Lewis, 1993）は，情動を，事象に対する評価システムであるととらえ，認知能力などが高まることにより，事象に対する評価が多次元化し，各種の情動が出現していくことを情動発達と考える。ルイスは，喜び，驚き，悲しみ，嫌悪，怒り，恐れを，生後半年位までに現れる一次感情（primary emotion）とし，その後，1歳半から2歳過ぎにかけて，子どもが自己意識や内省力，自己を評価する基準や規則を獲得することにより，照れ，羨望，共感，当惑，誇り，恥，罪悪感といった情動が出現してくるとし，それらを二次感情（secondary emotion）と呼んだ。このようなルイスの考えは，構造—発達的アプローチと呼ばれる（Griffin & Mascolo, 1998）。

　前述のイザードが一律に「基本情動」と見なしたものは，ルイスの考えでは，「一次感情」と「二次感情」とに分類されることになる。イザードもその後，前述の10種の情動を「基本情動」であるとしながらも，そのうちの罪悪感，

恥，軽蔑については，自己意識といった認知能力の出現によって現れてくる「従属的な情動」であるととらえ直している（Ackerman et al., 1998）。情動の発達というものを，認知能力とのかかわりをも含めてとらえていこうとするならば，ルイスの考えの中に，イザードの考えを位置づけることが可能であると考えられる。生後約3年間における情動発達を大づかみにとらえるには，ルイスの考えが有用であると思われる。

　ただし，情動発達の全体像をきめ細かく構築しようとするなら，種々のアプローチや理論が，多層的な情動現象のどの部分に焦点を絞って検討しているのかを整理し，それらを有機的に組み合わせて考えていくことが有効であろう。そのような例として，次に罪悪感を取り上げる。罪悪感や恥などの情動は，社会的情動と呼ばれることもあり，人が社会の一員として生きていく上で欠かせない情動である。

社会的情動の発達――罪悪感を例にして

　ヒトという種は，単独では生きていけず，集団生活を営む必要がある。それは，ヒト以外の霊長類とも共通する生物学的な特性である。進化人類学者のダンバー（Dunber, 2003）は，霊長類の大脳新皮質の（脳の新皮質以外の部分に対する）相対的な重さ（大きさ）が，それぞれの種における社会集団の大きさと相関することを見出し，複雑な社会生活が，霊長類の脳の進化に対する淘汰圧であるとの見方（社会脳仮説）（BOX4参照）を提示し，検証を続けている。そこからは，人間も含め霊長類の脳は社会的なものであると考えることができる。

　さらに，人間の心の進化的起源について論考を進めている進化心理学的アプローチ（たとえば，Tooby & Cosmides, 2008）では，罪悪感，感謝，義憤などの社会的情動は，集団生活における互恵性（reciprocity）の原理を維持するために進化してきたのではないかとされている。集団生活を維持するためには，メンバー間の関係性や利害バランスを調整するメカニズムが必要である。特に，互恵性の原理を維持することが重要であり，それを可能にするものとして，社会的情動が進化してきたのではないかとされている。その互恵性の原理を自身が破った時に経験されるのが，罪悪感であると考えられている。そこからは，「個と社会の葛藤」「自己と他者の葛藤」に，進化の過程で対処してきたことの

結果が,社会的情動であると言えるかもしれない。

　では人間の子どもは,罪悪感をいつどのように経験するようになるのだろうか。前述したようにルイスは,自己意識——とりわけ客体的自己意識——の獲得を罪悪感の発現の必要条件と見なす。他方,機能主義的アプローチを取るバレット (Barrett, 1995) は,それを必要条件とはせず,罪悪感は漸次的に発達すると考える。機能主義的アプローチでは,情動は関係的なプロセスであり,ある目標を持った個人と環境の相互作用パターンであるととらえ,個人はそれによって自身の外的,内的環境との関係性を確立したり変化させたり維持したりすると考えられている。坂上 (2010) は,歩行開始期にある子どもの罪悪感,恥,怒りに関する研究を,ルイスやバレットを含めて概観し,「罪悪感の指標となる謝罪や修復の行動がどのような形でいかなる社会的文脈のもとにあらわれるかは加齢に応じて変化し,罪悪感は養育者との協同的な過程で発達することを示唆している」(p. 49) とまとめている。そして,罪悪感の発達をとらえるには,養育者とのやりとりという社会的な過程と,自己意識の発達のような認知的な過程との往復を,精緻に見ていく必要のあることを論じている。

　また,経験された罪悪感を言語化し,他者に語るという点については,情動理解の発達を一貫して追究しているハリス (Harris, 2008) が検討している。その結果,たとえ自身にとって有利な結果を得られても,社会的規範に違反した場合は,違反したことを理由に「いやな気持ちになる」と説明できるのは児童期中期くらいからであって,幼児期では,有利な結果を得られたことを理由に「いい気持ちになる」とすることが多かった。子どもが罪悪感を経験すること自体は,もっと早期から可能であるかもしれないが,罪悪感をことばで説明することは数年遅れることを見出したのである。ハリスは,情動について語れる力は,情動を対象化し,自身の情動経験について他者に語ることを可能にし,それによって自身の感情生活を調えることを可能にするとしている。それは,情動調整を支える重要な要素の1つであると考えられる。

　青年期では,たとえば,自分は他者と比較して誠実であったかどうかを考えて罪悪感を持つといったように,自他の道徳性を比較することによっても罪悪感が生じるようになっていく (Mascolo & Fischer, 1995)。道徳的規則への理解が深まること,人間関係がより広く深くなることが,その背景にあると考えられ

る。石川（2010）は，乳幼児期から青年期にかけての罪悪感の発達に関する研究を概観し，「問題行動の抑止力となる罪悪感を涵養」(p. 86) することの重要性を論じている。

　さらに，社会文化的アプローチによると，文化によって罪悪感に対するとらえ方にズレのあることが示唆されている。情動を表す語が概念的にどのような階層構造をなしているかを多変量解析により分析したところ（Edelstein & Shaver, 2007），たとえば中国語圏では，基礎となるカテゴリーとして，恥が位置づけられ，罪悪感はその中の一つとなっている。そこからは中国語圏では，恥が，喜び，悲しみ，怒り，恐れなどと並んで重要性の高い情動として認識されており，罪悪感は恥から分化したものとして認識されていることが窺える。一方，英語圏・イタリア語圏では，基礎となるカテゴリーとして，悲しみが位置づけられ，罪悪感は恥などとともに，その中の一つとなっていて，悲しみよりも重要性の劣るものとして認識されていることが窺える。そのようなちがいの背後には，中国語圏において儒教の影響があると論じられている。

　前述のような，種々のアプローチの組み合わせによる，情動発達の描出につながる枠組みとして，サーニ（Saarni, 2008）は，生物生態学的理論（Bronfenbrenner & Ceci, 1994）を挙げ，情動発達は，それによってとらえるべきだという。生物生態学的理論は，生物学的基盤のもと，社会的文脈の中で発達をとらえようとするものである（I-1, I-2 参照）。情動の生物学的基盤は，進化心理学的アプローチによって検討が可能であり，情動が発達する社会的な文脈（養育者とのやりとりや，子ども同士のやりとり）は，機能主義的アプローチ，構造―発達的アプローチによって検討が可能であり，さらにそのやりとりは，より広い社会文化的文脈の中に埋め込まれていて，そのことは社会文化的アプローチによって検討することができる。つまり，前述のような種々のアプローチの組み合わせによって，情動発達を多層的に描くことが可能となると思われる（I-1-1 参照）。

5-4　社会・情動的発達研究の今後の課題

　本章では，社会情動的発達の主要な側面として，人間関係の発達，社会的な

ものの見方の発達，情動の発達を取り上げ，それらをとらえる枠組みについて，「個と社会の葛藤」「自己と他者の葛藤」に留意しながら検討してきた。人間関係の発達をとらえる枠組みの検討からは，発達を双方向的・多層的にとらえる見方の重要性が示唆された。そこからは，たとえば育てられる者（子ども）だけでなく，育てる者（大人）もまたともに発達するといった，発達を双方向的にとらえる見方を考慮に入れることによって，自分を生きることと他者のために生きること（ひいては社会のために生きること）のバランスを考える際の手がかりを得ることができよう。発達を双方向的・多層的にとらえる実証的な研究は，緒についたばかりであり（たとえば，高濱他，2008），今後の発展が期待される。そこでは，分析の単位として，たとえば「子ども」といった個人に焦点を絞るのではなく，「子どもと親」といったやりとりのペアに光をあてていくという「多重事例研究（multiple case studies）」の手法（Fogel et al., 2006）が示唆を提供し得るかもしれない。

　社会的なものの見方の発達をとらえる枠組みの検討からは，認識，判断や視点取得という知的な側面の発達の重要性のみならず，共感性のような情動的な側面の発達をとらえていくことの重要性が示唆された。そして，その情動の発達をとらえる枠組みの検討からは，情動は，進化の過程で適応のために準備されたものであり，知性とは別種の合理性・有用性を持っていると考えられること，認知などの発達とも交絡しながら対人的なやりとりの場で発達していくこと，その対人交渉の場はより広い社会文化的な文脈に埋め込まれていること，社会文化的な背景の影響を考慮することが必要であることが窺えた。

　そこからは，「個と社会の葛藤」「自己と他者の葛藤」の問題に向き合う時に，知的に取り組むだけでなく，情動を活用することの有用性が示唆される。情動を活用する力は近年，情動的知性（emotional intelligence）（Evans, 2001; Salovey et al., 2008），あるいは情動的コンピテンス（emotional competence）（Saarni et al., 2006; Scherer, 2007）と呼ばれ，その発達についての検討が盛んに行われており（遠藤，2010；久保，2012），それらを包括した枠組みの構築が待たれる。

　情動を活用する力に注目すると，アイゼンバーグら（Eisenberg et al., 2007）が検討しているように，情動発達の個人差を扱うことの必要性に気づかされる。彼女らは，子どもの情動調整（II-5-2参照）の個人差に関して，「調整不足」

「調整過剰」「適度な調整」といった3つのタイプがあるというモデルを提示している。もしそうであるなら，情動を活用する力を育むには，それぞれの子どもの特徴に合った働きかけを検討することが必要となると考えられる。しかも情動は，これまで見てきたように，対人交渉の場で発達し，その場は，より広い社会文化的な文脈に埋め込まれているということに留意することが重要である。藤崎（2002）は，社会・情動的発達にかかわる問題を持つ幼児に対する発達支援を，保護者，保育者，クラスの他児とのかかわりといった対人交渉の場に即して検討している。情動を，対人交渉の場に組み込まれたものとしてとらえ，相互交渉の中に現れてくる情動の個人差にまで踏み込んだ情動発達研究の展開が，今後の重要な課題となろう。

引用文献

Ackerman, B. P., Abe, J. A., & Izard, C. E. (1998). Differential emotions theory and emotional development: Mindful and modularity. In M. F. Mascolo & S. Griffin (Eds.), *What develops in emotional development?* Plenum Press. pp. 85-108.

Barrett, K. C. (1995). A functionalist approach to shame and guilt. In J. P. Tangney & K. W. Fischer (Eds.), *Self-conscious emotions*. Guilford Press. pp. 25-63.

Bowlby, J. (1969). *Attachment and loss: Attachment.* Vol. 1. Basic Books.（黒田実郎他（訳）（1976）．母子関係の理論1　愛着行動　岩崎学術出版社）

Bronfenbrenner, U., & Ceci, S. J. (1994). Nature-nurture reconceptualized in developmental perspective: A bioecological model. *Psychological Review*, **101**, 568-586.

Camras, L. A. (1992). Expressive development and basic emotion. *Cognition and Emotion*, **6**, 269-283.

Camras, L. A., & Fatani, S. S. (2008). The development of facial expressions: Current perspectives on infant emotions. In M. Lewis, J. M. Haviland-Jones, & L. F. Barrett (Eds.), *Handbook of emotions*. 3rd ed. Guilford Press. pp. 291-303.

Dunber, R. I. M. (2003). The social brain: Mind, language, and society in evolutionary perspective. *Annual Review of Anthropology*. **32**, 163-181.

Eisenberg, N. (2006). Introduction. In N. Eisenberg, W. Damon, & R. M. Lerner (Eds.), *Handbook of child psychology*. 6th ed. Vol. 3. Wiley. pp. 1-23.

Eisenberg, N., Hofer, C., & Vaughan, J. (2007). Effortful control and its socioemotional consequences. In J. J. Gross (Ed.), *Handbook of emotion regulation*. Guilford Press. pp. 287-306.

Edelstein, R. S., & Shaver, P. R. (2007). A cross-cultural examination of lexical studies of self-conscious emotions. In J. L. Tracy, R. W. Robins, & J. P. Tangney (Eds.), *The self-*

conscious emotions. Guilford Press. pp. 194-208.
遠藤利彦（2010）．彷徨する「情動的知能」——その行方を占う　教育と医学，**58**(**10**)，971-978.
Erikson, E. H. (1950/63). *Childhood and society.* 2nd ed. Norton.（仁科弥生（訳）（1977）．幼児期と社会 1・2　みすず書房）
Evans, D. (2001). *Emotion: The science of sentiment.* Oxford University Press.（遠藤利彦（訳）（2005）．感情　岩波書店）
Fogel, A., Garvey, A., Hsu, H., & West-Stroming, D. (2006). *Change processes in relationships: A relational-historical research approach.* Cambridge University Press.
藤崎春代（2002）．社会・情緒の発達に関わる問題（仲間と遊べない子など）　藤崎眞知代・本郷一夫・金田利子・無藤隆（編著）育児・保育現場での発達とその支援　ミネルヴァ書房　pp. 241-249.
福島宏器（2009）．他人の損失は自分の損失？——共感の神経的基盤を探る　開一夫・長谷川寿一（編）ソーシャルブレインズ　東京大学出版会　pp. 191-215.
Gilligan, C. (1982). *In a different voice: Psychological theory and women's development.* Harvard University Press.
Griffin, S., & Mascolo, M. F. (1998). On the nature, development, and functions of emotions. In M. F. Mascolo & S. Griffin (Eds.), *What develops in emotional development?* Plenum Press. pp. 3-27.
Harris, P. L. (2008). Children's understanding of emotion. In M. Lewis, J. M. Haviland-Jones, & L. F. Barrett (Eds.), *Handbook of emotions.* 3rd ed. Guilford Press. pp. 320-331.
Hoffman, M. L. (2000). *Empathy and moral development: Implications for caring and justice.* Cambridge University Press.（菊池章男・二宮克美（訳）（2001）．共感と道徳性の発達心理学　川島書店）
Hoffman, M. L. (2008). Empathy and prosocial behavior. In M. Lewis, J. M. Haviland-Jones, & L. F. Barrett (Eds.), *Handbook of emotions.* 3rd ed. Guilford Press. pp. 440-455.
井上健治（1997）．社会性とはなにか——社会と個　井上健治・久保ゆかり（編）子どもの社会的発達　東京大学出版会　pp. 1-6.
石川隆行（2010）．罪悪感の発達　心理学評論，**53**, 77-88.
Izard, C. E. (1991). *The psychology of emotions: Emotions, personality, and psychotherapy.* Plenum Press.
久保ゆかり（2012）．情動理解と情動調整の発達——情動的知性を育む　日本発達心理学会（編）発達科学ハンドブック 5　社会・文化に生きる人間　新曜社　pp. 214-227.
鯨岡峻（1998）．両義性の発達心理学——養育・保育・障害児教育と原初的コミュニケーション　ミネルヴァ書房
Kohlberg, L. (1969). Stages and sequence: The cognitive-developmental approach to socialization. In D. A. Goslin (Ed.), *Handbook of socialization theory and research.* Rand

McNally. pp. 347-480.
LeDoux, J. E. (1996). *The emotional brain: The mysterious underpinnings of emotional life*. Simon & Schuster.
Lewis, M. (1993). The emergence of human emotions. In M. Lewis & J. M. Haviland (Eds.), *Handbook of emotions*. Guilford Press. pp. 223-235.
Lewis, M. (1997). *Altering fate: Why the past does not predict the future*. Guilford Press.
Lewis, M. (2005). The child and its family: The social network model. *Human Development*, **48**, 8-27.（高橋惠子（監訳）(2007)．愛着からソーシャル・ネットワークへ　新曜社　pp. 7-38.）
Mascolo, M. F., & Fischer, K. W. (1995). Developmental transformations in appraisals for pride, shame, and guilt. In J. P. Tangney & K. W. Fischer (Eds.), *Self-conscious emotions*. Guilford Press. pp. 64-113.
Piaget, J. (1932). *The moral judgment of the child*. Routeledge.（大伴茂（訳）(1970)．児童道徳判断の発達　同文書院）
Rathunde, K., & Csikszentmihalyi, M. (2006). The developing person: An experiential perspective. In R. M. Lerner & W. Damon (Eds.), *Handbook of child psychology*. 6th ed. Vol. 1. Wiley. pp. 465-515.
Saarni, C. (2008). The interface of emotional development with social context. In M. Lewis, J. M. Haviland-Jones, & L. F. Barrett (Eds.), *Handbook of emotions*. 3rd ed. Guilford Press. pp. 332-347.
Saarni, C., Campos, J. J., Camras, L. A., & Witherington, D. (2006). Emotional development: Action, communication, and understanding. In N. Eisenberg (Ed.), *Handbook of child psychology*. 6th ed. Vol. 3. Wiley. pp. 226-299.
坂上裕子（2010）．歩行開始期における自律性と情動の発達──怒りならびに罪悪感，恥を中心に　心理学評論，**53**, pp. 38-55.
Salovey, P., Detweiler-Bedell, B. T., Detweiler-Bedell, J. B., & Mayer, J. D. (2008). Emotional intelligence. In M. Lewis, J. M. Haviland-Jones, & L. F. Barrett (Eds.), *Handbook of emotions*. 3rd ed. Guilford Press. pp. 533-547.
Scherer, K. R. (2007). Componential emotion theory can inform models of emotional competence. In G. Matthews, M. Zeidner, & R. Roberts (Eds.), *The science of emotional intelligence*. Oxford University Press. pp. 101-126.
Selman, R. L. (1971). The relation of role taking to the development of moral judgment in children. *Child Development*, **42**, 79-91.
Selman, R. L. (2003). *The promotion of social awareness: Powerful lessons from the partnership of developmental theory and classroom practice*. Sage.
清水紀子（2008）．中年期のアイデンティティ発達研究──アイデンティティ・ステイタス研究の限界と今後の展望　発達心理学研究，**19**, 305-315.
Sullivan, H. S., (1953a). *The interpersonal theory of psychiatry*. Norton.（中井久夫他（訳）(1990)．精神医学は人間関係論である　みすず書房）

Sullivan, H, S., (1953b). *Conceptions of modern psychiatry*. Norton.（中井久夫・山口隆（訳）(1976). 現代精神医学の概念 みすず書房）

高濱裕子・渡辺利子・坂上裕子・高辻千恵・野澤祥子（2008）. 歩行開始期における親子システムの変容プロセス――母親のもつ枠組みと子どもの反抗・自己主張との関係 発達心理学研究，**19**, 121-131.

高橋惠子（2010）. 人間関係の心理学――愛情のネットワークの生涯発達 東京大学出版会

Thompson, R. A., & Meyer, S. (2007). Socialization of emotion regulation in the family. In J. J. Gross (Ed.), *Handbook of emotion regulation*. Guilford Press. pp. 249-268.

Tooby, J., & Cosmides, L. (2008). The evolutionary psychology of the emotions and their relationship to internal regulatory variables. In M. Lewis, J. M. Haviland-Jones, & L. F. Barrett (Eds.), *Handbook of emotions*. 3rd ed. Guilford Press. pp. 114-137.

Turiel, E. (1983). *The development of social knowledge: Morality and convention*. Cambridge University Press.

Valiente, C., Eisenberg, N., Fabes, R. A., Shepard, S. A., Cumberland, A. J., & Losoya, S. H. (2004). Prediction of children's empathy-related responding from their effortful control and parents' expressivity. *Developmental Psychology*, **40**, 911-926.

渡辺弥生（2007）. ソーシャルスキルの発達と対人行動を促進するサイコ・エデュケーションの効果 法政大学文学部紀要，**54**, 7794.

山岸明子（1995）. 道徳性の発達に関する実証的・理論的研究 風間書房

II 発達の理論

6 ・ 生涯発達

鈴木　忠

　生涯発達の研究は，どのような問いのもとになされるのだろうか。大きく2つ考えられる。1つは「生涯にわたる発達とは何か」であり，もう1つは「人はどのように生涯にわたって発達するのか」である。後者の場合，たとえば子どもから大人までの縦断データを得たとしても，それはその時代や文化に制約された，発達の1つの表れに過ぎない。「どのように発達するのか」という問いのもとに，「このように発達しました」という記述データを得ただけでは，今目に見えていることしかわからない。発達研究の出発点にはなるとしても，それだけに終始したのでは，人間の持つ潜在的な可能性を解明する発達科学として不十分である。人間の発達が持つ可能性と多様性に迫るには，「発達とは何か」という問いのもとに，発達を説明する理論を持つことが必要である。それによって初めて，記述データに意味を持たせることができるのである。

　バルテスは，それまでの発達や加齢の研究が記述に終始し，「理論」と「説明」が欠けているという強い問題意識から，生涯発達心理学をつくり，「発達とは何か」という問いを発達研究の世界で発し続けてきた。

　また「発達とは何か」という問いは，人間についての根本的な問題であるがゆえに，心理学という一分野にとどまらない，学際的な接近を要請する。実際，バルテスが中心になって1978年からほぼ毎年，12巻まで刊行された *Life-span Development and Behavior* という論文集は，心理学を中心に，ライフ・コース研究に代表される社会学，生理学，遺伝学，そして哲学や歴史学などの論考や研究成果を収めた，文字どおり学際的な論集であった。以上のように，バルテスの生涯発達心理学をしっかりおさえることは，「発達科学」としての生涯発達研究を理解する上で欠かせない。

　本章では，生涯発達心理学の源流としてバルテスがしばしば言及するテテン

スの発達論を簡単に紹介し，それをもとにバルテスが構想した「発達学 (developmental disciplines)」の議論を経て，彼が体系化した生涯発達心理学の説明枠組みを解説する。

バルテスは「発達とは何か」を問うが，それに直接的に答えるわけではない。答えようとする時にどのような枠組み（前提）の中で考えるべきかを問題にする。彼自身のことばで言うなら，「人間発達のいかなる一般的理論も持たなくてはならない基本構造を同定する」(Baltes, 1997, p. 366) ことがバルテスの生涯発達論の中心課題である。

6-1　生涯発達心理学の源流 ── テテンスの生涯発達論

生涯にわたる発達のダイナミズム

心理学の発達研究は，子どもの発達研究を延長し，拡大する形で始まったと考えられがちだが，バルテスによれば，それは米国や英国などの英語圏に偏った見方である (Baltes et al., 1998)。ヨーロッパ大陸に目を向けると，中世以来の人文学の伝統のもと，生涯全体にわたって発達するものとして人間をとらえることが，いわば当然の前提であった。

ドイツ人のバルテスは，生涯発達研究の先駆者としてしばしば同国のテテンスに言及する (e. g., Baltes, 1987; Baltes et al., 1998)。英語圏ではあまり知られていないが，ドイツでは発達心理学を基礎づけた1人とされている。テテンスが活躍したのは18世紀後半である。代表的な著作『人間の本性とその発達』(Tetens, 1777) が出版されたのはフランス革命の12年前であり，中世から絶対王政を経て市民革命へと至る歴史的転換期であった。そのような時代に人の生き方を考える際には，発達的文脈としての社会が強く意識された。人は激動する社会にいかにうまく対処して人生を生きるのかが，哲学を初めとする人文学の大きなテーマとなったのである。

そのような時代背景のもと，当時まだ哲学の一分野であった心理学に関心が集まった。テテンスはその中心テーマの1つであった魂 (soul) を基本的な機能に解体してとらえた。すなわち思考，意志，感情という3つの機能であり，同時代人であるカントに大きな影響を与えたと言われる (Müller-Brettel & Dixon, 1990)。本章の議論で重要な点は，テテンスが心理学的探究を，魂が「完成」へと向かう生涯発達の中にはっきりと位置づけた点である。テテンスによれば，人は伝承や書物などに結晶化している先人の知恵を学んで人生を切り拓いていく存在であり，文化の所産を体現した「完全なるもの」になることが望ましい姿とされた。つまり，テテンスにおいては，発達は子どもや若者の時期で終わるものでなく，外部世界と積極的にわたり合いながら生涯にわたって進行するものとされた。このような考え方は当時の一般の人々の関心を反映したものであり，ドイツを初めとするヨーロッパ大陸の発達観の基礎となった。

英語圏の発達研究

これに対して，米国や英国の発達研究は，はっきりした生涯発達の視点を持たなかった (Baltes et al., 1998)。英国では19世紀以降，ダーウィンの進化理論が遺伝学と結びついたことから，親から子への遺伝子の受け渡しが，世代間伝達，すなわち進化の鍵として重要視された。個体発達は進化に対して直接的な寄与をしない従属的な地位に甘んじることとなり，生まれてから遺伝子を次世代に伝える（繁殖可能になる）までの時期が主たる研究対象となった。

米国の発達研究も英国に影響を受けた上に，学会が組織される過程で，各発達段階ごとに専門分野が形成された。アメリカ心理学会（APA）の分科会（division）には，子どもの発達研究が中心の第7分科会（学会誌は *Developmental Psychology*）と，成人発達と加齢についての第20分科会（学会誌は *Psychology and Aging*）が別々にできた。また，それとは別の発達関連の学会においても，SRCD（Society for Research in Child Development, 学会誌は *Child Development*）ができた一方で，アメリカ老年学会（学会誌は *Journals of Gerontology*）が設立された。このように，アメリカでは特定の発達時期に特化した学会や学術誌がつくられ，発達を生涯全体にわたるものとして統合的にとらえる研究者の組織が成立しなかった。それに対して，ドイツ人のトマらが中心になり，ヨーロッパやアジア諸国が加わって1969年に設立された国際行動発達学会（International Society for the Study of Behavioural Development, 学会誌は *International Journal of Behavioral Development*）は，当初から乳幼児から老年期までを射程に収めた学会であった。1958年にヨーロッパで

創刊された学術誌 *Vita Humana*（現在の *Human Development*）も同様である。

先に述べたように，ヨーロッパ大陸——特にドイツでは，人々の日常的思考をすくい取る形で，生涯にわたる発達を考える人文学の伝統があった。バルテスは次のように書いている。「心理学において生涯発達的な見方が最近になって採用されるようになったことは，生きている人間に関して私たちが日常的に持っている文化的知識体系の中で，特に重要な部分を占める人間の諸条件の一側面へ，心理学者が遅蒔きながら注目するようになったことを反映している」(Baltes, 1987, p. 612)。そのような発達観からすれば，生涯発達全体の中で繁殖を強調し，繁殖に至るまでの時期を重視する考え方——というより繁殖年齢以後に関心を持たない考え方——は，19世紀から20世紀半ばにかけての古典的進化理論（ネオダーウィニズム）を前提にした1つの見方に過ぎない。むしろ生涯にわたって各個人が主体的に発達していこうとするあり方が前提にされてしかるべきなのである。

発達学（developmental disciplines）

もう1つ，バルテスらによって再発見されたテテンスの先見性は，ダーウィンの進化理論を初めとする次の世紀（19世紀）の新しい思想を準備し，古典的進化理論の直接的影響下で進行した英語圏の発達論を飛び越えて，今日の発達科学の先駆けとなった点にある。

テテンスは，現在ある姿を理解するには，初めから変わらずそうであったと考えるのではなく（たとえば神が現在あるとおりの地形や動物を創造したのではなく），今とはちがう状態から長い時間をかけて変化してきたのだと発想する。すなわち現在の姿を知るには，そのように至った変化のプロセスと条件を知る必要がある。テテンス (Tetens, 1777) は人間の発達に関して，「有機体としての身体の中のいかなる新しい形態も，過去の古いものが新たにアレンジされることによる以外に生じることはない」と述べている (Müller-Brettel & Dixon, 1990, p. 223)。子どもは「小さな大人」なのではなく，大人とは異なる状態から変化のプロセスを経て成長する。文字どおり発達的「変化」を経て人間は成長するのだということを明確に述べたのである。

このような，現在の姿を変化のプロセスの結果と見る考え方は，次の時代の

新しい自然観，人間観，社会観を準備した。ライエルの地質学，ダーウィンの進化生物学，そしてスペンサーの社会哲学である。19世紀半ばに最初の心理学実験室をつくったとされるヴントも，未開人の段階から文明社会がいかに成立したかというプロセス的思考のもとに民族心理学を構想した。近年，文化心理学の源流として注目されるようになった所以である（Cole, 1996）。

バルテスはテテンスの主張を受け，早い時期の論文（Baltes & Goulet, 1970）で，時間的連続（time continuum）の上での「変化」を研究する学問を「発達学（developmental disciplines）」と呼び，歴史学，文化人類学，地質学などと共通する「学」として人間の発達研究を位置づけた（"development" を「発達」と訳すのが通例なのでこう訳しておくが，「変化学」とでもしたほうがバルテスの意図したところに近いと思う）。

発達学とは，観察対象（観測変数）を特定し，時間的に先行する状態と後続の状態との間にどのような関係があるかを探究する学である。すなわち時間的変化を「説明」する学である。変化そのものに照準を合わせたそのような問題意識がない場合，往々にして，変化は自然に生じたかのように見なされ，変化の経緯を細かく「記述」することでよしとされがちである。たとえば歴史学で，「歴史はだんだんと移り変わった」として，その間の細かな記述をするだけでは，現代社会への示唆が何も得られない。同じように，人間の発達について長期にわたる縦断データを得たとしても，それは発達の1つの表れが記述されたに過ぎない。発達学とは，ある変化が「なぜ」生じたのかを説明する学なのである。

説明はいかにして可能なのか。発達学の要点は次の2つである（Baltes, 1973; Baltes et al., 1977）。まず，変化は1つの系（system）として閉じているのではなく，外部から影響を受ける開かれた系（open system）として起こる。変化は閉じた系の中の単純な法則によるのではなく，外部からの作用によって時間軸上に展開する。言い換えると，変化の原因は単なる時間的経過ではなく，そこに展開する具体的事象（event）である。

もう1つは，地質学でも歴史学でも，あるいは人間の発達でも，変化は過去からの蓄積の上に生じるという点である。蓄積のされ方が変化の方向を左右するだろうし，外部環境の何が大きく作用するかに影響を与えるだろう。つまり

発達学における「変化」は，数直線上に描いて済むような抽象的な時間的推移なのではなく，前述のような，具体的な空間的広がり（外部環境）と時間的広がり（蓄積された過去）に結びついている。それらに定位してこそ変化が「説明」されるのである。

発達学の発想は，今日の「発達科学（developmental sciences）」につながっていると考えてよいだろう。発達研究者の多くは「年齢」をもとにしてデータを収集し分析するが，年齢に仮託された時間的変化の本質は何かを問わなくてはならないことを，発達学の議論は示している。

6-2 生物学における発達研究の枠組み

1960年代頃までの生物学や生理学の加齢研究では，加齢による機能低下はもっぱら時間（年齢）によると考えられていた。「歳を取ると自然にだんだん衰える」という加齢イメージが暗黙の前提としてあり，それ以上の説明が追求されなかった。歳を取ればたしかに様々な衰えが生じるが，そのような「変化」は，単なる時間的経過による「説明」で十分なのかという疑問が，バルテスの発達学の提唱と並行して1970年代頃から生物学者の間でも意識されるようになった。

生物学のことばで言えば，時間の経過とともに細胞そのものが機能低下すると考えてよいのだろうか。加齢にともなう変化は，個々の細胞にとって外的なものである神経学的・生理学的な調節機能によって起こるものではないのか，という問題意識が一部の生物学者の間に芽生え始めた。ホルモンに代表されるそれらの調節機能は，生物個体にとって外界とのインターフェースの役割を果たす。新しい発達の考え方は，加齢が進む中で，外部からの影響によって機能低下が進んだり抑えられたり，あるいは回復したりするのではないか，というものである。加齢にともなう疾病を予防したり治療したりすることを可能にするような，新しい「説明」が志向されたのである。

そうした流れの中で，フィンチ（Finch, 1988）は，マウスなどを使った実験を行い，ホルモンを操作することで，加齢変化を人為的に遅らせたり早めたりし得ることを明らかにした。発達や加齢にともなう変化は，単純に時間によっ

て生じるのではなく，生物の内的なメカニズムを介して，環境と相互作用をし続けることで，繁殖年齢までにとどまらず，それ以後の時期にも起こることが明らかにされたのである。このようなフィンチらの知見は，新しい進化の考え方に整合するものであった。前述のように古典的な進化理論では遺伝子の受け渡しが中心であり，個体発達は進化に重要な役割を果たすとは見なされなかった。それに対して新しい進化学の考え方では，発達そのものが環境に応じて変化し，自然選択の標的になっている——すなわち個体発達こそが進化にとって中心的な役割を果たす——と考えられるようになった（鈴木，2008）。発達過程自体が変化し得ることは可塑性（plasticity）と呼ばれる。フィンチら（Finch & Rose, 1995）は，この新しい進化理論のもとに，生物学の研究領域を巨視的なものから微視的なものへと5つのレベルに体系化した。ごく簡単に紹介する。

最上位のレベル1は，種としての集団が生き延びること，すなわち適合度（fitness）のレベルである。生存率と繁殖率を掛け合わせたものが適合度と呼ばれる。発達はその範囲内で可塑性を持つ。たとえば捕食者が増えて各個体の生存率が低下したら，従来より多産になることで適合度が保たれる。そのために多くの生物は繁殖の仕方に関して様々な方略を持ち，複数の発達経路を持つ。それがレベル2であり，発達段階ごとの適合度の構成要素（component: コンポーネント）のレベルである。成熟するまでに要する時間，パートナーを得る方法やその確率，繁殖可能な期間などである。これらは種の中で一様で固定されたものではなく，環境条件によって変動する。それはどのような生理的メカニズムによって生じるのかがレベル3以降である。レベル3は発達の可塑性を実現する個体の生理学的機能であり，感覚や代謝，神経系による情報伝達機能などからなる。レベル4は細胞どうしの相互作用や遺伝情報が表現型（具体的な特性）として発現するまでのメカニズムである。レベル5は遺伝子における塩基配列やDNA, RNAの変化について（BOX1；BOX2参照）のレベルである。生物は環境変化に適応し生き延びるという大きな前提（基本的な発達の原理）をおいた上で，それを実現するためのメカニズムを，段階的にレベルに分けて記述したのである。

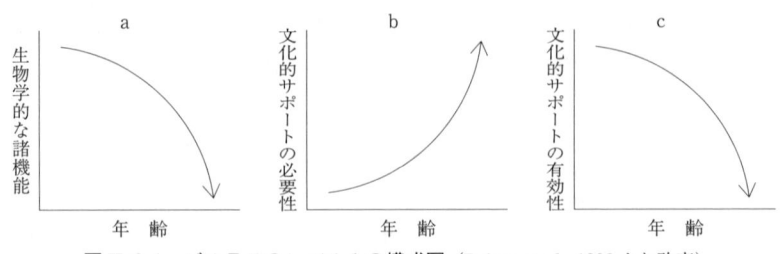

図 II-6-1　バルテスのレベル1の模式図（Baltes *et al.*, 1998 より改変）

6-3　バルテスによる生涯発達研究の体系化

　バルテスは発達学の考え方をもとに，発達の概念を，それまでのような獲得や成長でなく，外界と相互作用をするという意味で用いた。1973年の論文で彼は，「発達は（生涯の）どの段階でも起こる」（Baltes, 1973, p. 458）と述べている。生涯発達心理学がその初期から「発達とは何か」に関して根本的な再検討を行い，発達が生涯にわたる適応プロセスであるという新しい見方から出発したことがわかるだろう。

　生涯発達心理学とは，単に生まれてから死ぬまでを研究対象とするというものではなく，生涯にわたって進行する発達のメカニズムを説明する学なのである。生涯発達というとエリクソンを思い浮かべる人が多いだろうが，彼の理論も誕生から死までを扱ったからではなく，発達と環境との相互作用によって発達を説明しようとした点を見るべきである。その意味ではピアジェの発達理論も，もっぱら子どもの発達に注目してはいるが，同化と調節という発達のメカニズムを提案した点で，生涯発達心理学と共通する問題意識に立っている。

　バルテス（Baltes *et al.*, 1998）はフィンチにならう形で，発達心理学を5つのレベルからなるものとして体系化した。

　5つのレベルは，「人間の発達とは何か，どのような原理によって進むのか」という問いへの答が，一般的で抽象度の高いレベルから始まり，より特定的なレベルへと，異なる視点から繰り返し述べられる構成になっている。以下に概要をまとめてみよう。

レベル1　生涯発達の基本原理——応答規準

バルテスは，生涯発達の基本原理を生物学から借り受けた応答規準（norms of reaction）の概念に置く。応答規準とは，生物が環境変化に応じて発達や加齢の仕方を変化させ得ること（可塑性）を前提として，その幅を指す。すなわち発達とは，生物学的・遺伝学的側面と社会文化的環境とが相互作用しながら進行する適応プロセスである。バルテスは人間発達の可塑性を，文化によるサポートとそれを利用する能力として，3つの図によって視覚化した（図II-6-1）。

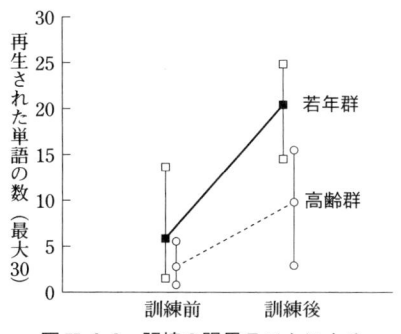

図II-6-2　記憶の限界テストによる年齢差（Kliegl *et al.*, 1989 より改変）

図aは遺伝的に備わっている生物学的な諸機能が加齢とともに低下することを表す。図bは加齢が進むほど文化的所産によるリソース（資源）が必要になることを表す。これらのリソースを利用することで機能低下を抑えたり回復させたりする。図cは，文化によるサポートを効率的に利用することそのものが高齢になるほど難しくなることを表している。

これらは生涯発達を構成する基本パターンであると同時に，発達がこのパターンの組み合わせのヴァリエーションとして（その制約の中で）変化し得る開放系（open system）であることを意味している。たとえば寿命の長さや加齢による機能低下の仕方は時代や文化によって変動するし，各個人が文化的リソースをどう利用するかによっても変化する。

なおバルテスがこのような発達の原理を明確に主張できた実証的根拠として，限界テスト（testing-the-limits）と呼ばれる方法論を用いて行った記憶訓練研究（e. g., Kliegl, Smith, & Baltes, 1989）がある。能力の限界まで引き出すことをねらった長期の訓練によって可塑性そのものを高齢群と若年群とで比較すると，訓練前よりもその差が拡大する（図II-6-2）。人間の能力は生涯にわたって可塑性を持つ一方で，可塑性こそが歳をとることによる変化をこうむることが明らかになったのである（鈴木，2008）。

レベル2　生涯発達の「スクリプト」と獲得・喪失のダイナミクス

　レベル1で見たように，生涯発達の後半になると機能低下が避けられないという制約の中で，人間は自らの発達を方向づける。その仕方は生涯発達につれて大きく3つある。まず，若い時には成長へ，次に，成人期には現有機能の維持・回復へ，そして高齢期においては喪失の制御へというように方向づけがされる。成長とは適応能力をより高いレベルに上げることであり，現有機能の維持・回復とは適応能力を維持したり，いったん低下したものを元のレベルまで回復させることである。喪失の制御とは，機能の維持や回復が困難な場合に低いレベルでの機能を組織化してうまく使うことである。生涯発達とは巨視的に見れば，主体による発達のゴールがそのように変化することであり，いわば人生の「スクリプト（台本）」(Baltes *et al.*, 1998) である。発達主体はそれぞれの方向づけにしたがって利用可能なリソース（能力や体力，使える時間などの資源）を投入する。

　ただしそのような「スクリプト」は，発達をあえて単次元・単方向で大づかみにとらえたものであり，どの発達時期においてもリソースの投資の仕方を環境に応じて制御する柔軟さが発揮される。たとえば子ども時代に非常に劣悪な環境に置かれた場合には，成長のためにリソースを投下することを一時停止し，現在の機能を維持するために使うといったことが起こる。具体的な例として，養育遺棄の状態に置かれた「FとG」のケースが知られている（藤永，1992；鈴木，2008）。

　この例が示すように，成長，現有機能の維持・回復，喪失の制御という3つの発達のパターンは生涯のどの時期にも並行して生じており，発達の多次元性 (multidimensionality) と多方向性 (multidirectionality) をもたらす。生涯発達には，大づかみに見るなら前述のような「スクリプト」があるが，どの段階においても獲得と喪失が相ともなって起こる。獲得 (gain) と喪失 (loss) のダイナミクスと呼ばれる，生涯発達心理学の重要な主張である。以下に，獲得と喪失のダイナミクスが生涯にわたって生じることを示す例を簡単に挙げてみよう。

　まず乳児期では，生まれながらに持っている反射が生後数か月のうちに消失することが知られている（原始反射）。バビンスキー反射やモロー反射のよう

に，消失することが神経系の正常な発達の指標とされているものすらある。

また近年，脳神経のシナプスが誕生後にいったん過剰に形成され，幼児期以降大幅に減少することがわかった。視覚野のシナプスを例に取れば，誕生前からつくられ始めたシナプスは生後 12 か月くらいでピークに達し，以後 10 歳までにその数が 6 割程度に減少する（Huttenlocher, 1994）。誕生直後にシナプスが過剰に生成されるのは，生まれ落ちた環境で恒常的に出会うものを素早く学習するためと考えられる。たとえば，新生児は人間の顔だけでなく，猿の顔の弁別もよくできる。しかし，通常の発達環境では動物の顔の細かな弁別は必要ないので，能力は急速に低下する。言語音の弁別も同様で，乳児は幅広い多様な言語音を敏感に聞き分ける。しかし，生まれた言語環境で基本になる音声に知覚機能が特化していき，大人になると母語にない外国語の微妙な音の識別が困難になる。生後数か月の短い間でも獲得と喪失のダイナミズムが生じている。

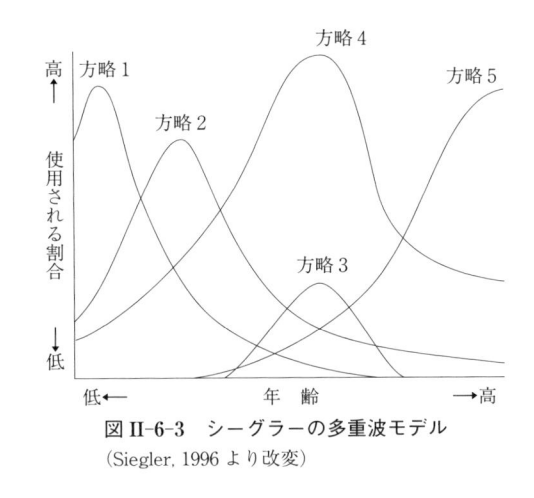

図 II-6-3 シーグラーの多重波モデル
(Siegler, 1996 より改変)

幼児期においては，ピアジェの発達段階説をもとに多次元的・多方向的なモデルが提案されるようになった。シーグラー（Siegler, 1996）が認知課題における方略使用の知見にもとづいて提案した「多重波モデル（overlapping-waves model）」（図 II-6-3）は代表的な例である。幼児は課題を解く際に複数の方略を利用できる。ただし，どの方略も一様に獲得されて利用されるわけではなく，図 II-6-3 が示すように，早い時期に好んで用いられるものや，少し後に獲得されるものなど様々である。このようなモデルを立てて初めて，幼児のパフォーマンスの個人内変動が説明できるのである。

成人期では，加齢にともなう知能の変化が，早くから発達の多次元性・多方向性を例証するものとされた。言語性の知能（結晶性知能）は老年期に至るま

で安定しているのに対して，推論能力に代表される流動性知能は20～30代をピークにして低下する。また職業上の熟達化を通じて獲得される実践的知能は，経験を積みベテランになるにつれて向上するが，その領域に固有の能力であり，従来の知能検査の得点とは相関しないことが明らかにされている（e. g., Sternberg *et al.*, 2000）。

さらに英知（wisdom，知恵）の発達に関してバルテスらのグループは，ある条件のもとでは，20～40代前半よりも40代後半以降の人たちのほうが英知にふさわしい回答をすることを見出した（Staudinger & Baltes, 1996）。人生後半に至って獲得される知的能力も存在することが実証されたのである。

このように，生涯発達には大づかみに見るなら，成長，諸機能の維持，喪失の制御という「スクリプト」があるが，どの段階においても獲得と喪失が相ともなって起こるのである。

レベル3　メタ理論の集合体

生涯発達心理学は一貫した1つの理論というより，以下に示すようないくつかのメタ理論の集合体である。レベル3では，レベル2やレベル4に出てくる生涯発達心理学のキーになる命題が，8つにまとめられている。なおバルテス（Baltes *et al.*, 1998）によれば，それらは文化心理学（e. g., Cole, 1996）や進化心理学（e. g., Bateson, 1996），さらにシステム理論（e. g., Thelen & Smith, 1994）と共通しているという。

① 発達は生涯のすべての時期で生じるのであり，ある時期が特別に重要ということはない。たとえば乳幼児期にハンディを負ったとしても，それが後の発達に決定的に作用するわけではないし，逆に，乳幼児期の順調な発達がその後の安定した成長や加齢を約束するものではない。

② 生涯発達は生物学的発達と文化的発達（サポート）との間のダイナミクスの過程である。

③ 生涯発達はリソースの割りあて方が変化する過程である。

④ 発達においては，適応能力の選択（selection）と，その最適化（optimization），および機能低下に対処する補償（compensation）のプロセスが相ともなって生じる。3つの語の頭文字を合わせてSOCモデルと呼ば

れる(後述)。
⑤ 発達とは獲得と喪失のダイナミクスである。
⑥ 発達は生涯を通じて可塑性を持つ。その範囲と加齢にともなう変化を明らかにすることが発達研究の大きなテーマである。
⑦ 発達は,標準的な年齢変化に沿ったもの(学校への入学や定年退職など),標準的な歴史的変化によるもの(不況や戦争),非標準的なもの(大きな事故に遭うなど),という3つの影響要因のシステムからなる。そのうちのどれが優勢になるか,互いにどのように作用し合うかは,社会文化的条件(発達的文脈)によって異なる(文脈主義:contextualism)。
⑧ 人間はSOCをうまく協応させることで,「上手に」歳を取るべく発達を制御している。このことは,中高年期のサクセスフルエイジング(successful aging)と呼ばれる。なお,「上手に」発達し歳を取ることは,獲得をできるだけ大きくし,喪失を極力小さくすることだとバルテスは言う。

レベル4　主体的な発達制御——SOC

人間は利用可能なリソースを使って「上手な加齢」を実現しようとしている(サクセスフルエイジング)。リソースの使い方に関して,前述した選択・最適化・補償という3つの一般的方略がある(SOCモデル)。選択(S)は,利用可能なリソースが有限であることを自覚し,それを振りあてる対象や分野を選択することである。選択には2種類あり,衰えを予期し,それがあらわになる前に行う選択と,衰えや喪失を経験した後で行う選択がある。最適化(O)は,選択した領域にリソースを配分して,機能の維持や向上を図ることである。補償(C)は,リソースの低下に対処するために,補助器具を用いたり他者にアドバイスや介助を求めるといった工夫をすることである。

発達が生涯にわたって起こるという生涯発達心理学の主張は,より具体的に言うなら,人間はSOCによって絶えず自らの発達を制御しているということである。実際,喪失や失敗を経験した後ではなく,それらが起こることを予期して生活スタイルや考え方を変化させることが,成人期の中でも高齢者に多いことが示されている(Freund & Baltes, 1998)。人間は,生涯発達の節目を自分自身でつくり出し,加齢を方向づけるのである。

レベル5　個別領域の発達研究

知能や記憶，パーソナリティーなどの心理学の諸領域における個別の発達研究のレベルである。この地点から，ここまで述べてきた生涯発達心理学の階層的枠組みの意味を確認しておこう。

生涯発達心理学は，個体発達の研究がかつて，遺伝学や古典的進化理論に従属する「記述」の学から，「説明」を志向する学へと脱皮をする際に，その一翼を担う形で成立した（鈴木，2008）。その観点からすると，何よりも個々の発達研究が単なる記述（「何歳の子どもは〜ができる」など）にとどまるのでなく，年齢の意味を問い，「説明」をすることが求められる。説明をするとは，個々の発達研究はレベル5に設定された知能や記憶などの特定事象の変化であっても，それがより上位レベルの発達の基本原理やメタ理論とどのように結びつくかを確認することである。本章で述べてきたように，人文学の伝統や今日の進化学と通底する発達の可塑性といかに整合するかを意識することが，現代の発達研究に求められていると言えるだろう。

2010年に *The handbook of life-span development* (Lerner, 2010) という2巻本が刊行された。中心は心理学だが，脳科学や生物学，遺伝学，社会学，さらには宗教学などを含む全40章から構成されている。これほどに包括的に諸「学」をカバーするハンドブックは，人間の生涯発達をテーマにすることで初めて可能なのではないかと改めて思う。編集代表のラーナーは，この大部なハンドブックをバルテスに捧げている。テテンスの伝統の上にバルテスが築いた「発達学」の継承として位置づけられるだろう。

引用文献

Baltes, P. B. (1973). Prototypical paradigms and questions in life-span research on development and aging. *Gerontologist,* **13**, 458-467.

Baltes, P. B. (1987). Theoretical propositions of life-span developmental psychology: On the dynamics between growth and decline. *Developmental Psychology,* **23**, 611-626.

Baltes, P. B. (1997). On the incomplete architecture of human ontogeny: Selection, optimization, and compensation as foundation of developmental theory. *American Psychologist,* **52**, 366-380.

Baltes, P. B., & Goulet, L. R. (1970). Status and issues of a life-span developmental psychology. In L. R. Goulet & P. B. Baltes (Eds.), *Life-span developmental psychology*. Academic Press. pp. 3-21.

Baltes, P. B., Lindenberger, U., & Staudinger, U. M. (1998). Life-span theory in developmental psychology. In R. M. Lerner (Ed.), *Handbook of child psychology*. 5th ed. Vol. 1. Wiley. pp. 1029-1143.

Baltes, P. B., Reese, H. W., & Nesselroade, J. R. (1977). *Life-span developmental psychology: Introduction to research methods*. Brooks/Cole.

Bateson, P. (1996). Design for a life. In D. Magnusson (Ed.), *The life-span development of individuals*. Cambridge University Press. pp. 1-20.

Cole, M. (1996). *Cultural psychology: A once and future discipline*. Belknap Press of Harvard University Press.

Finch, C. E. (1988). Neural and endocrine approaches to the resolution of time as a dependent variable in the aging processes of mammals. *The Gerontologist*, **23**, 29-41.

Finch, C. E., & Rose, M. R. (1995). Hormones and the physiological architecture of life history evolution. *The Quarterly Review of Biology*, **70**, 1-52.

Freund, A. M., & Baltes, P. B. (1998). Selection, optimization, and compensation as strategies of life-management: Correlations with subjective indicators of successful aging. *Psychology and Aging*, **13**, 531-543.

藤永保 (1992). 人間の成長における初期環境の影響　発達研究, **8**, 202-240.

Huttenlocher, P. R. (1994). Synaptogenesis in human cerebral cortex. In G. Dawson & K. W. Fisher (Eds.), *Human behavior and the developing brain*. Guilford Press. pp. 137-152.

Kliegl, R., Smith, J., & Baltes, P. B. (1989). Testing-the-limits and the study of adult age differences in cognitive plasticity of a mnemonic skill. *Developmental Psychology*, **25**, 247-256.

Lerner, R. M. (Ed.) (2010). *The handbook of life-span development*. Wiley.

Müller-Brettel, M., & Dixon, R. A. (1990). Johann Nicolas Tetens: A forgotten father of developmental psychology. *International Journal of Behavioral Development*, **13**, 215-230.

Siegler, R. S. (1996). *Emerging minds: The process of change in children's thinking*. Oxford University Press.

Staudinger, U. M., & Baltes, P. B. (1996). Interactive minds: A facilitative setting for wisdom-related performance? *Journal of Personality and Social Psychology*, **71**, 746-762.

Sternberg, R. J., Forsythe, G. B., Hedlund, J., Horvath, J. A., Wagner, R. K., Williams, W. M., & Grigorenko, E. L. (2000). *Practical intelligence in everyday life*. Cambridge University Press.

鈴木忠 (2008). 生涯発達のダイナミクス――知の多様性　生きかたの可塑性　東京大学出版会

Tetens, J. N. (1777). *Philosophische Versuche über die menschiliche Natur und ihre Entwicklung.* Weidmanns Erben und Reich.

Thelen, E., & Smith, L. B. (1994). *A dynamic systems approach to the development of cognition and action.* MIT Press.

II 発達の理論

7 ジェンダーと発達

湯川隆子

本章では，性・性（別）意識の発達そのものではなく，発達を考える上でジェンダーの視点が不可欠なことを論じる。ジェンダーの視点とは何か，ジェンダーの視点から発達を見るとはどのようなことかを，性・性意識の発達理論を中心に考察し，どのような研究が必要かを示唆する。

7-1 発達におけるジェンダーの視点

ジェンダーの概念とジェンダーの視点

（1）**ジェンダーの概念**　性にかかわる現象は複雑で多岐にわたり，それを説明する概念も多様である。人文・社会科学では，性について3種を区別することが多い。①生物学的な所与の性（性別）を意味するセックス（sex），②社会・文化・心理的に構築される性（性別）を意味するジェンダー（gender），③性的欲求や性的行動の対象が誰（同性，異性，両性）に向くかという性的指向性を意味するセクシュアリティ（sexuality）である。これらは重なっている部分も多く，必ずしも明確に識別できるわけではない。この点については，本シリーズ3巻I-2で詳述しているので，本章では必要に応じて言及するにとどめる。

ジェンダーは，1960年代後半の第二波フェミニズム（feminism）において，性別役割分業や性・生殖における女性差別を問題にし，それを追究するための概念として用いられた。また，性心理学においては，「心の性」すなわち，性自認さらには性同一性（gender identity）を意味する概念（Stoller, 1968; Money & Tucker, 1975）として，身体的・生物学的性と区別するために使われ始めた。

その後，第二波フェミニズムから生まれた女性学（井上，2002b），あるいは，

ジェンダーが社会・文化的な装置によって形成されることを問題にするジェンダー研究（井上, 2002a）が発展してきた1970〜80年以降には，ジェンダーの概念には，男女差別の根拠に利用されやすい性別二元性の原理が含まれているとの指摘がなされ，ジェンダーをフェミニズムに直結させて扱う狭義のとらえ方に対する限界が指摘されている（竹村, 2002a；江原・山崎, 2006）。

（2）**ジェンダーの視点** ジェンダーの視点とは，人間についての様々な事象や問題の中にジェンダー・バイアス，すなわち，近代市民社会の構造や価値規範に強く影響された男女間の権力関係に基づく差別や抑圧が潜んでいないかを点検する視座である（e.g., 江原・山崎, 2006）。ジェンダーの視点は，女性学やジェンダー研究が特に問題にし発展させてきたが，現在ではすべての科学・学問，さらには教育や社会政策などでも重視されるようになった（江原・山崎, 2006；日本学術会議, 2005）。ジェンダー・バイアスによる社会の矛盾や諸問題を克服し，人間がよりよく生きる上で必要な自由・平等，さらには主体的な自己形成，心身の安寧を実現するための研究・実践方法を提示する上で，ジェンダーの視点は不可欠とされる（日本学術会議, 2006）。

心理学に潜むジェンダー・バイアスとジェンダーの視点の必要性

（1）**心理学や発達心理学研究におけるジェンダー・バイアスの存在** まず第1には，心理学の研究方法や仮説の設定にジェンダー・バイアスが内包されていることである。発達心理学研究の多くは，性別を変数として入れた研究計画を立案し，結果として出てきた性差を優劣と解釈し，実際にはないかもしれない性差をもつくり上げてきた。たとえば，達成動機（achievement motive）について見れば，男女ともに等しく高い達成動機を持っていても，女性には，女らしさを失うことへの恐れから課題達成を自ら抑制する心理（成功恐怖：fear of success）が半ば無意識的に働くという事実をホーナー（Horner, 1972）が示すまでは，男性の達成動機の高さのみが強調され，女性は達成動機が低いと解釈されてきたのである。

第2には，発達の理論にジェンダー・バイアスが埋め込まれているという問題である。たとえば，道徳観の普遍的原理を明らかにすることをめざしたコールバーグ（Kohlberg, 1969）は，男性のみを研究対象として「正義と公正の道

徳」を最高の発達段階とし,「ケアと責任の道徳」を低い段階に位置づけた。これに対して, ギリガン (Gilligan, 1982/1993) は, 女性がケアの道徳を重視することを資料で示して, このケアの道徳は, 性別役割分業の習慣からたまたま女性が担っているものの, 道徳観としては公正性の道徳とともに価値があるものだと異議申し立てをした。追試の結果では, 男女共いずれの道徳判断もできることが確認されているのだが (Lyons, 1983; Walker, 1984 など), もっぱら女性に担わされてきた「ケアと責任の道徳」を低く見た点にジェンダー・バイアスを指摘できる。

あるいは, ボウルビィの愛着理論も, ジェンダー・バイアスが顕著な例である。愛着 (attachment) は進化の過程で生き延びるためにヒトにプログラムされた生物学的遺産であり, 質の良い愛着が順調に出現するには, 主要な養育者である母親の充分なケアが不可欠とし, 母親との関係ででき上がった愛着が原型となって, 以後の愛着関係やその際の自己のあり方に強い影響を持つとした。高橋 (2010) は, 産む性であるという生物学的制約を根拠として, 女性を母親や母性と強く結びつけ, 親子関係を性別役割分業に基づいて母子関係に限定している点にジェンダー・バイアスが反映されていると指摘している。

(2) **男女を問わず必要なジェンダーの視点**　心理学や発達心理学にジェンダー・バイアスが内包されていることに最初に異議を唱えたのは"差別されている側の女性"からであった (湯川, 1995)。その証拠は「心理学とジェンダー」(柏木・高橋, 2003) に所収されている諸研究を見れば歴然としている。家族関係に始まり, 教育・学校生活, 社会生活, 臨床や実践現場などほぼすべての生活場面でその事実が挙げられている (本シリーズ3巻I-2参照)。

しかし, 最近では"差別する側"と見られてきた男性もまたジェンダー・バイアスの圧迫を受けていることが指摘されている。社会が男性に求めている特性は, 他者と競争し, 身体的, 知的, 精神的に優越し, 職業や社会的地位において成功することである。その結果, 職業や仕事に必要な能力のみを発達させ, 自己の感情をうまく表現したり, 他者との交流に必要な共感性など, 人間関係の形成能力を学習する機会を失う。勝者になることが奨励され続け, それにより優遇されてきた男性ではあるが, 競争を原理とする序列社会は勝者にも敗者にも過酷である。男性に多く見られるひきこもりやうつ, 過労死や自殺, 虐待,

ドメスティックバイオレンス，種々の犯罪的行為などは，男性であることから降りられない男性の生きづらさを示すものであろう。男性についてもジェンダーの視点からのアプローチが必要という認識が高まっている（柏木・高橋, 2008）。人間の発達を考える上で，ジェンダーの視点は男女を問わず不可欠だと言える。

7-2 性・性意識の発達をどうとらえるか

性・性意識の発達の理論的経緯

個人差研究の一環として性差が取り上げられた20世紀初頭から，ジェンダーの概念が登場する1960年代後半まで，性・性意識の発達では，生物学的要因に基づく生物学的性を重視し，生物学還元の立場を取る本質主義的な発達観が支配的であった。フロイトの生物学的決定論などがこの代表的なものであった。しかし，ジェンダーの導入によって，セックスを中心にしたそれまでの理論形成や研究の枠組み，問題意識を基本的に問い直す動きが起き，「ジェンダーはどのように形成されるのか」を主眼に性・性意識の発達研究が展開されるようになってからは（柏木・高橋, 1995; Ruble $et\ al.$, 1998），社会・文化・歴史的な要因，特に，言語（言説）の役割を重視する社会構築主義的立場（上野, 2001；加藤, 1998）を支持する見方が強くなった。以来，生物学決定論か言語決定論かという氏―育ち問題に重なる議論が，性・性意識の発達研究においてもなされているが，最近では，本質主義と構築主義を対立的にとらえることから脱却すべきとの提案もなされている（小倉, 2001；北田, 2006）。

性・性意識の発達理論の主要なものとして，現在では，本質主義的立場に近いと見られる，①生物学的要因に焦点をあてる立場（biological approach）と，構築主義の見方を取り入れた，②社会文化的要因を強調する社会化理論（socialization approach），および，③子どもの心理的要因に注目する認知発達理論（cognitive developmental approach）の3つがあるが，前述のように，ジェンダーが性・性意識の発達研究に組み入れられてからは，いずれの理論もジェンダー，セックス，セクシュアリティの関係を視野に入れた理論構築が必要となった。その結果，現在ではどの要因や機制を重視し強調するかについて

の相違点はあるものの，生物学的要因の寄与を認め，それと社会的・心理的要因との相互作用によって性や性意識の発達が推し進められるとすることではほぼ一致を見ている (Ruble et al, 2006)。したがって，発達は生物―心理―社会的 (bio-psycho-social) な，受精から死に至るまでの人間の生涯に起こる変化である (I-1 参照) とする発達科学の考え方は，性・性意識の発達にもそのままあてはまる。

ジェンダーの視点から何を具体的に検討するか

本書の発達科学，生涯発達の基本的前提に立って，ジェンダーの視点から，ジェンダー・バイアスに影響されない性・性意識の発達理論を考える上で，現在の①～③の理論に何をどう期待できるのかについて，それぞれの理論がどのような問題の立て方や理論化を行っているかを中心に検討する。現在，発達科学を考察する上で欠かせないとされる①の生物学的研究では，性に関する新しい事実や発見が次々に提出されている。性についての生物学的事実が明らかになることで，性・性意識の発達の理解がどう進み，どう変わるのかを検討する。同様に，社会文化的要因や子どもの心理的要因に焦点をあてる②の社会化理論や③の認知発達理論についても何を期待できるのかを，これらの理論が今何を問題にしていて，生物学的な研究をどう評価し，どう位置づけようとしているのかという点から考察する。

その際，性・性意識の発達研究で特に最近話題となっている「性同一性障害 (gender identity disorder: GID」(本シリーズ 3 巻 BOX1 参照) と「同性愛 (homosexuality)」に注目する。性同一性とは，身体的性も含め自分の性について一貫した持続的な認識を持つことを指し，乳幼児期の性別知覚（性自認）から始まり，第二次性徴が発現する時期にほぼ完成するとされるが，誕生時に認定された性別（多くは身体的性別）と，自己が認知し望む心理的な性別とが一致せず，違和感を持つ人々が存在すること，あるいはまた，性的指向が同性に向く（同性愛）人々が少なからず存在することが知られている。性同一性障害や同性愛には，社会文化的要因と生物学的要因の両者が深くかかわっていると見られるが，特に生物学的要因の重要性を見るのによい事例である。

7-3　生物学的研究をどうとらえるか

　生物学的要因から性差や性意識を問題にする研究の中から，問題の立て方や理論化の仕方，資料の取り方などにおいて異なる3つのアプローチ，すなわち，①至近要因として，遺伝子やホルモンの働きに焦点をあてる立場，②究極要因として，進化学による性淘汰や配偶選択の原理から説明する立場，③セクシュアリティの発達を論じたフロイトの精神分析論的立場を取り上げる。

遺伝子および胎生期ホルモンについての研究

　遺伝子と胎生期の性ホルモンの働きによって，生殖機能や構造の性差，脳の性差，身体的特性や行動上の性差の多くが説明できるとする立場（Hines, 1982など）で，生物学や発生学，分泌学，脳神経科学，性科学などが多くの事実や知見を提供している。性別の発現は，遺伝子，性腺（性ホルモン分泌による），内性器，外性器，脳という段階で進行し，各々の段階で何らかの事故が生じると，それは次の段階に順次影響するという複雑な連鎖によって進むため，性別の分化には差が生じるという。その結果，性別には多様な発生様態が生じる可能性が高いとされる（山内，2000; Rogers, 2001）。

　性・性意識の発達における遺伝子やホルモンの影響を見る研究は，遺伝子の変異や欠損によるクラインフェルター症候群やターナー症候群，ホルモン分泌の過不足が原因の副腎性器症候群や性ホルモン受容体遺伝子の変異による性ホルモン非感受性症候群などを主な対象としていたが，同性愛や性同一性障害も，発生途上での事故や混乱によるとする知見が近年提出されている。以下に，同性愛や性同一性障害について，遺伝子やホルモンの働きを見る分子生物学や脳生理学的方法による研究，双生児法による発達研究，年齢変化を見る発達研究の3つを紹介する。

　(1)　遺伝子やホルモンによる脳の構造的差異を見る研究　性行動を司る脳の視床下部と大脳半球間を結ぶ脳梁や前交連に関する神経解剖学からの知見が多い。同性愛については，同性愛男性のゲイ遺伝子（X染色体上のq28）説（Hamer et al., 1993）や，同性愛男性は異性愛男性に比べ，前視床下部の第3小

核が小さい（LeVay, 1991），視交叉上核は反対に大きい（Swaab & Hofman, 1995）とするゲイの視床下部説，大脳両半球を繋ぐ脳梁，前交連も同性愛男性が異性愛男性より大きい（Allen & Gorski, 1991）との知見もある。性同一性障害については，男性から女性に性転換した人は，遺伝子的には男性だが，男性より前視床下部の第1小核の細胞数が少なく（Allen et al., 1989），分界条床核も小さい（Zhou et al., 1995）などの知見がある。

　これらの研究，特にルベイ（LeVay, 1991）とハマーら（Hamer et al., 1993）の結果が公表されると，科学誌とマスメディアを巻き込んでの"ゲイ遺伝子論争"（LeVay & Hamer, 1994; Byne, 1994）が起き，ゲイ遺伝子排除論（胎児中絶の遺伝的処置）さえもが生まれた（Kitzinger, 2001; Rogers, 2001）。ルベイには，脳に損傷を与えるHIVウィルスの感染で死亡した同性愛男性患者の脳を用いているとの批判もあり（Vidal & Bnoit-Browaeys, 2005; Pinel, 2003），ルベイ自身も，同性愛と遺伝子（第3小核）とに相関関係はあるが，因果関係にはAIDS以外の別の要因が介在する可能性を示唆している（LeVay & Hamer, 1994）。これ以降，セクシュアリティの神経機構を同定する試みが刺激されたが，ルベイらと同種の研究を比較しても，前視床下部間質核4つの神経細胞群に性差自体があるとは認め難いとする知見（Byne, 1994）もあり，結論は出ていないという（Pinel, 2003）。

　(2)　双生児法による遺伝要因と環境要因の研究　双生児における比較から，男女とも一卵性での同性愛の生起率が約50％と，二卵性や双生児以外のきょうだい，養子きょうだい（いずれも約20％以下）よりも高いことから，同性愛には遺伝的要素があるという報告がある（Bailey & Pillard, 1991; Bailey et al., 1993）。

　最近では，異性の役割特性を選好する「非典型性役割特性」の発達における遺伝要因と共有環境要因の影響を調べた研究がある。3～4歳の双生児約6000組の両親に，子どもの女性性，男性性の程度を評定させ得点化した結果から，女児では高男性性を持つ者，男児では高女性性を持つ者について，上から順に5, 10, 15パーセンタイルを選び，各々の場合で非典型群と準典型群の2群に分け，その差を分析（DeFries-Fulkeの極値分析）した結果，非典型性役割特性の発達に中程度の遺伝要因と共有環境要因の効果が男児に見られた。完全な非

典型性役割特性（高男性性）を選好する女児では，遺伝要因の効果が大きく，分散のほとんどを説明できるが，共有環境要因の効果は認められなかった（Knafo et al., 2005）。

同じく3～4歳児約4000組の双生児と双生児ではないきょうだいの両親に，子どもの玩具や活動への性別選好，性別行動を評定させた研究では，男児に中程度の遺伝要因と有意な共有環境要因の効果が見られ，女児にはかなりの程度の遺伝要因と中程度の共有環境要因の効果が見られたが，男女児ともに共有環境要因の効果が性別活動の選好や性別行動に寄与しており，分散の約20%が説明されるという（Lervolino, et al., 2005）。

これらの結果からは，同性愛あるいは非典型性役割特性の発達には，遺伝要因と共有環境要因双方の寄与が示唆されること，男児には共有環境要因が，女児には遺伝要因の影響が相対的に高いという性差が予想されるが，その理由や詳細についてはまだ明確ではない。

(3) **性・性意識発達の年齢的変化を見る研究** まず，子ども時代（幼児期～児童期）の性別行動（遊びや仲間選好）に胎生期の性ホルモンがどの程度影響しているかについて，2.5～12歳の先天性副腎皮質過形成症（congenital adrenal hyperplasia: CAH）の女児24名，男児19名と，統制群（親戚の女児16名，男児25名）を対象に，性別行動を観察から見た研究によれば，CAH群男児と統制群男女児は同性の遊びや仲間を好むが，CAH群女児は有意な異性活動選択と異性仲間選択の傾向を示し，性ホルモンは女児の性別行動に影響を持つことが示唆されている（Berenbaum & Snyder, 1995）。あるいはまた，子ども時代の遊びや仲間選好，セクシュアリティ，性同一性，性格特性や攻撃性，および知的能力（言語，数学，視知覚，空間把握，学習障害，ラテラリティ）など，生物学的性差が予想されている特徴や特性に対して，性ホルモンが影響するかについて，幼児から成人を対象とした膨大な研究の概観（Collaer & Hines, 1995）の中から，性・性意識について見ると，胎生期の性ホルモンは，子ども時代の遊びや仲間選好には強く影響するが，セクシュアリティにはそれほど強く影響しないという。

続いて，子ども時代の性別行動と成人期のセクシュアリティとが関係するかについての関連研究を，子ども時代から成人期までを追跡した予測的

(prospective) 研究群と，成人の同性愛者に子ども時代の性別行動の記憶を再生させた回想的 (retrospective) 研究群の2タイプに分類し，それぞれの研究群にメタ分析を行ったものがある (Bailey & Zucker, 1995)。その結果，前者でも，男性の子ども時代の異性選択行動が成人期の同性愛を予測し得るが，後者のほうが，回想法への方法的問題は残るものの，成人の同性愛者は異性愛者よりも子ども時代の異性選択行動をより多く記憶しており，どの程度の割合の同性愛者が子ども時代に異性選択行動を取っていたかを知る上でより有効だとしている。この研究では，予測的研究法は女子よりも男子により有効であることが示唆されている。

　さらに，3〜12歳の性同一性障害の女児25名（平均約9歳，15名が性同一性障害，10名が境界と診断された）を，15〜36歳（平均約23歳）まで追跡し，知的能力，性別行動，性同一性，セクシュアリティなどを調べた研究 (Drummond et al., 2008) でも，25名中3名が性同一性障害か性同一性形成不全と診断され，セクシュアリティについては，両性愛か同性愛者が6名，それを夢想 (fantasy) している者が8名，そして残り8名は異性愛か性的に無関心な者であったという。女性においても，子ども時代の異性選択行動が性同一性形成の困難さや，両性愛もしくは同性愛につながる可能性が示唆されている。

　以上の諸研究からは，子ども時代の遊びや仲間の性別選好，性別行動には胎生期ホルモンなどの生物学的要因の影響がある程度想定され，それが青年期以降の同性愛や性同一性障害につながっていることも予想されるが，まだ詳細は明確になっていない。

遺伝子および胎生期ホルモン研究からの示唆
　(1)　**性・性意識の発達研究に生物学的研究を取り込む必要性**　前項で紹介した(1)〜(3)の諸研究から示唆される点を2つ挙げる。まず第1には，最近の生物学的研究の進展によって，生物学的要因（主に遺伝子とホルモン）の働きに関する詳細で具体的な情報が得られるようになり，性・性意識の発達に寄与する生物学的要因の重要性がより認識されることとなった。しかし，それと同時に，性・性意識の発達が生物学的・遺伝的要因と社会的・心理的環境要因が複合的にかかわっているきわめて複雑な過程であることも改めて示された。た

とえば，脳神経科学や分子生物学では，同性愛や性同一性障害の原因と予想される脳の構造的特徴や遺伝子をある程度同定できるようになった。しかし，それが単独に直接同性愛や性同一性障害を発現するとは断定できていない。あるいは，双生児研究でも，遺伝要因と環境要因の具体的な内容の特定と，それらのどのような相互作用が性差を生み出すのかがまだ明らかではないし，年齢変化を追う発達研究においても，子ども時代の性別遊びや活動に及ぼすと見られる遺伝子やホルモンの影響が，そのまま青年期以降のセクシュアリティや性同一性につながるかの詳細はまだ明らかではないのである。

　現在の生物学的研究の成果は，性・性意識の発達における生物学的要因の重要性を認識するには十分であるが，人間の生物学的性質・機能が環境要因と具体的にどのようにかかわっているかをより明確に知るためには，生物学的研究のさらなる進展による詳細な情報が必要である。

　(2)　**生物学的研究からの絶対的な性的二型への疑問視**　第2の示唆は，性別の発現メカニズムについてであり，性別は発生環境に遺伝子やホルモンがどのように反応するかによって決まるきわめて複雑な過程であるという事実が次第に明らかになってきたことである（山内，2000）。ホルモンレベルの研究では，性別の発生には複雑な連鎖性があり，その過程で生殖および脳の構造や機能の性分化に差が生じ，生物学性別は典型女性または男性を両極とする連続体ととらえ得ることが示されたことである。さらに，遺伝子レベルでも，性別は，複数の遺伝子が連鎖的に反応する複合的なメカニズムによって決まることも最近発見されつつある。Y性染色体上の性決定遺伝子 SRY（sex-determining region Y）が男性をつくるすべてではなく，SRY は最初のスイッチであり，いくつもの遺伝子に順次スイッチが入ったり別の遺伝子のスイッチを切ったりという複数の遺伝子の連鎖的働きによることや，男性をつくるのに必要な遺伝子はX染色体上にも，また常染色体にも多くあることなどである（池田，2006; Vidal & Benoit-Browaeys, 2005）。この発見は，性染色体と言われる遺伝子のみの働きによって性別が直接規定されるわけではなく，遺伝子レベルでも性の発生様態が連続性を持つことを示唆している。

　これらの発見は，生物学的性における絶対的な二型性（sexual dimorphism）の原理に疑問を呈するものである。生物学的性は，女性か男性に二分される悉

無的なものではなく，無性や半陰陽などの間性（inter-sex）を含めた連続体であるという主張（橋本，2004）が事実として裏づけられる可能性は高いと言える。そうなれば，生物学的性における絶対的な性的二型を根拠として設定されてきたジェンダーの二元性はその根拠を失う。性・性意識の発達はその基本的枠組みや概念を根底から見直すことになるだろう。

進化学による性淘汰・配偶選択原理

　進化とは，集団の中の遺伝子が時間とともに変化することであり（長谷川・長谷川，2000），どのような性質が生き残るために有利かを説明するのが進化理論であり，進化が起こるメカニズムとして自然淘汰，性淘汰がある。個体が生存と繁殖の機会をめぐって競争し，より環境に適した形質が遺伝していくとするのが自然淘汰であり，なぜ性があり，性分化のメカニズムが働くように進化したのかを説明するのが性淘汰で，現在最も有力なのが配偶選択原理である。脳の構造的・機能的性分化やヒトの配偶選択の原理（オス間競争，オス・メス間競争）によって，ヒト種に属するメスとオスの間に様々な形質における差異が獲得，変容されてきたとする（長谷川・長谷川，2000；長谷川，2001）。身体・運動能力や生殖行動におけるちがいはその顕著な例であり，オスがメスより身体が大きく強く，攻撃性が高いこと，メスの繁殖における身体条件（月経周期や閉経）や寿命の長さなどの違いもある。他には，空間把握・数学などの抽象能力や言語能力などの性差も，人類が営んできた生活形態（狩猟採集や農耕生活など）に必要とされた能力が，進化の過程でより性分化された結果だとされる（Kimura, 1999; Rogers, 2001）。狩猟採集時代には，身体・運動能力の高さや方向感覚，空間把握能力が狩猟に必要で，それを担っていたのが男性だったのであり，その結果，男性がそれらの能力に長けてきたと説明される。1950〜60年代に提唱された「男性による狩猟仮説」は，男性のこの能力の高さが男性優位社会を生んだ理由だとするものである（長谷川・長谷川，2000；田中，2004）。

　進化学による性差について，ジェンダーの視点からは次のように考える。①進化学が提示している性差の中で，現在，遺伝上の起源を持ち，それが進化により維持・発展してきたとされる抽象能力（空間把握・数学）や言語能力の性差については，言語や空間把握の情報処理機能が大脳半球のどちらかに側性化

（性分化）し，それが本当に進化してきたのかについて信頼に足る科学的証拠は非常に少ない（Rogers, 2001; Vidal & Benoit-Browaeys, 2005）。②進化学の提示している性差は，あくまで差異である。しかし，中には，「男性による狩猟仮説」に見られるように，性差を優劣として提示し，解釈する立場も存在する。この仮説に対しては，肉食を主とし，男性が家族を養うとする男性中心の西洋的な発想に基づいているとの厳しい批判が，フェミニズムや文化人類学から呈されている（長谷川・長谷川，2000；田中，2004）。

進化学が提示している事実や原理は，性という進化の歴史も深くかかわっているヒトとしての生物学的特質を，人間理解にどう活かし，性・性意識の発達にどう位置づけていくかを考える上で不可欠な知見ではある。しかし，性差の起源を何万年も前のヒトの遺伝子に由来する生物学的諸特質に求めるという進化学の目的や手法による知見を，近代社会で広く知られている性差，たとえば，能力の優劣を始め，性格や価値意識のちがい，職業や家庭での役割や地位の上下関係などに直接結びつけて解釈するのは早急であろう。進化学の目的や方法の特徴をよく理解した上で取り込んでいくことが必要である。

フロイトの精神分析理論

フロイトは，性的欲求を人間の生の欲求（リビドー：Libido）に置き換え，性に関する諸欲求が，無意識裡に，性別二元性を前提とした社会化（ジェンダー化）によって，自我の一環に組み込まれていくとし，同性愛や近親相姦などを禁忌とする意識や価値観（超自我）を持つことがセクシュアリティの理想の姿とした。自我発達の契機とされる「エディプス・コンプレックス」およびこれにともなう「去勢不安」「ペニス羨望」などは，フロイトがセクシュアリティを自我発達に組み込む上で提唱した中核的概念である。これらの概念や機制が男子を念頭に構想され，女子はペニスが欠落した不完全な存在で，ペニス羨望を持つとした点に，フロイト理論の際だった特徴がある（Freud, 1986）。

フロイトに対するジェンダーの視点からの最たる異議は，「エディプス・コンプレックス」「去勢不安」「ペニス羨望」などの概念に見られるように，女子の生物学的性を不完全視，劣等視した点に向けられている。当時の性差別イデオロギーを生物学的性に持ち込み，エディプス機制を通じて，それをそのまま

社会的に階層化された二分性に従った自我形態（男性性・女性性）につなげ，それを前提に異性愛を基盤とした近代の家父長的核家族制度を擁護したとして，第二波フェミニズムからは強く批判されてきた（加納，1997；竹村，2000, 2002b）。

その後，フロイト理論は再解釈，再評価をされながらフェミニズム理論にも取り込まれ，様々な展開を見せている（加納，1997；竹村，2000, 2002b）。たとえば，前エディプス期の母子関係に焦点を当てたクラインの対象関係論を発展させ，無意識裡に形成される母子関係に基づいて母親が育児を独占することが，男女児に異なる自己を作り，それが性差別を生むとしたチョドロウ（Chodorow, 1978），また，精神分析を言語（言説）の問題に置き換え，身体の概念を生物学的決定論から引き離したラカン，社会構築主義的立場から，セックスはジェンダーによってのみ定義されるとして性の二項概念を否定し，ジェンダーの二分性をも超えたn個の性を唱えたバトラーなどがいる（加納，1997；竹村，2000, 2002b）。

フロイトについては，ジェンダーの視点からは，セクシュアリティの発達をジェンダー化の過程ととらえていることにやはり疑義を呈しておきたいが，フロイトは，性の発達において，性自認さらには性的同一性を，生物学的性に社会文化的な意味づけを与えることにより獲得されるとし，生物学的性に備わっている生得的傾向が社会文化的な環境要因との相互作用によって解発されると考えていたと理解できる。解剖学的性を宿命とする生物学決定論者と見なされているフロイトが，発達における生物学的要因と社会文化的要因の相互作用を念頭において論を構成していた点は注目すべきであり，発達科学が展開している議論，さらには，性・性意識の発達研究の議論に資するものであろう。

7-4　社会化理論と認知発達理論をどうとらえるか

社会化理論

社会化理論とは，強化（reinforcement）を基本原理とする社会的学習理論で，二次的強化学習，観察学習，モデリング，さらには，子どもの能動性（内的強化）を重視する社会的認知論（social cognitive theory）もこれに含まれる（Bussy & Bandura, 1999）。この立場では，子どもが接する様々な社会化の担い手

である親，仲間，教師などの身近な他者や種々のメディアなどからの直接・間接的な圧力によって，子どもが性別特性や行動を学習し，それらを元に性同一性やジェンダー・イデオロギー（gender ideology）を獲得すると考える（性的社会化：gender-typing）。

認知発達理論

子どもの認知発達が性・性意識の発達を促すとし，物理的事象の分類概念の発達と並行して，人種や性などの社会的事象の分類概念も発達するとしたコールバーグ（Kohlberg, 1966）を始め，ジェンダー・スキーマ論（gender schema theory）を提唱したベム（Bem, 1981, 1985）やマーティンら（Martin & Halverson, 1981; Martin et al., 2002）が含まれる。この立場では，子どもの性の自己認知である性自認，ひいては性同一性の形成を発達の中核に置く。子どもの環境には性に関連する情報が溢れていて，子どもは，自己（意識）の芽生えにともない，それらの情報に基づいて自分の性についての素朴な知覚を持つようになる。コールバーグ（Kohlberg, 1966）は，これをもとに，子どもは自己の性が生涯変わらないという「性の同一性・恒常性（gender-identity & constancy）」を獲得するとした。ベム（Bem, 1981, 1985）は，性に関する体制化された情報のネットワークを意味するジェンダー・スキーマを提案し，これを形成，発達させていく認知作用を，情報を選択，記憶，体制化する情報処理過程とした。マーティンら（Martin & Halverson, 1981; Martin et al., 2002）も，ジェンダー・スキーマを，自己と性に関連する情報を体制化していく心的連合（ネットワーク）としている。性自認や性別の理解によってジェンダー・スキーマが形成されると，子どもはそれをもとに，自己の性に適切とされる諸特性や行動を同一化などによって取り込んでいくとする。子どもの認知作用に基づく自己社会化（self-socialization）の過程と見る立場である（Martin et al., 2002）。

社会化理論と認知発達理論に何を期待するか

両理論は，強化によるか，認知的（ジェンダー）スキーマによるかのちがいはあっても，社会化（gender-typing or self-socialization）を基本原理に，性・性意識の発達機制を理論化している（Ruble & Martin, 1998; Ruble et al., 2006）。こ

の意味で,両理論は,社会・文化・心理的に構築されるジェンダーを主眼に性・性意識の発達を論じており,生物学的性については看過するか,性的二型を不問の前提にしてきたと言える。しかし,最近の生物学的研究が呈示している性についての新しい発見や事実をどうとらえるべきかが両理論に問われ始めている。

性・性意識の発達について,社会化の観点から理論的・実証的研究を長く重ねてきた先駆者のマコビィ (Maccoby, 1998) も,最近では,性別集団化 (gender segregation) 傾向を問題にする中で,この傾向が幼児期から成人までほぼ一生続くことに注目し,社会化理論の立場に立ちつつも,これを説明するには2つの知見を加える必要があると述べている。1つは,同性同士の集団が形成されやすい理由,同性各々の集団内で生じる相互作用の特徴や性質,性別集団間の関係など,集団に関する知見であり,2つめは,この傾向の持続性の背景に予想される生物学的性差に関する生物学的研究や進化理論の知見である (3巻I-2参照)。

マコビィの見解も参考に,ここではまず,社会化理論,認知発達理論がこれまで扱うべきであったにもかかわらず,直接には扱ってこなかった,①性差別意識の発達・学習の問題を先に検討し,次いで,②生物学的研究との関係をどうすべきかについて考察する。

(1) **性差別意識の発達・学習の解明——集団の要因を組み込む必要性** 子どもは,就学前には性別にかかわる特性や行動を一通り学習できているが,それと同時に,性差別意識をも学習している可能性が高いことが示唆されている (Serbin *et al*, 1993; Martin & Ruble, 2009)。これには,自分の性を基準にした自己中心的思考,異性遊びをする他の子どもと自分との非類似性の知覚など,子ども個人の認知的作用がかかわっていると推察されているが,性別集団化の影響,たとえば,子どもが自分の属する同性集団に自分を同一視し,自分の集団を他集団より高く評価する「内集団びいき」などに注目する解釈もなされている (Maccoby, 1998; Martin & Ruble, 2010)。

性・性意識の習得に付随すると見られる性差別意識の学習について,サービンら (Serbin *et al.*, 1993) は興味深い示唆をしている。幼児期〜児童期には子どもはジェンダーについてほぼ学習できているが(ステレオタイプ化),革新的

な父親の子どもは,同時に,ジェンダーに対する柔軟性（反ステレオタイプ化）をも学習しているというものである。

　これらのことは,性・性意識の学習および性差別の学習いずれにも,社会化の担い手としての親の影響（親がどのような性・性意識を持っているか,子どもとどのような相互交渉を行うかなど）とともに,仲間の影響についてももっと注目すべきことを示唆している。たとえば,子どもが属する仲間集団がどのような特徴を持っているか,その中で子ども同士がどのような相互交渉をしているのか,他の集団との関係はどのようかなど,社会化と性別集団化の両方への仲間の影響を同時に問題にする視点や研究方法が要る。それには,集団と個人,集団間の関係に関する集団研究や社会心理学の知見と方法を積極的に取り入れることが必要だろう。

　(2)　**社会化理論と認知発達理論に生物学的要因を組み込む必要性**　マコビィの見解にもあるように,性・性意識の発達理論において今まで以上に生物学的要因を考慮すべきことは明らかだが,具体的にどう考えるか。本章で見てきた性同一性の形成を例に取ってみる。性同一性とは,先に言及したように,自己の身体的性と心理的性の統合的認知であり,生物学的要因,社会文化的要因および個人の心理的要因が深くかかわっているのはたしかである。だが,心理的性に重きを置いて性同一性の形成を論じてきた両理論（Ruble *et al.*, 2006; Martin & Ruble, 2009）の発達機制に,少なくとも絶対的な二型を前提としない身体的性をどう位置づけるのか,そして,ジェンダーの二元性をもとにしてきた心理的性をどう再定義して位置づけていくのかという問いに応えなくてはならない。この問いに積極的に応えることを社会化理論と認知発達理論に期待したいが,ここでは,ジェンダーの視点を軸に,発達科学の立場に沿った試案を1つ挙げてみる。

　「発達は,生物─心理─社会的な要因の相互作用によって起こる人間の生涯にわたる変化であり,発達には多様な側面,多様な軌跡がある」とする発達科学の立場に沿えば,性同一性の形成にも相対的多様性があると考えることは可能である。性同一性の形成を考える上で,進化の歴史も深くかかわるヒトとしての生物学的特質である生殖機能（メス・オスの二型）をどう見るかは重要な問題だが,生殖的性を基礎に置くとしても,それをどう自己に位置づけ,統合

するかという性同一性形成の仕方とそのありようが，生涯を通して固定的，不変的であるべきとする根拠は強くない。人間は生殖的性だけを一生生きる存在ではない。個人間でも個人内でも，人生の時期や相に応じて生殖を含む生物学的性の意味や重みは一様ではなく，相対的であると考えることは可能ではないか。それと同様，心理的性も硬直した性的二型である必要はない。性同一性は，自己の身体的性，心理的性いずれをも軽視することなく，多様な他者や社会・文化的環境・文脈の中で個人が主体的に統合し，発展させていくものととらえられるのではないか。このことは，身体に還元するのでもなく，身体を言語にのみ規定される虚構としてでもない，新たなセクシュアリティや性同一性を構想すべきという小倉（2001）の提案にも通じるものであろう。

　最後に，生殖機能自体をどう見るかという問題について言及しておきたい。これには"産める・産めない"という可能性の問題と，"産む・産まない"という選択の問題の2つが存在する。生殖的性と心理的性の絶対的二元性に苦しめられている間性の人や不妊の人が現実に存在するし，産める可能性があっても，あえてそれを選択しない人がいるのも事実である。この問題については，ジェンダーの視点がすでに提案している「性と生殖に関する権利（リプロダクティヴライツ：reproductive rights）」（江原・金井，1997；原，2002）の考え方が活路を開くだろう。生殖機能も含めて"自己の性は自らが決めるべき"というこの提言が広く認められれば，生殖作用に何らかの不都合のある人々への支援も進めることができる。ジェンダーの視点が教育や社会政策にも及ぶべき理由もここにあると言えよう。

　ジェンダーの視点から，ジェンダー・バイアスに影響されない性・性意識の発達理論を考える上での根幹は，性的二型を前提とせず，性にはセックス，ジェンダー，セクシュアリティの多様な組み合わせがあり，かつ，各々にも多様性があることを想定した発達観と理論的・研究的枠組みに立つことである。そのためには，生物学的研究は無論のこと，集団研究や社会心理学とも連携し，これまでの守備範囲を超えたより広い視野からのアプローチが望まれる。

　最後に，性・性意識の研究結果を受け取り，利用する際の問題について，ジェンダーの視点から特記しておきたい。それは，ほぼすべての科学や学問に蔓

延している問題とされるが，科学上の事実や知見から，道徳的価値やイデオロギーを導き出すという誤りである (e. g., 河田, 1990)。たとえば，性差についての客観的事実を，ジェンダー・イデオロギーや性差別に結びつけて喧伝したり，社会的に利用したりすることである。II-7-3で言及した"ゲイ遺伝子論争"は，脳科学や生物学の知見がジェンダー・イデオロギーによって社会に流布され，利用された例である。進化学が提示する性差も，ジェンダー・イデオロギーによって男女間の優劣として解釈されやすく (田中・長谷川, 2006)，「男性による狩猟仮説」は，提唱者自身がこの誤謬を犯していると言える。この種の問題が，性・性意識の発達研究にどの程度存在しているかについての点検作業も不可欠であろう。

引用文献

Allen, L. S., Hines, M., Shryne, J. E., & Gorski, R. A. (1989). Two sexually dimorphic cell groups in the human brain. *Journal of Neuroscience,* **9**, 497-506.

Allen, L. S., & Gorski, R. A. (1991). Sexual dimorphism of the anterior commissure and massa intermedia of the human brain. *Journal of Comparative Neurology,* **312**, 97-104.

Bailey, J. M., & Pillard, R. C. (1991). A genetic study of male sexual orientation. *Archives of General Psychiatry,* **48**, 1089-1096.

Bailey, J. M., Pillard, R. C., Neale, M. C., & Agyei, Y. (1993). Heritable factors influence sexual orientation in women. *Archives of General Psychiatry,* **50**, 217-223.

Bailey, J. M., & Zucker, K. J. (1995). Childhood sex-typed behavior and sexual orientation: A conceptual analysis and quantitative review. *Developmental Psychology,* **34**, 43-55.

Bem, S. L. (1981). Gender schema theory: A cognitive account of sex-typing. *Psychological Review,* **88**, 354-364.

Bem, S. L. (1985). Androgyny and gender schema theory: A conceptual and empirical integration. In T. B. Sonderegger (Ed.), *Nebraska symposium on motivation,* **32**. University of Nebraska Press. pp. 179-226.

Berenbaum, S. A., & Snyder, E. (1995). Early hormonal influences on childhood sex-typed activity and playmate preferences: Implication for the development of sexual orientation. *Developmental Psychology,* **31**, 31-42.

Bussey, K., & Bandura, A. (1999). Social cognitive theory of gender development and differentiation. *Psychological Review,* **106**, 676-713.

Byne, W. (1994). The biological evidence challenged. *Scientific American,* **270**, 50-55.

Chodorow, N. (1978). *The reproduction of mothering: Psychoanalysis and sociology of gender.* University of California Press. (大塚光子・大内管子 (訳) (1981). 母親業の

再生産　新曜社）
Collaer, M. L., & Hines, M. (1995). Human behavioral sex differences: A role for gonadal hormones during early development? *Psychological Bulletin*, **18**, 55-107.
Drummond, K. D., Bradly, S. J., Peterson-Badali, M., & Zucker, K. J. (2008). A follow-up study of girls with gender identity disorder. *Developmental Psychology*, **44**, 34-45.
江原由美子・金井淑子（編）（1997）．フェミニズム　新曜社
江原由美子・山崎敬一（編）（2006）．ジェンダーと社会理論　有斐閣
Freud, S. (1986). Human sexuality: Three essays on the theory of sexuality. In A. Freud (selected), *The essentials of psycho-analysis*. Horgan Press. pp. 269-432.（懸田克躬・高橋義孝ら（訳）（1984）．性欲論　症例研究　フロイト著作集5　人文書院）
Gilligan, C. (1982/1993). *In a different voice: Psychological theory and women's development*. Harvard University Press.（岩男寿美子（監訳）（1986）．もうひとつの声——男女の道徳観のちがいと女性のアイデンティティ　川島書店）
Hamer, D. H., Hu, S., Magnuson, V. L., Hu, N., & Pattatucci, A. M. L. (1993). A linkage between DNA markers on the X chromosome and male sexual orientation. *Science*, **261**, 321-327.
原ひろ子（2002）．リプロダクティブ・ヘルス／ライツ　井上輝子・上野千鶴子・江原由美子・大沢真理・加納実紀代（編）岩波女性学事典　岩波書店　pp. 480-481.
長谷川寿一・長谷川眞里子（2000）．進化と人間行動　東京大学出版会
長谷川眞里子（2001）．雄と雌の数をめぐる不思議　中央公論新社
橋本秀雄（2004）．男でもない女でもない性・完全版——インター・セックス（半陰陽）を生きる　青弓社
Hines, M. (1982). Prenatal gonadal hormones and sex differences in human behavior. *Psychological Bulletin*, **92**, 56-80.
Horner, M. (1972). Toward an understanding of achievement-related conflict in women. *Journal of Social Issues*, **28**, 157-176.
Iervolino, A, C., Hines, M., Golombok, S, E., & Plomin, R. (2005). Genetic and environmental influences on sex-typed behavior during the preschool years. *Child Development*, **76**, 826-840.
池田清彦（2006）．ヒトの性はいかに決定されるか　大航海，**57**, 74-81.
井上輝子（2002a）．ジェンダー研究　井上輝子・上野千鶴子・江原由美子・大沢真理・加納実紀代（編）岩波女性学事典　岩波書店　pp. 166-167.
井上輝子（2002b）．女性学　井上輝子・上野千鶴子・江原由美子・大沢真理・加納実紀代（編）岩波女性学事典　岩波書店　pp. 211-214.
加納彩子（1997）．精神分析とフェミニズム　江原由美子・金井淑子（編）フェミニズム　新曜社　pp. 146-171.
柏木惠子・高橋惠子（編）（1995）．発達心理学とフェミニズム　ミネルヴァ書房
柏木惠子・高橋惠子（編）（2003）．心理学とジェンダー——学習と研究のために　有斐閣

柏木惠子・高橋惠子（編）（2008）．日本の男性の心理学――もう1つのジェンダー問題　有斐閣
加藤秀一（1998）．性現象論――差異とセクシュアリティの社会学　勁草書房
河田雅圭（1990）．はじめての進化論　講談社
Kimura, D. (1999). *Sex and cognition*. MIT Press.（野島久雄・三宅真季子・鈴木眞理子（訳）（2001）．女の能力，男の能力――性差について科学者が答える　新曜社）
北田暁大（2006）．ジェンダーと構築主義――何の構築主義か　江原由美子・山崎敬一（編）ジェンダーと社会理論　有斐閣　pp. 25-36.
Kitzinger, C. (2001). Sexualities. In R. K. Unger (Ed.), *Handbook of the psychology of woman and gender*. Wiley. pp. 272-285.（R. K. アンガー・森永康子・青野篤子・福富護（監訳）（2004）．女性とジェンダーの心理学ハンドブック　北大路書房　pp. 324-340.）
Knafo, A., Iervolino, A. C., & Plomin, R. (2005). Masculine girls and feminine boys: Genetic and environmental contributions to atypical gender development in early childhood. *Journal of Personality and Social Psychology*, **88**, 400-412.
Kohlberg, L. (1966). A cognitive-developmental analysis of children's sex-role concepts and attitudes. In E. E. Maccoby (Ed.), *The development of sex differences*. Stanford University Press. pp. 82-173.
Kohlberg, L. (1969). Stage and sequence: The cognitive developmental approach to socialization. In D. A. Goslin (Ed.), *Handbook of socialization theory and research*. Rand McNally. pp. 347-480.
LeVay, S. (1991). A difference in hypothalamic structure between heterosexual and homosexual men. *Science*, **253**, 1034-1037.
LeVay, S., & Hamer, D. H. (1994). Evidence for a biological influence in male homosexuality. *Scientific American*, **270**, 44-49.
Lyons, N. P. (1983). Two perspectives: On self, relationships and morality. *Harvard Educational Review*, **53**, 125-145.
Maccoby, E. E. (1998). *The two sexes: Growing apart and coming together*. Harvard University Press.
Martin, C. L., & Halverson, C. F. (1981). A schematic processing model of sex-typing and stereotyping in children. *Child Development*, **52**, 1119-1134.
Martin, C. L., Ruble, D. N., & Szkrybalo, J. (2002). Cognitive theories of early gender development. *Psychological Bulletin*, **128**, 903-933.
Martin, C. L., & Ruble, D. N. (2010). Patterns of gender development. *Annual Review of Psychology*, **61**, 353-381.
Money, J., & Tucker, P. (1975). *Sexual signatures: On being a man or a woman*. Little, Brown.（朝山新一・朝山春江・朝山耿吉（訳）（1979）．性の署名――問い直される男と女の意味　人文書院）
日本学術会議（2005）．男女共同参画社会の実現に向けて――ジェンダー学の役割と重

要性

日本学術会議（2006）．提言：ジェンダー視点が拓く学術と社会の未来

小倉千加子（2001）．セクシュアリティの心理学　有斐閣

Pinel, J. J. (2003). *Biopsychology*. Pearson Education.（佐藤敬・若林孝一・泉井亮・飛鳥井望（訳）（2005）．バイオサイコロジー――脳―心と行動の神経科学　西村書店）

Rogers, L. (2001). *Sexing the brain*. Columbia University Press.

Ruble, D. N., & Martin, C. L. (1998). Gender development. In N. Eizenberg (Ed.), *Handbook of child psychology*. 5th ed. Vol. 3. Wiley. pp. 933-1016.

Ruble, D. N., Martin, C. L., & Berenbaum, S. A. (2006). Gender development. In N. Eizenberg (Ed.), *Handbook of child psychology*. 6th ed. Vol. 3. Wiley. pp. 858-932.

Serbin, L. A., Powlishta, K. K., & Gulko, J. (1993). The development of sex typing in middle childhood. *Monographs of the Society for Research in Child Development*, **58**(2).

Stoller, R. J. (1968). *Sex and gender: On the development of masculinity and feminity*. Science House.（桑畑勇吉（訳）（1973）．性と性別――男らしさ女らしさ　岩崎学術出版社）

Swaab, D. F., & Hofman, M. A. (1995). Sexual differentiation of the human hypothalamus in relation to gender and sexual orientation. *Trends in Neuroscience*, **18**, 264-270.

高橋惠子（2010）．愛着からソーシャル・ネットワークへ　根ケ山光一・柏木惠子（編著）ヒトの子育ての進化と文化　有斐閣　pp. 119-137.

竹村和子（2000）．フェミニズム　岩波書店

竹村和子（2002a）．ジェンダー　井上輝子・上野千鶴子・江原由美子・大沢真理・加納実紀代（編）岩波女性学事典　岩波書店　pp. 163-165.

竹村和子（2002b）．精神分析　井上輝子・上野千鶴子・江原由美子・大沢真理・加納実紀代（編）岩波女性学事典　岩波書店　pp. 275-278.

田中冨久子（2004）．脳の進化学――男女の脳はなぜ違うのか　中央公論新社

田中冨久子・長谷川眞理子（2006）．対談：生物の性差，ヒトの性差　大航海，**57**, 90-109.

上野千鶴子（編）（2001）．構築主義とは何か　勁草書房

Vidal, C., & Benoit-Browaeys, D. (2005). Cerveau, sexe et pouvoir. Éditions Belin.（金子ゆきこ（訳）（2007）．脳と性と能力　集英社）

Walker, L. (1984). Sex differences in the development of moral reasoning: A critical review. *Child Development*, **55**, 677-691.

山内俊雄（2000）．性の境界――からだの性とこころの性　岩波書店

湯川隆子（1995）．性差の研究　柏木惠子・高橋惠子（編著）発達心理学とフェミニズム　ミネルヴァ書房　pp. 116-140.

Zhou, J. N., Hofman, M. A., Gooren, L. J. G., & Swaab, D. F. (1995). A sex difference in the human brain and its relation to transsexuality. *Nature*, **378**, 68-70.

II 発達の理論

8 文化と発達

東 洋

8-1 文化の中での発達

　人は文化の中に生まれ,育ち,人らしく発達する。本章では,文化が人の発達にどのようにかかわるかを問題にする。
　と言っても,文化も発達も,非常に広く,かつ多様に用いられている概念である。本書での発達の概念については,I-1において,「生涯にわたる時間の経過にともなって個体にある程度継続して起こる変化」「胎児期,乳児期,幼児期,児童期,青年期,成人期,高齢期のすべての時期に個体に起こる多様な変化」と定義してある。非常に広い定義である。だが,ただ時間が経てばこれらの変化が生じるということではない。
　20世紀の初めごろの心理学では,発達(または成長)を,単純に年齢の関数としてとらえる傾向があった。何歳何か月ぐらいでは,どういうことをするように,またできるようになるかを克明に調査,観察,測定していくのである。いきおい研究は,人に生まれつき備わっている傾向性が,個人の成長の過程で時間の経過とともに花開いていくという,種や個体に遺伝的に備わる内在的なプログラムによる発達を考える傾向を持った。バラの苗を植えれば,バラの木が育ち,バラの花が咲く。この発達には,土壌,栄養,天候などがもちろん関与するけれども,決定的なのはバラにもともと備わっている内因的なプログラムであると見える。当時の指導的な研究者であったゲゼル(Gesell & Tompson, 1934)の,「環境因子は発達の進展を,支持し,屈曲させ,変容させる,しかしそれを産出するものではない」はこのスタンスを端的に表すものである。
　だが,時間が経っても,土壌,栄養,天候などが適切に働かなければ,そも

そも種子が芽吹くことがない。時間が発達をもたらすのでなく、その時間を満たす作用や経験が発達をもたらすのである。

　20世紀後半に入ると、心理学全体が、外に現れる行動だけでなく、中枢的な情報処理過程を問題にするようになり、発達研究においても知識、理解、記憶、概念や言語化など、人の情報処理を可能にする心理的な過程の発達が研究されるようになった。これらは、人間社会で、社会文化経験を取り入れることによって形成される。それまでもピアジェ（Piaget, 1947）やヴィゴツキー（2001）が発達における文化的要因に注目していたし、社会心理学の領域でも文化の研究が行われてきたが、ここに至ってどのようにして文化が個人や集団に取り入れられ、行動や認知を形づくるかということを問題とする、文化の中での発達の心理学が台頭してきた（Bronfenbrenner, 1979; Bruner, 1990; Shweder, 1990）。

　「文化」は、いろいろな分野、さらに日常生活でも、きわめて広く、しかも多様に用いられている概念である。文化の研究は、それまでも社会学や文化人類学における主要な関心事の1つであった。だがその場合、研究対象の中心は、文化の構造や様態であって、その働きではなかった。

　たとえばタイラー（Tylor, 1871）は、「文化あるいは文明は社会を形成する人間によって獲得された知識、信念、芸術技術、道徳、法、習俗その他の能力や習慣化を包含する複合的な全体である」と述べ、またクローバーとクラックホーン（Kroeber & Kluckhorn, 1952）は、「文化は、1つのグループの成員またはその中の特定メンバーに共有されるような、明示的および暗示的な生き方のデザインの、歴史的に受け継がれたシステムである」と述べる。つまり文化は、歴史的な根を持ち、集団に共有され、ただの寄せ集めでなく1つのシステムを形成するものとして、いわば結晶体のようにその構造や形態に注目して研究される傾向があった。

　たしかに文化のいろいろな面は互いに影響し合っている。しかし、グローバルな交流が盛んになり、文化圏間の人やその生産物の移動が盛んになると、人の働きで変化し、絶えず構造化し直されるものとして、文化が見られるようになる。そこでコール（Cole, 1996）は文化を、「人が自らの発達の個人的または集団的ニッチの成分として、あるいは与えられ、あるいは選び取り、あるいは

つくり出してきた人工物の総体」と定義した。文化圏を非常に広く流動的にとらえた定義である。だが，場合によっては広過ぎる定義である。後述するが，筆者は発達との関係ではそれぞれの個人の文化ということを考えることが必要になっていると考えるので，個人が，周りの大きい文化から素材を選び取り，それと相互作用しながら，繭玉のように自分独自の世界として紡ぎだす個性的な構造を持った世界としての「個人文化」も考えたい。さらに地域的文化圏，グループ文化，個人文化など様々な切り口から，横断的，縦断的，実践的，様々な研究の協応が必要であると考える。

波多野・高橋（1997）は，文化の概念を1つの定義に絞り込まず，問題のとらえかたと関連させて三様の定義を挙げる。第1は文化を「ある程度自覚的・永続的な集団の慣習，伝統，実践，さらに共有された意味や視点」とするもので，それが，それぞれの文化圏の間での行動習慣やものの見方，考え方のちがいとどう対応するかという問題意識につながる。第2は，個人を取り巻きいろいろな意味でかかわり合う人，人がつくり出したもの（ものとしての道具などの他，制度・文物，知識，科学，芸術なども含む）の全体とし，このような文化の取り込みの過程や結果を問題とする。第3は，文化を，認識，思考をゆがめたり型はめしたりする作用においてとらえ，そのマイナスの作用を批判的に検討することにつなげる。もっとも筆者は，そのような型はめが常にマイナスの働きをするものとは考えられないと思う。波多野らはおそらく後で述べる文化ステレオタイプなどを念頭に，文化的に形成される偏見などを指してそう述べたのだと思うが，信念，主義，予見など，文化的に形成され，認識に先行してその枠組みを形成する作用には，社会や個人の統合を支えるなどのプラスの働きもある。波多野らの三様の定義はいずれも，形態や構造よりも，その作用に焦点を合わせた定義である。そして，3種の文化があるというのではなく，3種の作用があるとしながら，その作用の担い手について性急な定義や概括を避けているわけで，現時点としては妥当で実際的なことだと思う。これからの研究の進展により，さらに新しい，おそらくよりダイナミックで包括的な定義も現れてくるであろう。

8-2　文化と心理発達

　人は文化を取り入れ，文化に育てられる。人が文化に触れることなしに育ったならばどうなるだろうか。他の人と全くかかわらずに生き延びることはまずあり得ないし，少しでも他の人と接触があればそれが文化刺激を仲介することになるから，文化なしで育った完全な実例はまずあり得ない。いわゆる狼少年や野生児と言われる例は「人生の早期から相当の期間にわたって人間環境を完全もしくはほとんど奪われ，野性生活を送った子ども」（中野，1981）で，時折その発見が報告され，「アヴェロンの野生児」のように研究者により継続観察された例もある。野生児ほどの文化からの疎隔でないにしても，放置，虐待など何らかの事情で，人や文化との接触が極度に少ない中で育った子どもが救出保護される例は，不幸なことだがないわけではない。

　そういう例で，出生および成育の場，出生以来の養育状況，文化剝奪によると考えられる発達の遅れなどの信頼できる記録，救出後の文化刺激の適切な補給による正常化の方向への進歩，などのデータがそろえば，心理発達のために文化刺激が必要なことが，かなり明確に示せる。そのような研究として，日本では藤永ら（1987）が取り組んだ研究の報告がある。これは，出生直後から，人および人の文化との接触が極端に制約された条件下で育ち，姉6歳，弟5歳になった時点で救出され，その後13年にわたり，よく整った施設で心理・教育的リハビリテーションを続けた記録の考察である。この姉弟は，母親の生活苦その他の不幸な条件の重複で，ずっと養育放棄の状態となっており，無住の仏寺の縁側の板の間で1日1食で放置されていた。文化刺激の極度の欠乏のもとにあったわけである。救出された時の両児の発達検査では，身長・体重などの発達の著しい遅れが見られるとともに，知的諸能力においても生後1歳ないし1歳半という水準で，ことばも，姉は3語のみ，弟は発語は全く認められないという状態であった。だがそれだけでは，発達の遅れが果たして文化剝奪のためであるか，それとも先天的な障がいなどのためかもしれない，という疑問が残る。文化社会への復帰がこの遅れを取り戻せるかどうかは，この疑問への1つの答えを提供するだろう。

藤永らは，綿密なプランのもとに13年にわたって多くの観察，検査や補償教育を行った。様々な知的，社会的能力の教育・発達経過が示唆に富むが，総合的な知的発達の指標としての発達指数や知能指数が，保護の時点では両児とも著しい遅れを示していたのに対し，1年間で急速に伸び，ほとんど正常の域に近づいている。姉弟の回復は平行的にゆるい速度で伸びていき，中学校に入った段階では大体普通の水準に達しており，保護時の低い発達指数からは考えられないほどの進歩であった。

　この間の文化環境は，綿密で組織的な指導を含み，通常の家庭環境とは異なるものだったが，とにかく文化刺激が文化剥奪による発達の遅れを補償する働きをする可能性を示したわけである。この他にも，文化との接触の量や質が知的発達の量や質と相関することを統計的に示した研究はきわめて多い。社会階層，職業，親の知能や教養などが絡んでくるのは，この種の大数統計の宿命なので，注意深い評価は必要だが，文化刺激と知的発達が関係するということは否定しがたい。ただし，知的能力はきわめて多面的であり，どういう文化とのどういう接触が，その人のどの面にどんな影響を持つかについてのより踏み込んだ研究が待たれる。

　知的発達以外に，感情や社会性などの発達にも文化との接触の影響は大きい。藤永らの対象となった姉弟も，保護当時は感情表現も乏しく単純だったのが，中学校，高等学校の段階ではクラスの一員として全く正常な友達づき合いをしていたということなので，初めのうちは社会とその文化との接触がきわめて限られていたため，社会性や情意の発達が抑えられていたと考えられる。

8-3　文化的スクリプトの獲得としての発達

　発達の1つの軸として，「社会化」が考えられる。個人がその属する社会の習俗，価値観，行動様式などを取り入れ，社会的に適切な行動の仕方や考え方を身につけることである。学習全般が発達であるけれども，社会化はその中でも，文化の学習と密接に関係する。ここでは特に，文化圏の中でのスクリプトの学習としての社会化に焦点をあてて考えてみよう。

文化的スクリプトとは

　どの社会でも，様々な事態において，どう考えどう行動するのが社会的に適切かという知識が共有されている。と言って，具体的な細部にわたっての知識では，きわめて限定された場面にしかあてはまらない。知識として蓄えておくには，同種の事態に共通してあてはめられるようにある程度抽象化した知識である。それをスクリプト（script），つまり筋書きという。スクリプトが獲得されていれば，具体的な詳しい記述が欠けていても，スクリプトに即した推論で補って対応することができる。自動車運転のスクリプトが獲得されていれば，「ただちに発進せよ」と言えば，「ハンドブレーキを解除して，ギアーを入れ，ブレーキペダルを離してアクセルを踏み」などといちいち言わないでも，適切な行動を起こせる。

　しばしば，文化圏によって，与えられた場面における対処行動のスクリプトが異なり，それが文化ショックになる。筆者が米国に初めて留学した時と，彼の地で6年間生活して帰国した時と，それぞれに様々な文化ショックを経験した。たとえば，初めての米国で痛感したのは，何でもはっきり言わなければならないということだった。大学の演習でも，黙っていたならばいくらよく聞いていても貢献したことにはならない。察しをつけてはもらえない。下手な英語で議論に割り込むのは一苦労であった。結局，割り込みのスクリプト，たとえば質問か反対意見を出す合図になる強めの言い方を学習して適応し，そうしたほうが性に合う気さえした。そして6年後に帰国した時，まずびっくりしたのは，人ごみですぐに人にぶつかってしまうことだった。注意してみると，人々は必ずしもいつも直進はせず，互いによけながら，いわばジグザグに互いにすり抜けながら歩いている。そう気がつけば，もともとその中で育った私はすぐに再適応できたが，初めて米国から日本に来た人はまごつくかもしれないなと思った。

　この種の経験を重ねて，漠然と，文化の重要な一部として，様々な場面でどのように反応ないし行動するべきかという知識があると実感した。それで認知心理学でのスクリプトの概念（日常の行為の構造のスキーマ：梅本，1981）を準用し，文化的スクリプトを鍵概念として文化比較を考えてみることにした。行動や考え方の文化差は，態度や人格に起因するように見え，それが文化摩擦やコ

ミュニケーションの行き違いの原因となることもしばしばある。だが実は，習い覚えた認識の習慣，つまり人格や態度でなく，認知の問題として考えられる場合が少なくないと思われる。新宿の雑踏の中で強引に直進しようとする帰国したての筆者は，自己主張的な性格に見えたかもしれないし，相手への敬意を欠いているように見えたかもしれない。しかし，実は米国での歩き方のスクリプトに従っていたわけで，それに気がつけば多少の努力で別のスクリプトに乗り換えられたのである。

　本来の気質や性格の発達に，文化がどれほど関与しているかについては，明確な答は出ていない。好みや感情の表現などが文化の影響を受けることは，日常の経験からも明らかだが，それが気質や性格と言えるほどに安定した個人の特徴なのか，それとも社会的適応のためにとっている対処法で，たとえば他の文化の圏内に移れば比較的容易に変わるものなのか，見きわめのつかないことが多い。

文化ステレオタイプ

　文化の影響の認識が，「文化ステレオタイプ」による対人知覚に陥ることのないように注意しなければならない。文化ステレオタイプとは，人を，その人の属する文化圏の類型にあてはめて判断すること，つまりこの文化圏の人だからこういうタイプだろうなどという色眼鏡で人を見ることである。心理発達に文化刺激が必要ならば，異なった文化環境は平均的な傾向としては異なった心性を育てるだろうし，気候風土，産業，話し方，つき合いのルールなどがちがえば，何かの形では行動習慣にちがいが見られるはずである。国民性，県民性，職人気質など，地域，暮らし方に結びついた考え方や行動の仕方の特徴があるということは，経験的に言われ，また信じられてきた。特に国や，大地域文化圏などは長い間，通婚圏を規定してきたし，言語，制度，教育，主要な宗教やイデオロギーにまで，その統制作用が及ぶので，たとえば，いかにもドイツ人らしい考え方，職人らしい振る舞い方などという特徴がしばしば認められるのはむしろ当然であろう。

　しかし，それは平均的な傾向の話で，実際には大きな個人差があり，その個人差は，文化圏の流動化，重層化にともないますます拡散する。また，文化的

スクリプトが変動すれば，変動はさらに大きくなる。したがって，文化ステレオタイプによる人の判断は誤解を導く可能性が大きいし，また人種，文化背景などによって差別意識や偏見を持つことにも通じかねない。

20世紀前半から，よく，日本人（または東洋人，又は非欧米人）は集団主義で，欧米人は個人主義だと言われてきた。戦争中の日本人の団結だの，戦後の復興の目覚ましさにも，「日本人は集団主義だから」という説明がしばしば加えられたものである。集団主義とは自分個人よりも所属集団を優先する傾向とされた。集団を大切にするのは結構なことではないかと思われるが，個性がない，集団への付和雷同傾向，タテ社会など，否定的な意味で用いられることも多かった。全体として，無個性な働きアリといったイメージで，集団主義という断定は日本人にとっては負の文化ステレオタイプであり，決して快いものではなかった。このような通説が生まれ，広く行われるようになったのは，1960年頃までの日本の敗戦からの復興と経済的飛躍をめぐって数多く刊行された日本人論の影響が大きいと考えられるが，それらの多くは組織的な調査で検証したわけではなく，日常的なつき合い，観察などによる個人的な解釈，判断によっていた。

1970〜80年代に入ると，それをより組織的に心理学的な検証方法で調べようとする試みが幾つか行われた（Kim & Hakhoe, 1994）。ところがそれらを通覧する研究，つまりメタ研究の結果は，実験的観察によっても，質問紙テストによっても，学問的に有意味な水準での肯定的な結果は得られていないという。集団主義の典型が日本，個人主義の典型が米国というのが定説だったが，高野（2008）は，綿密なメタ研究に基づきその「定説」が根拠を欠くと批判するとともに，なぜそのような誤った通説が通用してきたかの検討に及んでいる。

集団主義・個人主義の意味

しかし，だからこれで話が落着したとはならない。日本人が集団主義的だという「定説」の多くは，日常的な生活場面での観察によっている。これに対し，メタ分析の対象になった諸研究では，心理学的調査という非日常的な場面での反応を観察しており，集団主義・個人主義の定義も，実験観察や質問紙で調べやすい，単純なものになっている。筆者は心理学の研究において，実験や調査

と日常的な観察とは，しばしばそれぞれに真実の別の側面を示す場合があると考える。そして「集団主義か個人主義か」は「黒か白か」というように二律背反的な選択ではない。誰でも両方の傾向を持っている。あえて言うならば，種としての人類は本来集団主義的な傾向を強く持っていたが，ずっと後，おそらく有史時代になってから，新しい進歩をもたらす生き方としての個人主義が，世界の一部に胚胎し開花し，現代の文明社会発達の支柱となったのだ，と考えることもできる。文化圏によって，個人主義への傾きの程度は異なるし，個人によって文化圏において主流的な傾向に同化している程度は異なる。

　文化ステレオタイプの克服は，文化が人の心理的な形成に大きな働きをすることの否定によってではなく，文化圏の流動化と多重化により，一人ひとりがその中で育つ文化の取り合わせが，人ごとに異なるという状況になってきたことの認識によって果たされるであろう。

8-4　文化と自己と規範

　個人文化ということを考えると，あらためて，その中心である「個人」は本人によってどういう存在として認識されているかという，自己認識が問題になる。と言っても，本音の自己認識をとらえることはなかなか難しい。自分についての記述は，どうしても社会的配慮に影響される。マーカスと北山（Markus & Kitayama, 1991）は，「20答法」を日本と米国の大学生に実施した。これは「私は──」という質問項目を用いて，私を主語とする短い文にすることを20問続けてやってもらうテストである。あまり考え込まずに次々反応してもらうことで，理屈や配慮をあまり紛れ込ませないで，自分をどういう存在と定義しているかをあぶり出そうとする方法である。その結果，米国では「私は背が高い」「私は意志が強い」「私は金儲けがしたい」など，個人としての属性を挙げるのが多いのに対し，日本では「私は母の息子である」「私はX大学の学生です」「私はあまりもてない」など，人との関係や役割で自分を定義する例が多かった。自分というものを考える時，個人的属性の集合の中に定位して考えるか，社会関係の網の目の中に定位して考えるかがちがうのである。後述する道徳判断や母親のしつけ方略の日米差とも思い合わせられ，自分と人々との関係

をどう意識するかについて，日本人と米国人との間でかなり一貫した社会化の差異があるように思われる。

自己紹介のスクリプト

だが，これをただちに性格だの人間観だのの相違に持って行くべきではないであろう。日本人も個人の属性を述べるように求めれば十分明確に述べられるだろうし，米国人も自分の社会関係を十分に意識してはいるであろう。しかしこの場合，つまり自分について短く気軽に述べる時に，まずどういう側面に話を向けるのが当然か，という優先順位，いわば自己紹介のスクリプトが文化や環境によって異なる。場合によって，相手によって，所属する社会の習慣によって，同じ質問にも異なったスクリプトが起動される。「私は何者？」というちょっと変わった問いが，しかも繰り返し矢継ぎ早に繰り出される 20 答法の場合，どういうことをどういう筋に乗せて話すかという選択に，生活の様態，人間関係，社会的習慣，などの差異が関係することは容易に考えられる。質問が変わると，文化差の現れも変わる。「あなたの今から 10 年後のある 1 日の生活」についての作文の内容分析をすると，米国の大学生は日本の大学生よりもはるかに多く人間関係，特に家族との関係に言及していた（Mukaida *et al.*, 2010）。

一方，自分はこうあるべきだ，こうありたいという価値観に照らした自己観も，自己認識の重要な枠組みである。その意味で，自己認識の発達の重要な側面として，社会的に妥当な，かつ自分の統合にも通じる行動規範や道徳規範の獲得がある。これは，生まれつきのものとは考え難いので，文化的に獲得されると考えるのが妥当であろう。

しつけによる文化の伝達

幼少時において文化を媒介するのは，養育にあたる人々，特に親のしつけである。筆者はかつて母子コミュニケーションの日米間の比較研究にかかわったが（東・柏木・ヘス，1981；東，1994），その一部として，母親の子どもへのしつけの姿勢が，日本と米国でかなり異なることが観察された。たとえば 3 歳児の母親が，子どものどういう態度や性質が早く発達してほしいと考えるかの調査

では，米国の母親は日本の母親よりも言語的自己主張，リーダーシップ，説得力などの発達を期待する。これに対し，日本の母親が多く期待するのは，礼儀，言うことを聞く，譲り合い，感情のコントロールなどであった。しつけの狙いにおいて日米間にちがいがあるということになる。

それを踏まえて行った「母親のしつけ方略」の調査では，希望だけでなく，実際のしつけ場面にそういう差異があるかどうかを見た。しつけ方略というのは，子どもが容認の範囲を越えて望ましくない行為をしている場合，母親がそれを制御するやり方である。この調査は，子どもが3歳半の時，母親に個別面接して行った。普通の面接調査とは異なり，母親に，たとえば子どもが夕食に出した野菜を嫌がって拒否している，あるいは壁に落書きをしている，と想像してもらい，その際子どもに何と言うか，実演してもらうのである。

その母親のやり方のうち，米国で最も多いのは，説明は特にしないで，親の権威をもって「いけない」と制御するやり方であり，日本で最も多いのは「それでは大きくなれない」「病気になる」「人が迷惑する」などよくない結果を示唆したり理由を説明したりするものであった。これは，不適切な行為をやめさせるのに何に訴えるかが，日米間でかなり異なっているということに他ならない。これと成人してからの道徳判断とに関係があるだろうか。

日常的道徳判断の文化差

このようなしつけ方略が，成人期の道徳判断にも影響しているか否かを見る意図をもって，さらに，日本と米国の大学生の間での日常的道徳判断の比較を試みた。

原理的な道徳規範の学習や内面化よりも，日常生活的な水準での行為の適否判断を問題にしたので，当時用いられていた道徳性や道徳的判断の検査よりも微妙な文化差に敏感な測定手段を開発してこの問題への探索的な糸口を見出そうとして，「逐次明確化法」を創案して用いた。コールバーグの道徳判断研究が，道徳的問題行動の一部始終の物語を初めから全部与えて判断を求めるのに対し，どういう行為が行われたかを示す骨格情報と，その背景事情を述べる補完情報に分け，補完情報は判断者からの請求に基づいて小出しにする。これによって，最終判断に至る思考の経路が明らかになり，判断の形成過程にまで踏

み込んでとらえることができる（東・唐沢, 1989; 唐沢・東, 1989, 1990; Azuma, 2001）。

　この研究では判断者が日米の大学生であったので，骨格情報は「先生に怪我を負わせた」「試験でカンニング」「お金を使って裏口入学」「結婚式直前の婚約破棄」という，よくはないけれども，日米どちらででも，学生の周囲で起こり得る問題行為4種を用いた。たとえば「学生Aが先生に怪我を負わせた」という骨格情報の場合，判断者はまずその行為の許容度を，「絶対許せない悪いことだ」を1，「全然悪いことではない」を6として判断させ，なぜそう判断したかの理由を述べてもらう。続いてAの年齢，過去にもこういうことをしたか，この行為の結果として，Aにどのようなことが起こったか，世評，現在のAのこの行為に関する心境，行為をした当時の心境，怪我の程度，Aの性格，Aの性別，家庭環境，行為の計画性，など13の提示可能情報のリストを示し，その中からより明確な判断を下すために最も必要と判断者が考えるものを請求してもらい，あらかじめ準備した補完情報を与え，その情報を勘案した判断を求め，次に重要だと思うもの，その次に重要だと思うもの，と同じ手続きを繰り返す。

　この手続きを，日米の大学生を対象に，個別面接で実施した結果，いくつかの日米差が見出された。まず重要度の順位3番目以内に選ばれた補完情報を見ると，4種の行為すべてにおいて，「動機」は日米ともに最多であったが，「現在の心境」「当時の心境」「性格」については日本が，「年齢」「経験」「被害の程度」については米国が多かった。

　日本では個人的，心情的な情報が，米国では客観的，事実的な情報が，道徳的判断の際により重要であると考えられる傾向が強いことになる。これは，日米母子研究のしつけ方略における日米差と符合する差異である。それをもって直ちに因果関係を考えるわけにはいかないが，しつけ方略と道徳判断とに共通する「何か」の日米差の存在を想定すべきではないか，と筆者は考えた。

道徳スクリプト

　しかしこのような日米の相違は，必ずしも道徳的基準や道徳性そのもののちがいではないだろう。道徳スクリプトから物語を構築する過程に相違があるの

ではないか。スクリプトを情報が入るべきスロットの系列として考えてみよう。先の研究では，当初，大部分のスロットを空欄にしたままで判断が求められる。

その状況においては，原理的，抽象的な水準で判断するか，あるいはそれぞれの空きスロットに入り得る情報を入れ替え差し替えして，つまりいろいろな場合を想定して幅を持った判断をするか，になる。結果から，米国の判断者は骨格情報しかよりどころのない状態では原理原則的判断をすることを選び，日本の判断者は幅を持った判断をして厳しい判断を留保する傾向があったのではないか。そうだとすれば，空欄が埋まって状況が明確化すれば，日米の判断は接近してくるであろう。これを見るために，各エピソードについて，日米それぞれの，骨格情報のみの段階での判断と，請求した補完情報をすべて得た段階での判断の平均値を比較してみた（図II-8-1）。

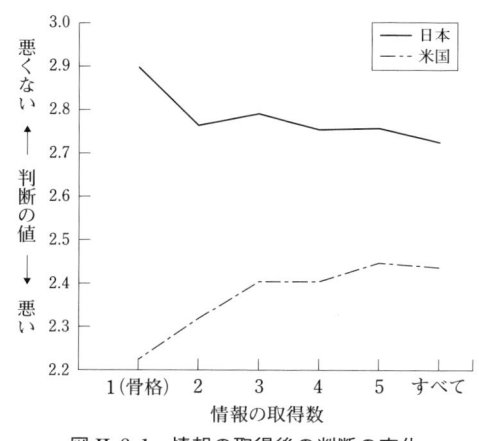

図II-8-1　情報の取得後の判断の変化（4種の行為平均）（東，1994）

すると，骨格情報のみの判断では，いずれのエピソードにおいても日本の判断者のほうが平均的に甘い判断になっている。その理由として，「まだ事情がよくわからないから厳しい判断を避けた」という説明が多かった。つまり，主人公に同情すべき情報もあるかもしれない可能性を読み込んでいる。したがって補完情報を次々に請求して情報がそろってくると，判断は厳しい方向に変わってくる。これに対して，米国の判断者は，骨格情報しか得ていない段階では，「事情はともあれ，とにかく人を傷つけることは悪い」というように，原則的即事的な判断をする。骨格情報はもともと主人公の問題行動を内容とするので，判断は厳しくなる。だが補完情報が蓄積すると，物語が精緻化され，主人公に同情できる面も見えてくる。そのため，補完情報が蓄積すると，判断はいろいろな事情を総合して，原理原則的ではなくなる。したがって，日米の判断の差

異もかなり縮まってくる。この結果から，米国の学生が日本人の学生よりも厳しい判断基準や道徳意識を持っているというわけではなく，情報の不足への対応の仕方が異なるのだと考えられる。

8-5　文化と教育——学校をめぐって

文化の伝達機関としての学校

　文化と発達を考える上で，教育を避けて通るわけにはいかないし，教育を考える上で，学校の役割に触れないわけにいかない。教育は家庭でも仲間関係でも，さらに広く見れば人の生活のすべての局面で進行する。しかし特に，近世から現代にかけて，文化の継承と心の発達のための社会的機関として学校が発達した。現代の世界ではほとんどの人が，児童期，青年期およびその前後という，生涯で最も心身の発達の盛んな時期を，文化的社会化の機関としての学校教育のもとで過ごす。したがって，学校は「文化と発達」の相互作用過程にとって非常に重要な場である。それだけに学校教育は，どこの国においても重視され，大部分の国において義務化されて，政府の保護と監督のもとにある。たとえば日本では，小学校の1つの教科の大綱が決まる時から，教科書が検定に合格して子どもの手にわたるまでに，文部科学省，出版社，地域の教育委員会，学校内など様々な水準で，多数の審議会，委員会，研究会での審議，検討を通過しなければならない。それによって，義務教育として必要かつ妥当な内容が教えられることが期待されている。その過程では，実用的な知識や技法のみでなく，それぞれの国での生活やものの考え方も反映される。日本と英国の国語教科書で，家庭生活がどのように描かれているかを調べた研究では，様々な出版社を通じて，日本では温かい人間関係の記述が多く，イギリスでは葛藤やその解決に関する記述が多いことが見出された（塘，1995）。本章ですでに述べた，しつけ方略や道徳判断における日本と欧米の比較を連想させる。

　近代学校の形は18世紀にほぼでき上がり，日本でも明治政府発足から日の浅い1872年に学制が布かれて以来，その歴史は140年になる。その間に，学校の教育の仕方にも，校舎や教室の形や機能にも，「学校らしい」スタイルが固まってきた。それがそれなりに教育をすべての階層に広め，開明された市民

をつくることを必要とした時代の要求に応えてきた。

　だが，文化は伝承されるだけでなく，不断に創造されなければならない。世界・社会は変化し続けている。今，学齢期にある若い人たちが生きるのは，未知の世界である。来たるべき未知の社会によく生きるためには，新しい文化，新しい適応形態をつくり出す創造的な能力を養わなければならない。そういう能力を育てるためには，学校教育の方法やその中での生徒の立場や態度は受け身に過ぎるのではないかという批判は，近代学校の成立以来，ルソー，デューイを初め多くの人々が問題にしてきたところである。

　特に現在，社会や生産手段の進歩は，産業革命から情報革命に至るまで，大きな構造変革をともないながら加速度的に進んでいる。教育も，その新しい進歩への対応を，方法，内容，制度の各水準で求められている。

ネット時代の学校のあり方

　極端な意見としては，制度としての学校の廃止の提案もある。今から50年近く前，イリッチ（メキシコでは「イリイチ」：Illich, 1971）の脱学校論が論議を呼んだ。既存の制度的な学校システムが，個人の発達をも社会の進歩をもゆがめ妨げているとし，いっそ学校を廃止しては，という主張だった。その上で，知識や文化の伝達は，教えたい人と教わりたい人との出会いの広場のようなものがあって，自由に学習できればよいというのである。教育の自由マーケットとでもいうべきだろうか。教育における画一化に疑問を感じていた筆者はその訳者の1人であったが，この提案は方法的に実現不可能なことで，方向を明らかにするためのたとえ話であり，実際にそのような社会が実現したならば，大変な混乱になると考えていた。

　だが，それから30年しかたっていない今日，インターネットの普及により，イリッチの言うような青空市場的教授学習が，たとえば入学試験会場からでさえ，ウェブ上に教え手を見つけて難問に答えることができるほど，誰にでも手の届く現実となってしまっている。習いたいことのある人が「広場」で叫べば，その情報を持つ人がすぐにしかも無償でそれを提供する空間，つまりイリッチの夢想した教育体制は，すでに手の届く現実になっている。それは，夢のような理想世界ではなく，実現可能となると，改めてその方向への変化が望ましい

のかということが問われる。

　学校教育が統制や干渉が多過ぎたとしても，それらをすっかり取り外してしまっては大混乱になるのではないか，文化の構造は伝えられず，目につく現象のつまみ食いになるのではないか，文化的認知構造をしっかりつくることが独創の前提ではないかなど，心理学ばかりでなく脳科学の進歩も踏まえ，また早教育や受験教育の実態にかんがみた，様々な意見がある。しかし，入試競争をも含めた現在の学校体制が，ともすれば大胆な発想の追求よりも無難な正答探しの方向に学習態度を誘導する傾向にあることも否定できない。簡単な答はないが，質の高い創造性の必要は切迫している。これからの教育の制度や方法をどうしたらよいのか，どうし得るか，新しい時代の「文化と発達」研究の役割も含め，大きくかつ緊急な課題である。

8-6　文化圏とその流動化——個人化とグローバル化

グローバル時代の文化

　地域により，集団により，また個人によって，文化は一様ではない。そして人の移動や情報の交流，教育などがその流動や相互作用を招き，文化の変化，成長，時には退化や破壊も起こる。地理的，歴史的，または政治的な理由で異文化との接触が限定される状態が長く続くと，文化圏が固定し，生活文化の諸側面がちょうど結晶体のように独自の構造を持ってまとまる。それはまとまった文化としてとらえやすいので，社会学や文化人類学における文化研究の初期には，離島，奥地などの地理的に孤立した文化圏が研究対象になることが多かった。

　けれども，現代の私たちの環境をなす文化は，このような結晶的伝統文化には限らない。日本人は日本文化の幾つかの特徴を最大公約数的に共有するかもしれないし，政治，教育，社会制度などが共通していることが，国民の文化環境をある程度まで均等化しているかもしれない。しかし，それでも人々の生活文化環境全般には個人差が大きく，その個人差はさらに広がり続けている。個人内でも，年齢，ジェンダー，教育，移住，職業などによる文化環境の変動の幅が大きくなり，かつ選択の余地が増し，個人の文化環境全体の流動性が著し

く高まっている。

　さらに，交通，通信，出版などが世界的に盛んになるにつれ，文化の変動が加速され，かつその脱地域化，流動化，重層化が顕著になった。情報環境だけを考えても，広い範囲の人々と接触が可能だし，印刷媒体，放送媒体の豊富さ，多様さ，加えてインターネットなどによる多様な情報や文化刺激など，現代人の情報環境は，半世紀前には想像できなかったほど広く豊富であり，かつ選択の余地が大きい。前節で，イリッチの青空市場的学校がインターネットの発達でもはや夢ではなくなったと述べたが，学校のみならず社会生活全般で，情報の流動はほとんど遮るものなしの状態となりつつある。人々はその生育の過程で，現実またはヴァーチャルの様々な文化圏に身を置き，かなり選択的にそれを取り入れながら育つのが当然のことになるであろう。人がどういう文化環境に住んでいるかは，居住する国や地域，あるいは階層や性別や職業によってもごく蓋然的にしか判断することはできない。その意味で，人は既成の文化圏の中に生まれ育つのではなく，自分の周りに選択的に様々な文化圏の影響を集め，独自の配合を持った文化圏を紡ぎ出しながら育つのだとも言える。

個人化とグローバル化

　一人ひとりが自分の周りに綴り出し紡ぎ出す文化環境を，個人文化と呼んでみよう。個人文化は，もちろん他の個人文化や集団文化からその材料を取り入れるし，絶えずそれらと相互作用するが，独自の組成と内部力学を持つミクロ文化圏である。人の発達は，知能や人格ばかりでなく，その人がどういう文化圏を自分の周りに紡ぎ出しているかをも考慮して考えられなければならないことになるのではないだろうか。

　個人文化という考え方は，文化圏を地理的な境界からも，その他の社会的な境界からも解き放すという意味で，逆説的に聞こえるが，文化圏のグローバル化と表裏一体をなす。個人文化の時代は，またグローバル文化の時代でもある。

　文化の個人化・グローバル化を考える時，これからの時代に育つ子どもや若者が，どういう文化刺激に接しながら育っていくのかということを考えざるを得ない。情報の流動が緩やかだった時代は，文化は，生活文化にしても，知識にしても，芸術や思想にしても，時間や人のふるいを通って保持されていた。

小さな絵本1冊でも，出版され文化媒体として働くまでには，著者，査読者，出版者，販売者などのそれぞれの観点からの検討のふるいを通る。ところが情報の流動が急激になると，熟成を経ない情報がそのまま世に出る。現在のインターネット網には，ツイッターの不用意な一言でもそのまま流れ，時には大きな風評被害をも生じる。人類のよりよい発達のために，育っていく人々の文化環境をどう整えるかが，重要な課題となる。だが，排除や統制などの権力的な文化介入の不毛は，近い過去の歴史が教えている。そうではなくて，前向きにこれからの世界，これからの社会をよりよいものにしていく力を育てる文化を考え，つくっていく努力の集積に期待したい。その一歩一歩は必ずしも大きな変革ではないかもしれない。たとえば「人権」というのは1つの概念に過ぎないかもしれない。しかし人権の概念を持つ世界と持たない世界とでは，異なった社会が育つであろう。

　文化をどう方向づけるかは，これからの世界がどうなっていくのか，どのような世界になってほしいのかということと切り離せない。人類の破壊的な能力がかつてない規模に拡大した今日，世界的な平和と連帯が切実に必要となっている。文化を，どう意味づけ，方向づけていくかは，これからの心の発達支援や教育の大きな課題である。大きな文化圏の研究と，個人文化の研究と，その中での人や社会の発達の研究とを総合して人類の問題に取り組むところに，文化発達心理学の役割があると考える。

引用文献

東洋（1994）．日本人のしつけと教育――発達の日米比較にもとづいて　東京大学出版会

Azuma, H. (2001). Moral scripts: A U.S.＝Japan comparison. In H. Simizu & R. A. LeVine (Eds.), *Japanese frames of mind*. Cambridge University Press. pp. 29-50.

東洋・柏木恵子・ヘス，R. D.（1981）．母親の態度・行動と子どもの知的発達――日米比較研究　東京大学出版会

東洋・唐沢真弓（1989）．道徳的判断過程についての比較文化的研究――逐次明確化方略による試み　発達研究，**5**, 185-190.

東洋・唐沢真弓（1991）．道徳的判断過程における認知的枠組みの比較文化的研究　発達研究，**7**, 65-72.

Bronfenbrenner, U. (1979). *The ecology of human development*. Harvard University Press.

Bruner, J. S. (1990). *Acts of meaning.* Harvard University Press.
Cole, M. (1996). *Cultural psychology: A once and future discipline.* Harvard University Press.（天野清（訳）（2002）．文化心理学——発達・認知・活動への文化—歴史的アプローチ　新曜社）
藤永保・斎賀久敬・春日喬・内田伸子（1987）．人間発達と初期環境（改訂版）　有斐閣
Gesell, A. L., & Thompson, H. (1934). *Infant behavior: Its genesis and growth.* McGraw-Hill.（新井清三郎（訳）（1982）．小児の発達と行動　福村出版）
波多野誼余夫・高橋惠子（1997）．文化心理学入門　岩波書店
Illich, I. D. (1971). *Deschooling society.* Harper & Row.（東洋・小沢修三（訳）（1977）．脱学校の社会　東京創元社）
唐沢真弓・東洋（1989）．道徳的判断過程についての発達的研究——逐次明確化方略による試み2　発達研究, **5**, 191-204.
唐沢真弓・東洋（1990）．道徳的判断過程の発達的比較文化的研究——逐次明確化方略による試み3　発達研究, **6**, 63-69.
Kim, U., & Hakhoe, H. S. (Eds.) (1994). *Individualism and collectivism: Theory, method and applications.* Sage.
Kroeber, A., & Kluckhohn, C. (1952). *Culture: A critical review of concepts and definitions.* Meridian Books.
Markus, H. R., & Kitayama, S. (1991). Culture and self: Implications for cognition, emotion, and motivation. *Psychological Review,* **98**, 224-253.
Mukaida, K., Azuma, H., Crane, L. S., & Crystal, D. S. (2010). Cultural scripts in narratives about future life: Comparisons among Japanese, Chinese and American students. パーソナリティ研究, **19**(2), 107-121.
中野善達（1981）．野生児　梅津八三・相良守次・宮城音弥・依田新（監修）心理学事典　平凡社　pp. 793-794.
Piaget, J. (1947). *La psychologie de l'intelligence.* A. Colin.（波多野完治・滝沢武久（訳）（1960/1998）．知能の心理学　新装版　みすず書房）
Shweder, R. (1990). Cultural psychology: What is it? In J. W. Stigler, R. A. Shweder, & G. Herdt (Eds.), *Cultural theory: Essays on mind, self, and emotion.* Cambridge University Press. pp. 1-46.
高野陽太郎（2008）．「集団主義」という錯覚——日本人論の思い違いとその由来　新曜社
塘利枝子（1995）．日英の教科書に見る家族——子どもの社会化過程としての教科書　発達心理学研究, **6**, 1-18.
Tylor, E. B. (1871/2007). *Primitive culture: Researches into the development of mythology, philosophy, religion, art, and custom.* Kessinger.
梅本堯夫（1981）．記憶　梅津八三・相良守次・宮城音弥・依田新（監修）心理学事典　平凡社　p. 133.
ヴィゴツキー, L. S.　柴田義松（訳）（2001）．思考と言語　新読書社

BOX3 ロボティクス

浅田 稔

　発達に関連するロボットの研究分野は認知発達ロボティクス（Cognitive Develop-mental Robotics: CDR）である。CDR は，人間の運動や認知の能力がいかにして発達するかのミステリーを，ロボットの設計・製作・作動を通じて解き明かそうとする研究分野である。そのため，乳児の発達過程のモデル化が重要である。図はそのような試みの例を示している。発達には大きく 2 つの様相が考えられる。

　最初に個体ベースの認知発達，後に個体間の相互作用による社会性の発達で，脳科学・神経科学（内部メカニズム）や認知科学・発達心理学（行動観察）がそれぞれに関係する。これらは本来，シームレスであるが，理解の対象の表象レベルに大きなギャップがある。CDR は，その溝を埋めるだけでなく，新たな科学分野の創出を狙う。

　ヒトの脳脊髄系の概要と大まかな機能構成は，進化を反映した階層構造となっており，この構造が個体としての時間的発展（発達）にも適用可能と考える。図の中央に，これに対応する機能的流れとしての反射，感覚運動，知覚，随意運動（自発的な運動），高次認知（認識，推論，計画，他者の意図推定など）を示している。この流れに沿って，胎児期の感覚運動写像から始まって，新生児，乳幼児期のはいはいや歩行などの動的な運動写像，抱っこによる養育者との物理的接触，身体や運動の表象と空間知覚，さらには，養育者の様々な働きかけによる社会性行動の創発からコミュニケーション発達へと連なる（随伴性による共同注意，相互模倣による音声模倣，無意味に子どものまねをしてしまう直感的親行動による共感発達など）。胎児シミュレーションの例では，胎児期の感覚運動写像の可能性が示唆され，出生後の学習，発達の基礎を与えると考えられる。このように，ロボットを用いた構成的手法により，乳児の認知発達の理解が深まると同時に，その計算モデルがロボットの設計論に繋がると期待される。詳細は，文献（Asada *et al.*, 2009；浅田，2010）やウェブサイト〈http://jeap.jp〉などを参照されたい。

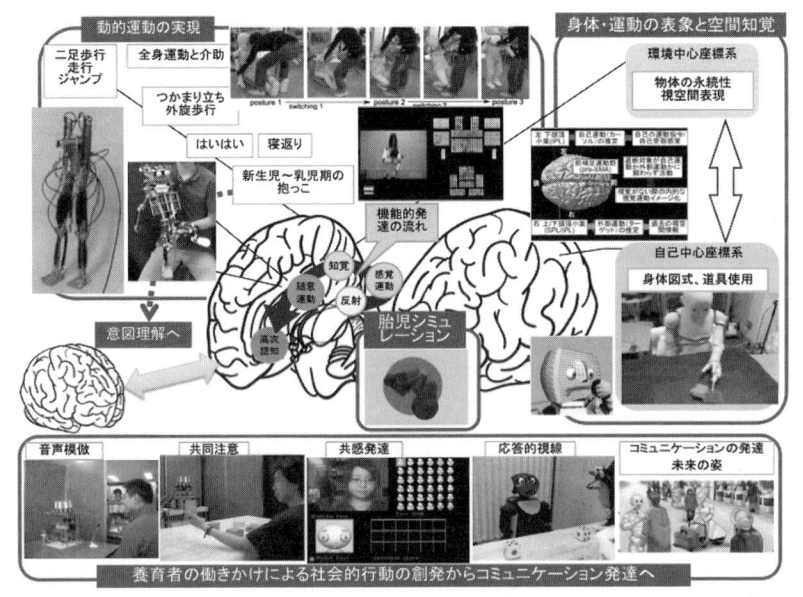

図　共創知能システムプロジェクトによる認知発達モデル（詳細は〈http://jeap.jp〉参照）

引用文献

Asada, M., Hosoda, K., Kuniyoshi, Y., Ishiguro, H., Inui, T., Yoshikawa, Y., Ogino, M., & Yoshida, C. (2009). Cognitive developmental robotics: A survey. *IEEE Transactions on Autonomous Mental Development,* **1**, 12-34.

浅田稔（2010）．ロボットという思想——脳と知能の謎に挑む　日本放送出版協会

BOX4 社会脳

藤井直敬

　脳は社会や環境と隔離された状態では存在しない。そのため脳を本質的に理解しようとするなら，社会の中に組み込まれた脳を前提として脳機能を考えることが重要と言える（Adolphs, 2001；藤井，2009）。

　しかし，これまでの脳研究のほとんどが，他者や社会と脳のつながりを切り捨てることで進められてきたため，社会や環境との関係性に基づく脳機能，つまり社会的脳機能をうまく取り扱うことができなかった。そのやり方は，莫大な情報量を持つ多次元の現実環境から研究対象を隔離し，非可逆に次元圧縮された人工的な低次元実験環境で操作を行うことと言い換えることができる。当然ながら非可逆に圧縮された環境情報は，後から取り戻すことはできない。そのため，ある環境条件で，ある知見が得られたとしても，異なる条件下でもその知見が有効かどうかの検証は本質的に不可能である。

　多次元の現実空間の特徴は予測困難性であり，自分自身と他者も環境の一部であるという自他言及性である。予測困難性は私たちの将来の行動選択を難しくするし，自他言及性は脳機能のリファレンス（基準点）をどこに置くのかという困難を引き起こす。社会脳はこのような2つの困難に対し，適応的に立ち向かうための脳機能と言われる。したがって，社会脳研究はそのような特徴を保持した多次元実験環境で行う必要がある。

　一方，環境条件の圧縮と同様に，脳機能計測についても次元圧縮型の研究が行われてきた。脳内情報で圧縮されたのは，時間であり，ネットワークの階層である。時間を圧縮するとは，複数回の平均によって機能を明らかにすることであり，ネットワーク階層の圧縮とは，きわめて限られた領域の脳活動のみを観察対象とし，ネットワーク全体を見るという視点を保留している点を指す。すなわち，ここでも2種類の次元が大幅に圧縮され，二度と取り戻すことのできない低次元神経ネットワーク空間での研究が行われてきた。

　脳研究は果たしてこれでよいのだろうか。低次元実験環境における低次元神経ネットワーク記述を通じて私たちが理解できるのは，あくまで脳の，そして

世界の一部に過ぎない。次元圧縮の罠を克服し，世界に向き合わなければならない時期が来ているのではないか。

　社会脳研究は，そういう意味において根本的な発想の転換を私たちに求める。これからの脳研究は，多次元データを可能な限り集め，多層ネットワーク的視点から神経メカニズムを明らかにする方向へ向かうべきである。そのような多次元生体情報記録による大規模データを自在に記録し解析する手法が，次元圧縮の罠を克服し，次世代脳科学を切り拓く鍵になるに違いない。

引用文献

Adolphs R. (2001). The neurobiology of social cognition. *Current Opinion in Neurobiology,* **11**(2), 231-239.
藤井直敬（2009）．つながる脳　NTT出版

BOX5 ダイナミックシステムズ・アプローチ

河合優年

　これまでの，感覚運動発達に関するモデルは基本的には感覚運動機能を構成する要素間の協応を前提として展開されていた。ゲゼルは，変化の機構を観察不可能なブラックボックスの中に入れているものの，諸要素の相互作用を時間軸の中でとらえようとしていた。また，ピアジェは，発達の過程を初期の反射の統合体として，同化と調節の過程を経ての均衡状態への移行とし，機構の解明を図った。変化の機構を遺伝とするか環境とするかは別として，両者に共通する「部分と部分」「部分と全体」という文脈での，統合された安定した機能系への力動的な変化という考え方は，感覚運動発達の本質を示している。

　「部分が全体と，全体が部分とかかわる」という考え方は，感覚運動発達研究の中に暗黙の内に含まれているテーゼであるが，それを実際の研究レベルで示すことはきわめて困難なことである。ダイナミックシステムズ・アプローチは，行動の出現機構をこのような諸要素の統合された力動的な関係性から理論化しようとするものである。理論として認知され始めたのは最近で，ミラー（Miller, 2011）がようやくミニセオリーとして一項を与えている。

　ダイナミックシステムズ・アプローチでは，顕現しているある行動は，その行動を構成する諸要素やその行動が生起している場面を取り巻く様々な環境要因との複雑な相互作用の結果として組織化されたものとしてとらえる。したがって，リアルタイムでの変化にしろ時間的に長いスパンで生じる発達的変化にしろ，新しい行動状態が出現（創発）するのは，システム内のある要素が想定されたエネルギー値を越えてしまうか，要素の消長が生じることにより，要素間の関係が変化した結果であると考える。ただ，このようなシステムの変化に寄与する要因は限られており，システム全体の変化にとって鍵となる特定の要素，コントロール・パラメータが存在していると考えられている。この要素の値が連続的に変化することにより，システム全体が新しい質的に異なる組織として非連続的に変化してしまうという考え方は，分岐として記述されたりする。

　このモデルの要点を整理してみると，①少なくとも筋・骨格や神経系や感覚

系の一部などのサブシステムは生まれた時点で準備されている。②ある機能は幾つかの構成要素の集まりであり，それらの構成要素は相互に協応しバランスを保つようなシステムとして存在している。③任意の状態にあるシステムは，特定の構成要素のエネルギー変化や新しい要素の出現および消失によって質的に異なる新たな状態に変化する。④新たなシステムへの変化の前には不安定な移行前状態が存在する。⑤変化に対して最も影響力を持つ要素，コントロールパラメータがあり，それがシステム全体の変化のタイミングを規定している。⑥システムはさらに上位のシステムのサブシステムになりうる，ということになる。

　近年では，ダイナミックシステムズ・アプローチは，メタファーであるとする考え方に対して，実験的な理論検証が進められている。

引用文献
Miller, P. H. (2011). *Theories of developmental psychology*. 5th ed. Worth Publishers.

参考文献
岡林春雄（編著）（2008）．心理学におけるダイナミカルシステム理論　金子書房
Fogel., A., King, B. J., & Shanker, S. G. (Eds.) (2008). *Human development in the twenty-first century: Visionary ideas from systems scientists*. Cambridge University Press.

III

発達科学の研究法

　IIIでは，人間の生涯にわたる多面的，多水準の変化を総合的，統合的に理解しようとする発達科学では，研究デザインにどのような配慮が必要であるかを，心理統計学的な視点から具体的に提案する。

　III-1「**発達科学研究のデザイン**」では，まず，研究をデザインする上で考慮するべきこと，そして，なぜデザインを考えることが重要かを論じる。研究のテーマを見つけ，問題を絞る上で参考になるであろう。続いて，変数中心アプローチと個人中心アプローチ，量的方法と質的方法，横断研究と縦断研究などの，従来の対比の枠を用いながら，それぞれのデザインの特徴を検討する。そして，実際の研究ではこれらの方法が，積極的にあるいは必然的に混合されているという点にも言及する。

　III-2「**発達科学の心理統計**」では，まず，アメリカ心理学会（APA）が少なくとも傘下の投稿論文には必須条件であるとしている統計的処理（有意性の検定の問題——効果量と信頼区間，サンプル・サイズの考え方，欠損値の処理について）を紹介する。単なる有意性の検定だけでは，心理統計が成立し得ない時代が来ていることがわかるであろう。これは日本の心理統計学の教育に変革が必要であることを示唆してもいる。さらに，発達科学研究において注目するべき心理統計上のデザイン（対比分析，階層線形モデル，構造方程式モデル，項目反応理論）を紹介するが，いずれも統計ソフトウェアが開発されているので，利用すればよいものである。ここでは，研究のデザインには統計的処理が含まれるべきであることを説いているのである。

　BOX6では，発達科学研究において重要性を増している**脳活動記録手法**を紹介する。
　BOX7では，研究の前提となる**研究者の倫理**についてまとめる。

III 発達科学の研究法

1 発達科学研究のデザイン

小松孝至・山田剛史

1-1 研究法とその前提

研究法の前提を考えることの重要性

　読者にとって，発達科学研究の「研究法」「デザイン」とはどのようなものだろうか。研究を計画したり，論文を読んだり書いたりする際，データ収集法や分析手法について，その前提から考えてみることがどの程度あるだろうか。研究方法がそれぞれ人間観や発達観（ものの見方），研究の問いの立て方に関する前提をもとに成り立っていること，言い換えれば方法を相対化する考え方が意識されることは，そう多くないのではないだろうか。たとえば，公刊される研究は，その多くが先行研究の方法を踏襲して実施されているし，大学では，指導教員の用いる（勧める）方法にしたがって研究が進められることが多いだろう。研究方法の前提を問うことは，むしろ「余計なこと」「そんなことをいちいち考えていたら研究はできない」などと否定されるかもしれない。

　しかし，発達科学研究を理解するにあたって，このような問いは重要な視点の1つとなる。発達に関する認識論とそれが方法論に対して持つ示唆を論じたヴァルシナー（Valsiner, 2006）は，図III-1-1を使って，科学的な知見のためにある現象を研究するための「正しい方法」を考えるには，主観的な判断（好み）や，「どうしたらその論文がパブリッシュされるか」ではなく，前提となる公理系や理論，方法と研究対象をつなぐ，図中の「縦の一貫性」を重視する必要性があることを指摘している。つまり，研究対象となる現象について，研究者が追求する側面を明らかにし得る方法が存在し（現象Aと方法A1，A2，A3との一貫性），さらにその方法は，特定の理論を基礎として成り立ってい

```
公理系 A  ←----→  公理系 B
  ↕               ↕
 理論 A  ←----→   理論 B
  ↕               ↕
方法 A1, A2, A3 ←----→ 方法 B1, B2, B3
  ↕               ↕
 現象 A  ←----→   現象 B
```

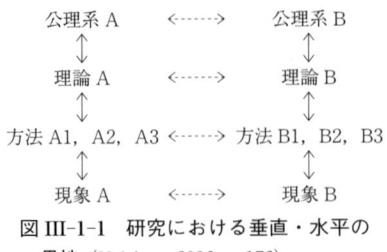

図 III-1-1　研究における垂直・水平の一貫性（Valsiner, 2006, p. 176）

る（方法と理論 A との一貫性）。そして，その理論は，より基礎的な公理系に依拠しているのである。ヴァルシナーは，このことを軽視して，安易に理論間の優劣を争ったり，異なる背景を持つ方法による結果の関連からある方法の妥当性を論じたりすること（「横の一貫性」を取ろうとする研究）に警鐘を鳴らしている。

　このような考えをもとにすると，既存の方法論を無批判に受け入れることはもちろん，「質的」「量的」「実験」「調査」といったカテゴリーを基準として，どれがよい方法かを問うことは，必ずしも適切な問いではない。むしろ，研究者が，自身の構築していく（あるいは依拠していく）理論と方法のつながりを意識し，考察していくことが求められる。

　本章では，研究法と発達科学の諸理論とのつながりまで十分に論じることはできないが，この縦の一貫性に目を向けながら整理を試みたい。まずは，研究法がその対象のとらえ方に関する前提をともなっていることを述べる（III-1-1）。そして，質的方法（III-1-2），量的方法（III-1-3〜III-1-4）に大別しながら，その基本的な考え方と広がりを説明し，それぞれの方法が研究対象をどのようにとらえようとするのかを示す。最後に，様々な研究法の統合や連携において，この「前提」を理解し，問い直すことが重要になることを述べる（III-1-5）。

研究対象のとらえ方と研究法――「個人（person）」への観点を中心にして

　さて，個別の研究法を考える前に，発達科学研究における対象のとらえ方について考えてみたい。発達心理学について，その基礎となる哲学，そこで用いられる諸概念と方法の観点から論じたオヴァートン（Overton, 2006）は，現在の発達研究の中で，生物学的な観点からの研究（例：脳科学研究）や社会文化的観点からの研究（例：ディスコース（discourse）研究）（III-1-2 も参照）が細分化し進展する一方，両者が分離しつつあることを指摘している。

　こうした細分化された研究の進展は，知見の蓄積をもたらす一方で，その研究対象に対する統合的な理解を難しくする。オヴァートンは，これに対し，上

記の2つの観点に加えて，身体を持つ能動的な行為者としての「個人（person）」をとらえる観点を強調している。そして，個人それぞれの身体とその「生きられた経験（lived experience）」，具体的には「認知（知ること）」「意識の傾向（希望すること）」「情動（感じ取られるもの）」などを重視しながら，様々な研究を統合していくことを提案している。すでに述べたように，研究にあたって，既存の研究との関連が意識されることは多いが，それだけでなく，自分が得た知見がいわば「1人の人間」を理解するためにどのように役立ち得るかを考えることで，その知見は異なる観点からの様々な研究と結びつけられ，発達科学研究を深めるものとなるのである。

一方，この「個人」は，変数（variable）と対比される概念でもあり，オヴァートンは個人中心のアプローチ（person-centered approach）と変数中心のアプローチ（variable approach）の対比も示している。変数中心のアプローチで重視されるのは，変数間の相関関係や予測的関係の記述・分析であり，個人の経験が探究対象の中心になることはない。現在の多くの研究は変数中心のアプローチの志向性を持つが，オヴァートンはこれに対しても，個人の経験を重視するアプローチが相補的な重要性を持つと述べている。

さて，私たちが研究対象を具体的なデータとして表現する時には，言語（例：面接が書き起こされたもの，観察されたエピソードの記述）や，数値（例：質問紙の評定結果，記憶されていた語数，測定された反応時間）などを用いることになる。研究の対象となる現象は，この段階で，いわば「生の」ものから何らかの媒体で表現されたものへ変換されることになるが，この様々な「表現」の方法と，前述した研究の視点はどのように関連づけられるだろうか。

たとえば，変数中心のアプローチは，その名称からも数量的方法との密接な関連が予想できる。しかし，研究の視点がデータの表現手法を自動的に決定するわけではなく，個人に焦点をあてた研究アプローチは，数量的手法においても模索されている（Bergman & Andersson, 2010；III-1-3も参照）。一方，個人の経験をより詳細・個別に探究する志向性のある質的方法にも，後述するような様々な広がりがあり，変数中心＝量的方法，個人中心＝質的方法という単純な図式とはならないのである。むしろ，これらの表現法が，どのような前提をともなっているのかを理解した上で，それぞれの研究における対象のとらえ方と，

いわば「すり合わせて」いくことが必要と言える。

研究法の前提に関する量的方法と質的方法の対比

まずは，発達科学研究で用いられることの多い量的方法の前提から考えてみたい。端的に言えば，量的な手法では，対象となる現象が（個人差はあるとしても）多くの個人に共通に存在し，測定され得ることを前提としている。たとえば，主観的な感覚を尺度を用いて評定したり，ある行動について頻度を計数したりする場合，この前提があるからこそ，複数の対象から量的なデータを得て，その平均や分布などが記述できる。また，場合によってはこれらのデータに，より高度な統計的分析を適用することも可能である。つまり，測定される体験や行動について，（複数の）次元に即して，言い換えれば「数直線上に並べる」形式で安定して記述でき，それが多くの人間に適用可能であることが前提となっている。多くの量的方法は，このことと母集団からのランダムサンプリングを前提として，結果が研究対象以外へと一般化される。

こうした前提は，統計的な諸分析と母集団への一般化を可能にする半面，個人が体験する現実の複雑性・多様性をいわば「切り捨てる」ことでもある。私たちの体験が，質問紙の項目だけでは表現しきれない，ということはある程度想像がつくと思われるが，理論的に見ても，たとえばランダムサンプリングにおいて想定される母集団は，単なる「変数の値の集合」であり，オヴァートンが個人中心のアプローチで述べたような，様々な経験を持つ主体としての個人の集合ではない。また，量的データの尺度水準が上がると（名義尺度から順序尺度，間隔尺度から比尺度へ），より複雑な統計的分析が可能になるが，逆に，こうした水準の高い指標で現象をとらえようとすることで，複雑な現象が失われることもある（Valsiner, 2006）。言い換えれば，一般的な方法として受け入れられている量的な方法論は，現実の見方を一定の方法で制約することで成り立っているのである。

こうした前提を持つ数量的手法を用いても，たとえば個人が様々な指標で示す結果をプロフィールとして総合することで，より個別性を重視してその経験に迫ることはできると考えられる（Bergman & Andersson, 2010）。しかし，この場合でも，数量的な表現は，多くの個人に共通する「次元」の存在を前提にし

ている。これに対して，ある出来事での体験を面接で物語られた内容から分析する，ある行動を観察されたエピソードとして記述する，といった質的データによる研究は，対象とする現象が，多くの個人に共通してある次元で記述されるという前提を必ずしも持たず，それに基づく多くの他者との対比や一般化ができない一方で，（その前提に制約されることなく）個別の体験・行動を，より個別性をともなって扱い得る特徴を持っている。そして，分析の中で，結果に基づいて必要となるデータ収集の対象を加えていく，いわゆる理論的サンプリング（Strauss & Corbin, 1998）によって，あるいは，個人を取り巻く様々な環境／状況要因や個人史の詳細な記述をもとに，得られた知見の「一般性」を考えることになる（渡邊, 2007）。では，質的方法は個人の経験を重視しつつ，心理現象をより「正確に」記述し得る手法なのだろうか。この点については，「社会文化」への視点も含めて，もう少し考えを深める必要がある。

1-2　質的方法の基本的な考え方と広がり

質的方法と「認識論的立場」

前節で紹介したオヴァートン（Overton, 2006）の議論においては，「個人中心」の観点と同時に「生物学的」「社会文化的」観点が挙げられている。質的方法は，たしかに個人中心の視点から私たちの心理現象を描き出す際に力を発揮し得る。しかし，その心理現象をどのようなものとして考えるかという前提において一枚岩ではない。質的方法はオヴァートンのいう社会文化的観点へも広がりを持ち，個人中心のアプローチとは異なるものにもなり得るのである。

この社会文化的観点においては，社会とのかかわりの中で行為する存在として個人をとらえることになる。そして，この考え方をつきつめていくと，私たちが心理的経験として考えている現象は，個別に人間の内に存在するものではなく，むしろ社会的な相互作用の中で初めて具体化するものとしてとらえるべきという考え方となる。これは，「社会構成主義」あるいは「社会的構築主義」などと呼ばれる考え方に近い。

この，現象をどのようなものとしてとらえるかという，いわゆる認識論的な立場については，素朴実在論の立場とラディカル相対主義の立場を両極とする

次元を用いて，様々な質的方法の立場を分類することが可能である（Willig, 2001）。実在論とは，心理現象（情動，認知過程，信念など）はたとえ目には見えなくとも実在し，私たちがそれをある程度は認識，記述できると考える立場である。多くの量的方法も基本的にはこの立場に拠っている。これと対立的な立場を取るのがラディカル相対主義である。ラディカル相対主義は，社会構成主義の考え方と関連が深く，心理現象などの概念は，文化的に共有されたディスコース（ディスコースの概念は幅広く，日本語ではいくつかの語が対応するが，このような場合「言説」とされることが多い）などによって，相互作用実践の中で，あるいはある種の権力関係の中でつくり上げられた1つの「見方」，あるいは「読み」に過ぎない，と考える。

次に，質的研究法の中でしばしば着目される，物語（narrative）の概念を取り上げながら，このような認識論的立場に着目した際の質的方法の広がりについて考えてみよう。

質的方法の広がり——物語に焦点をあてて

物語の定義は様々で，それはここで述べる研究によっても異なるが，たとえば，最もシンプルなものであるラボフとワレツキー（Labov & Waletzky, 1967）の定義は「少なくとも1つの時間的な接続を含んで複数の節（clause）が連続したもの」(p. 28)である。つまり，本や映画などのメディア経由で接するそれだけでなく，時系列，あるいは因果などで事象同士を結びつけるごく簡単な発話も物語たり得る。ここでは，「筋をつくって表現すること，表現されたもの」を物語の定義としたい。

さて，この物語は，量的方法によってとらえられる現象でもある。たとえば，幼児期の子どもの物語をめぐってなされた多くの研究では，子どもが母親などとともに自分の経験について物語った内容が細分化・断片化されてカテゴライズされ，そこに含まれる情報などを量的に分析することが多い。つまり，個別の経験に迫るために分析されるのではなく，複数の子どもの間で共通のカテゴリー・量的指標によってまとめ上げられるのである。この考え方の認識論的立場は実在論的であり，多くの子どもに共通する，ある種の内的な実体，具体的には自伝的記憶（Nelson & Fivush, 2004）などとして物語られた内容をとらえて

いることになる。

　質的方法の中でも，実在論バージョンのグラウンデッドセオリー（grounded theory）は，量的方法に近い実在論的な考え方でデータをとらえる傾向を持つ。協力者が物語った内容を含めて，得られたデータの分析から導き出されるカテゴリーや理論は，分析を通して「発見」されるものと考えられており，それに対する研究者の創造的役割は軽視される傾向がある（Willig, 2001/2003, p. 59）。言い換えれば，語りを含むデータは，分析の結果見出される何らかの本質的なカテゴリーや理論を反映したものと考えられている。もっとも，このことは，グラウンデッドセオリーがそもそも社会的プロセスを対象としているため，心理学的な経験の質の分析に適していないという指摘（Willig, 2001/2003, p. 63）とあわせて考える必要があるだろう。

　一方，いわゆる「ライフストーリー研究」においては，たとえば語り手の人生や語り手にとって重要な出来事について物語られる内容は，「客観的」な「事実」ではなく，個人にとってのそのことの意味をめぐって，相互作用の中で生成されるものとして扱われる（やまだ，2000）。そして，分析においても，物語られた表現自体が引用されながら議論がなされる。量的なデータが示されることもあるが，あくまで補足的なデータである。多くの対象者に共通に測定できる能力や特性といった概念を用いずに，むしろ個別性の高い主観的な体験を探求する点で，こうした物語へのアプローチは，個人中心の見方と結びつき，心理現象を詳細に知る手段となり得る。

　ただし，こうしたアプローチの認識論上の立ち位置には必ずしも明確に定まらない部分もある。たとえば，一回きりの面接で語られた物語を，それまでの日常的な実践を通して，研究参加者がつくり上げてきたもの，つまり，面接に先行して存在していたものとして考えていいのか，あるいは，その場で初めて構成されたものとして見るべきなのかという点である（遠藤，2006）。この点について，その一回性をよりラディカルにとらえ，物語をその場の相互作用に基づく「行為」としての側面から考えることもできる。たとえばポッターら（Potter & Wetherell, 1987）による言説分析のアプローチ（言説心理学：discursive psychology とも呼ばれる）では，面接などの中で，対象となっている出来事や事柄が異なる「ヴァージョン」で構成され，時には大きく異なる立場の

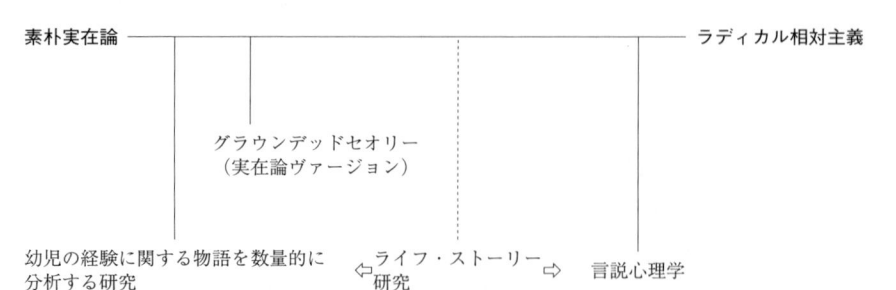

```
素朴実在論 ―――――――――――――――――――――――― ラディカル相対主義
                   │                       │
              グラウンデッドセオリー            │
              （実在論ヴァージョン）           │
                   │                       │
幼児の経験に関する物語を数量的に  ⇐ ライフ・ストーリー ⇒  言説心理学
分析する研究                      研究
```

図 III-1-2 「物語」に対する諸研究の認識論的位置

間で変化するという。彼らは，論議を呼んでいたポリネシアからニュージーランドへの移民に関する面接データにおいて，1人の研究参加者が，1回の面接の中で移民について異なる「態度」を表明する様子などからこの点を論じた。

　私たちも，社会の中で論議を呼んでいる問題などについて，（質問紙調査なら特定の答えを選択するとしても）会話の中で文脈に合わせて異なる意見を述べること，さらに，自分自身の経験について，やはり会話の流れや相手の語りとの関連の中で異なる形で物語ることがある。つまり，「内面」に安定して存在する私たちの「経験」「意見」が表出される（物語られる）のではなく，むしろ文脈に即して，かなり異なるものとして現れるのが本来のあり方であると解釈することもできる。これは前述のラディカル相対主義寄りの考え方である。

　このように，（以上の諸研究が対象とする年齢層や内容はずいぶん異なるとは言え）物語と呼ばれるものは，それを研究者がどのような前提で，いかに意味づけるかによって，見え方が大きく異なる。質的研究としてくくられる研究の中でも，こうした点について大きなちがいがあることに留意すべきなのである。このちがいは，前述のウィリィッグ（Willig, 2001）の考え方に即して図 III-1-2 のように図示できるように思われる。幼児期の物語の数量的分析や，実在論バージョンのグラウンデッドセオリーが素朴実在論の考え方に近いのに対し，言説心理学のアプローチはより相対主義的である。そして，人生やその中での出来事に関するライフ・ストーリー研究は，研究によってもその位置がかなり異なる（あるいは不明確な場合もある）と考えることができる。

　一方，量的な研究方法に関しては，その内部での認識論的立場のちがいが問題となることは少ない。その半面，データを収集するための研究デザインは多

岐にわたっている。そうした量的研究の広がりについて，次に見ていこう。

1-3　量的研究の広がり

横断研究・縦断研究・コホート研究

　発達科学研究の基本的な枠組みは，年齢や月齢，学年などの時間を表す変数を独立変数とし，何らかの発達的変数を従属変数として，両者の関係，言い換えれば後者の発達的変化を検討するというものである。そこでまず，その基本的な枠組みにおいて用いられる，研究デザインのヴァリエーションを紹介しておく。

(1)　横断研究と縦断研究　異なる年齢集団（たとえば，小学校1〜6年生）を対象に，同時期に調査を行うのが横断研究である。集団の比較を通して，発達的変化を調べようとする方法である。それに対して，ある集団について時間経過に沿って繰り返し調査を行うのが縦断研究である。同一集団がどのように発達し変化したかをとらえることができる。

　日本における研究の現状の一端として，2006年から2010年にかけて刊行された『発達心理学研究』を見てみると，2006年は横断研究9件・縦断研究6件，2007年は横断研究11件・縦断研究3件，2008年は横断研究11件・縦断研究7件，2009年は横断研究14件・縦断研究5件，2010年は横断研究18件・縦断研究4件，となっていた。なお，横断研究・縦断研究の分類については，①数量的方法を用いたものに限定するかどうか，②研究の主要な目的として発達的変化を検討しているものに限定するかどうか（メインの分析に先立って基礎的な分析として年齢差を検討したようなものを含めるかどうか）などについての考え方により判断が分かれる研究も少なくない。本章では①②を厳密に判断することはせずに幅広くとらえ，分析に縦断研究・横断研究的な側面が見られたものはこれに含めた。また，縦断研究には一事例デザインも含めてある。このように，年度ごとに多少の変動は見られるものの，横断研究に比べて縦断研究は実施例が少ない。三宅・高橋（2009）は，日本の代表的な縦断研究を10編紹介している。このうち2編については，コホート研究の例として，後ほど少し詳しく紹介する。

(2) **コホート研究** 横断研究・縦断研究の他に，両者の特徴をあわせ持つコホート研究もある。これは，異なる年齢集団をいくつか選び，それらの集団に対して複数年の継続調査を行うものである。

たとえば，3学年の差がある2つの集団を継続して調査を行うことで，同じ時期に3学年違う集団の比較ができるし，さらに，それぞれの集団が時間経過とともにどのように発達・変化していくか，集団によってその発達・変化の様相がどのように異なるかといった様々な分析が可能になる。

コールら（Cole et al., 2001）は，児童期から青年期にかけての自己概念の発達を検討するために，2つのコホートを利用している。この研究では年に2回（秋と春）の調査を6年間継続している。コホート1については，第3学年の秋からスタートし，第8学年の春までの12回の調査が行われた。コホート2については，第6学年の秋からスタートし，第11学年の春までの12回の調査が行われた。学年の進行にともない，研究参加者が引っ越しなどでいなくなったり，新しい参加者が加わったりということで，サンプルに変動が生じているが，平均して，各調査回で2つのコホートを合わせて780人のサンプルについて調査が行われている。ただし，このうち12回の調査すべてに参加した者は20.2%に過ぎず，毎年1回以上の調査に参加した者も33.8%にとどまる。この結果からも，欠損のない縦断データを収集する困難さがわかる（欠損値の取り扱いについてはⅢ-2-2参照）。

この他，ジェイコブズら（Jacobs et al., 2002）は，数学・言語・スポーツについてのコンピテンスの発達的変化を検討するために，3つのコホートを利用している。また，氏家（2009）は，中学生を対象とした問題行動の縦断研究において，データを縦断データ，横断データ，コホート・データとして，異なる視点からの分析を行っている興味深い研究である。さらに，三宅ら（2009）によるコホート研究を特筆すべき成果として挙げることができる。この研究は，子どもの成長発達と母子関係をテーマとして，特に，母子相互作用の時間的変容過程を検討することを目的として，1967年から1980年にかけて実施された。

集団へのアプローチと個へのアプローチ

(1) **2つのアプローチの区別** 横断研究にせよ縦断研究にせよ，集団にお

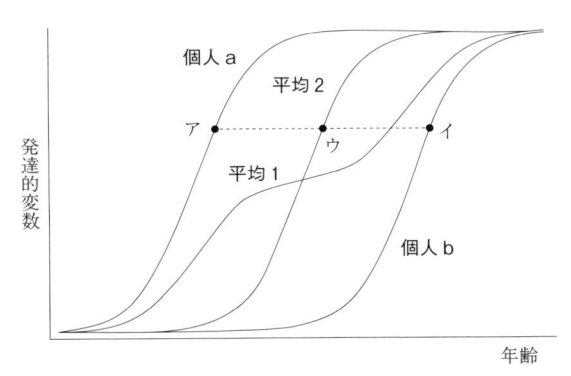

図 III-1-3　個人の発達曲線と二通りの平均発達曲線
(南風原・小松，1999)

ける平均や相関を分析の焦点とするアプローチは，集団へのアプローチと呼ぶことができる。これに対し，「個の成長発達の軌跡」「個への介入の効果」「個における因果プロセス」といったことに注目するのが，個へのアプローチである。量的研究において個へのアプローチを意識することにより，研究デザインの幅を広げ，リサーチ・クエスチョンへのより的確な答えを提供できる可能性がある。

なお，集団へのアプローチと個へのアプローチは，それぞれ III-1-1 で言及した，変数中心のアプローチと個人中心のアプローチという名称で呼ぶこともできるが（Bergman & Andersson, 2010），ここでは個の発達と集団統計量との関係を考察した南風原・小松（1999）に準じて，集団と個を対比させる用語を用いることとし，その上で，これら2つのアプローチを融合する可能性について述べることとする。

以下ではまず，いくつかのテーマを取り上げ，個へのアプローチが集団へのアプローチとどのような違いをもたらすかを見ておこう。

① 個の成長発達の軌跡

　図 III-1-3 には，個人 a と個人 b についての発達曲線と，2通りの平均発達曲線が模式的に描かれている。平均1とあるのは，個人 a と個人 b の同一年齢における変数の値を平均したものである。しかし，この曲線では個人 a，個人 b のどちらの特徴もとらえることができない。これは，集

1　発達科学研究のデザイン

団平均に基づいて個に関する推測を行うことの潜在的な危険性を示す例である。なお，平均2とある曲線は個人aと個人bの発達の特徴の共通点を描き出し，かつ発達の早さに関する平均を示している。この曲線は図中の点アと点イの中間に点ウをプロットするというように，横方向に平均化して得られたものである。

② 個への介入の効果

個への介入の効果を検討するためには，一事例デザイン（single-case research, single-subject research）を用いることができる（e. g., Gast, 2010; Morgan & Morgan, 2008）。一事例デザインでは，単一の研究参加者についての従属変数の反復測定が基本ロジックとなる。介入を行う前の従属変数の測定（これをベースライン期と呼ぶ）と介入時の測定（これを介入期と呼ぶ）とを比較することになる。この比較が実験研究の統制群と実験群の比較に相当する。一事例デザインを用いることで，関心下の単一の研究参加者についての詳細な検討が可能になる。

③ 個における共変関係

「集団における相関関係」とは，「変数xに関して値の異なる個人の間で，変数yの値を比較すること」であり，一方，「個人内の共変関係」とは「同一個人の中で，変数xに関して値の異なる時点の間で変数yの値を比較すること」である（南風原，2005）。

図III-1-4は，3人のダウン症児について，語理解と語産出という2変数の測定を繰り返して得た縦断データである。ある1時点における3人のデータに見られる「集団における相関関係」が，時間経過にともなう「個人内の共変関係」とは違うことがこの図からよくわかる。たとえば，図III-1-4から60か月時点のデータだけを取り出して，3人のデータから，つまり，「集団における相関関係」から，「語理解が5〜9点に発達する時期に語産出は減少し，その後，語理解が12点くらいまで発達する時期に，語産出が急に増える」といった「個人内の共変関係」についての推論をしたら，それはどの個人にもあてはまらないものになってしまう。それにもかかわらず，横断研究で得られる「集団における相関関係」に基づいて「個人内の共変関係」を推論したり，さらには因果関係にまで言及してい

るような研究が少なくないのが現状である。

　なお，因果関係は個人内のプロセスにかかわるものであるが，個人内の共変関係と同じものではない（南風原，2005）。2変数に共変関係が見られたとしても，それだけではどちらが原因でどちらが結果か，あるいは他の変数が共通原因として作用しているのか，わからないからである。

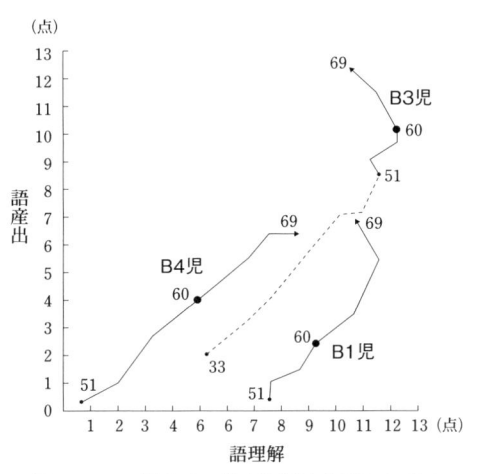

図 III-1-4　個人内の共変関係と集団における相関関係（綿巻他，1996 より，南風原・小松，1999 が作成）
グラフに付した数値は測定時の月齢。

(2) 2つのアプローチの融合

　縦断研究において，集団を構成する個々人の特性とその多様さに注目しつつ，同時に集団としてのまとまり・一般性を考慮に入れると，それは個へのアプローチと集団へのアプローチの両者を兼ね備えたものとなる。このような，2つのアプローチを融合した研究デザインとそのデータ分析の方法が開発されている。その代表的なものが，成長曲線モデル（growth curve analysis：潜在曲線モデル，潜在成長曲線モデルなどとも呼ばれる）である。この方法を用いると，個人を単位として個人内の変化をとらえられるだけでなく，さらに集団としての変化の様相も見ることができる。成長曲線モデルは，構造方程式モデリング（structural equation modeling: SEM），あるいは，階層線形モデル（hierarchical linear models: HLM）の枠組みで分析することができる（分析については，III-2-3 参照）。

　安藤・無藤（2008）は，妊婦を対象に計5回（妊娠中，産後5週，産後3か月，産後6か月，産後1年）の継時的な調査を実施している。抑うつの変化に関する要因を探索的に検討するために，産後5週以降のエジンバラ産後うつ病質問票（Edinburgh Postnatal Depression Scale: EPDS）による抑うつ尺度得点に対して，成長曲線モデルを適用している。

1　発達科学研究のデザイン

図 III-1-5 は，EPDS 得点の推移について成長曲線モデルをあてはめることが適当かを確認するために検討されたモデルである。切片から EPDS 得点へのパスを 1 に固定し，傾きからのパスは，測定時期を月数に換算し，5 週を 0，3 か月を 2，6 か月を 5，1 年を 11 としている（III-2-3 参照）。このモデルの適合はほぼよいと判断され，EPSD 得点 = − .11 × 産後の月数 + 5.61 という予測式が得られた。この予測式は，研究参加者となった妊婦全員の平均的傾向を示すものである（集団へのアプローチ）。成長曲線モデルの強みは，個々の妊婦についても予測式を求めることができる点にある（個へのアプローチ）。

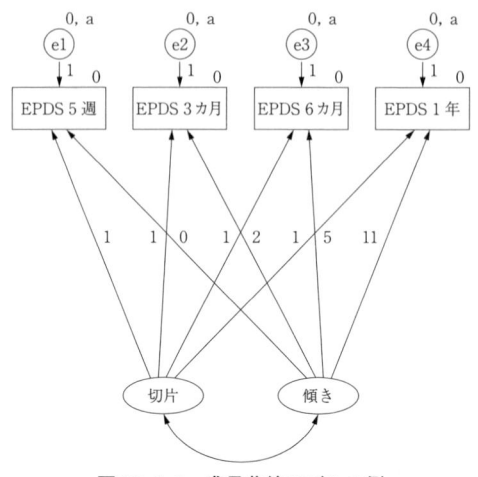

図 III-1-5　成長曲線モデルの例
（安藤・無藤，2008 より作成）

この研究ではさらに，図 III-1-5 の切片と傾きに対して説明変数を導入した成長曲線モデルを用いることで，EPDS 得点の変化に関する要因の検討を行っている。その結果から，愛着が安定していて，自尊感情が高いほど，抑うつから回復する傾向が大きいこと，また，妊娠中の抑うつ得点が高く，産後 3 か月の養育態度や子どもへの感情が否定的であるほど，抑うつが継続する傾向があることを明らかにしている。

安藤・無藤（2008）の例は，成長曲線モデルでも特に 1 次直線をあてはめたものであるが，データに文字通り「曲線」を適合させることも可能である。たとえば，オースら（Orth *et al.*, 2010）では，成人の自尊心（self-esteem）の発達的変化を説明するモデルとして，図 III-1-6 のような 2 次曲線のモデルがデータへの適合が最もよいとしている。全データを用いた予測曲線の式は，自尊心得点 = 2.70 + 2.79 × 測定時期 − 2.36 × 測定時期の 2 乗となり（正確には，測定時期として年齢 × 10-2 を用いている），これより，60 歳頃に自尊心のピークが来ると述べている。

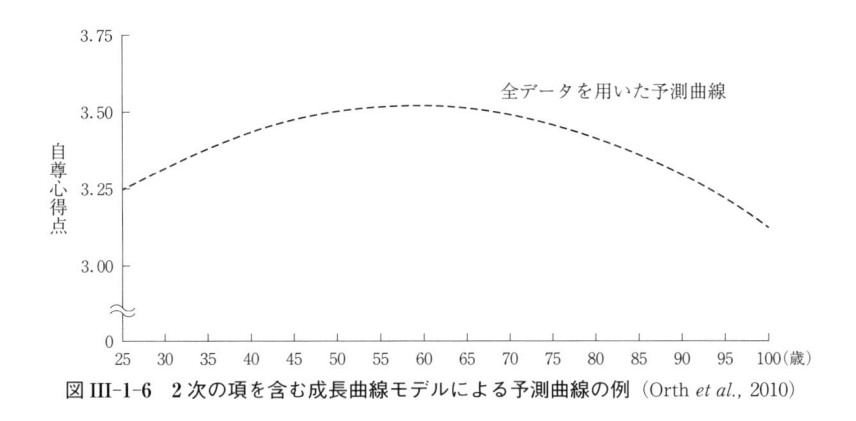

図 III-1-6　2次の項を含む成長曲線モデルによる予測曲線の例（Orth *et al.*, 2010）

1-4　量的研究の妥当性

因果関係と内的妥当性

　発達科学を含む多くの研究領域において，因果関係が関心の的となる。因果というのは，あるものが原因となって変化を引き起こすプロセスであるが，そうした因果関係を明らかにするのは容易なことではない。それにもかかわらず，多くの研究で「AからBへの影響が見られた」という表現がなされる。影響とは因果関係を含意することばであるから，こうした表現を安易に用いることには注意が必要である。ある研究からどの程度因果関係について語ることができるかについては，研究の内的妥当性という観点から考察することができる。

　研究の内的妥当性（internal validity）とは，原因（独立変数）と結果（従属変数）の間の因果関係について，その因果関係がたしかに存在すると主張できること，その根拠の強さを意味する。「変数Aが変数Bに影響を及ぼす」という場合，変数Aが原因，変数Bがその結果となる。この時，変数A以外の要因が変数Bに影響を及ぼしているとしたら，その研究の内的妥当性は低くなる。このような，独立変数以外の要因で，結果に影響を与えるもののことを，内的妥当性に対する脅威という。

内的妥当性に対する脅威とその対処

（1）　**内的妥当性に対する脅威**　内的妥当性に対する脅威は，シャディッシュら（Shadish et al., 2002）によって整理されている。そこでは，実践研究などである介入をした時の効果を見るという文脈を前提としているが，発達科学では「時間の流れ」が独立変数になる研究が多い。そこで，ここでは「介入の効果」という実践研究的な視点ではなく，発達科学の視点から，内的妥当性に対する脅威の代表的なものについて紹介しておく。

① 履歴（history）：研究期間中に生じた，大きな事件や社会の変化などによる影響。たとえば，横断研究によって個々の発達の様相を把握しようとする時に問題になる。ある年齢集団は，10歳の時に大きな環境的変化（たとえば，テレビゲームの大流行）を経験し，別の年齢集団は同じ10歳の時にそのような経験をしていないとしたら，両者のちがいを年齢によるちがい（発達的差異）と単純にとらえるのは問題がある。

② 測定（testing）：測定すること自体の影響。同じ研究参加者に測定を繰り返すことにより，測定に対して慣れてしまったり，飽きてしまったり，といったことが起こる。縦断研究の時に留意すべき点である。

③ 測定道具（instrumentation）：測定道具のちがいによる影響。たとえば，測定ごとに質問紙を変えたり，観察場面で観察者が変わったりするような場合がこれにあたる。同じ観察者であっても，測定を始めたばかりの頃は辛めの評価をして，研究参加者とのコミュニケーションが生じた結果，だんだん評価が甘くなるようなこともある。

④ 統計的回帰（statistical regression）：平均からの偏差が大きい（または小さい）値は，測定誤差がその方向に働いている可能性が高い。すると，次の測定では，実質的な変化はなくても，測定値が平均の方に回帰する傾向があり，それを実質的な変化と見誤る危険性がある。

⑤ 脱落（attrition）：研究参加者が研究期間の途中で参加を取りやめること。研究期間が長くなるほど，脱落の危険性が高まる。脱落者が多過ぎる研究は，その研究結果に歪みが生じている可能性が高い。

（2）　**内的妥当性に対する脅威への対処**　発達科学研究において，これらの脅威に完全に対応するのは難しいが，以下のような対処の方法が考えられる。

① 履歴：履歴については，コホート研究により対処することができるだろう。コホート1の小学校1～3年生の2年間と，コホート2の小学校1～3年生の2年間は，異なる2年間である。それぞれのコホートでの2年間の発達変化が同様であれば，履歴の脅威に対処できる。
② 測定：介入研究では，ベースライン期を設定し，その間に系統的な変化が生じないことを根拠として測定の脅威に対処できる。あるいは，等化された別の尺度を用いることで測定の脅威に対処することが可能になる（尺度の等化については III-2-3 参照）。
③ 測定道具：異なる尺度を用いる必要がある場合も，等化された尺度を用いることで測定の脅威に対処できる。観察者の評定については，評価者内信頼性を担保するように外的な評価基準を定めたり，一定期間ごとに観察者が自分の評定を見直す機会を設けたりする配慮が必要となるだろう。
④ 統計的回帰：測定の信頼性を高めることで統計的回帰の脅威に，ある程度対処することができる。
⑤ 脱落：縦断研究では脱落は不可避であるが，脱落者の特徴を調べ，脱落のメカニズム（III-2-2 参照）について検討することで，残ったデータに基づく推論の妥当性を検討することができる。また，複数のコホートを用いることで，異なるコホート間の脱落のちがいが，結果にどのように影響するかを調べることが可能になる。

その他の妥当性について

(1) **外的妥当性** 研究の外的妥当性（external validity）とは，ある研究の結果を，その研究と異なる場面，状況，対象にまで広げて考えることができる程度をいう。言い換えると，ある研究の結果を一般化できる程度のことである。一般化を妨げるような要因を，外的妥当性に対する脅威という。

内的妥当性を高めるため，その脅威となる様々な要因を統制しようとすればするほど，日常的な状況からはかけ離れたものとなってしまうこともある。こうした研究は，内的妥当性は高くとも，日常的な場面への一般化可能性が損なわれていることになり，外的妥当性は低くなる（南風原，2001）。そして，こうした人工的で不自然な状況設定のため日常的な場面で役立たない研究は特に，

生態学的妥当性（ecological validity）の低い研究と呼ばれることになる。

個を対象とする縦断研究においては，個の結果を積み重ねることで，その一般化可能性（つまり外的妥当性）を検討することができる。個の結果それぞれの共通性が顕著であれば，一般化可能性が高まり，外的妥当性が保証されることになる。

(2) 統計的妥当性 因果関係についての統計的推測について，シャディッシュら（Shadish et al., 2002）は，統計的妥当性（statistical conclusion validity）ということばを用いて議論している。ここでは，統計的妥当性に対する脅威について，特に，サンプル・サイズの問題と，測定の質の問題を取り上げる。

研究で用いられるサンプル・サイズが小さいと，ある変数に関して年齢集団間に実質的な平均値差があったり，関心のある変数間に実質的な相関があったりしても，それを正しく検出することができなくなる。小さなサンプル・サイズのもとでは十分な検定力が得られないためである。また，平均値差や相関の値を精度よく推定することができない（適切なサンプル・サイズの決定方法についてはIII-2-2参照）。

次に，測定の質についてであるが，測定の信頼性が低いということは，測定が安定していない，一貫していないことを意味する。測定の信頼性が低いと，測定値間の相関係数は，真値間の相関係数よりも低くなる（「相関係数の希薄化」と呼ばれる）。また，すでに述べたように，測定の信頼性を高めることによって，統計的回帰の脅威に対して抵抗力を持つようになる。

1-5 様々な研究法の統合・連携の可能性

1つの心理現象を検討する際，これまで述べてきた複数の方法を用いることでより網羅的かつ効果的に資料が得られることは十分考えられる。たとえば，ヨシカワら（Yoshikawa et al., 2008）は，量的方法と質的方法の双方を用いることが求められる場面として，量的または質的の片方の方法では入手できない詳細な資料を得る（例：ストレス反応について，身体的な反応（量的）と主観的な考え・対応（質的）の双方を調査する），環境の要因と個人の要因の相互の関係を知る（例：家庭や親の特徴による子どもの保育環境の選択の傾向を量的

方法を用いて分析し，個々の親の選択理由を質的に調査する）などを挙げている。

　このような統合的使用のためには，方法論的な戦略も必要である。特に，複数の方法から得られた知見をどのように統合するのかについては，最良の方法があるわけではない。その過程では，III-1-1 に述べた研究の「縦の一貫性」を考えながら，自分の研究（研究法）が，いかなる前提のもとで成り立っているのかを考えること，さらにはその前提を問い直し，異なる視点から考察することも重要であろう。

　この問題は，標準化された「手堅い」方法を用いる研究者にも無縁ではない。つまり，量的な記述は，実はその中に，質的に記述されるべき過程を内包していると考えられるのである。たとえば，質問紙に回答する過程は，私たちが項目の表現を読み取り，それを自分の内的な感覚と関連づけ（あるいはつき合わせ），答えを選択する過程として考え，質的な分析の対象として考えることができる（この点に着目した具体的な研究例として，尾見，2007 や酒井，2001 が挙げられる）。これらの作業によって，III-1-1 で述べた個人中心のアプローチ，つまり，変数に還元されない，総体としての個人の心理過程に眼を向けることができると言えるだろう。ヴァルシナー（Valsiner, 2006）は，こうした分析を「量的方法の『脱量化』(dequantification)」(p. 176) と呼び，今後有望な研究領域としている。研究を進める際には，このような作業をもとに縦の一貫性を積極的に模索し，自己の理論的な立場をつくり上げていくことが必要である。

引用文献

安藤智子・無藤隆（2008）．妊娠期から産後1年までの抑うつとその変化——縦断研究による関連要因の検討　発達心理学研究, **19**, 283-293.

Bergman, L. R., & Andersson, H. (2010). The person and the variable in developmental psychology. *Zeitschrift für Psychologie/Journal of Psychology,* **218**, 155-165.

Cole, D. A., Maxwell, S. E., Martin, J. M., Peeke, L. G., Seroczynski, A. D., Tram, J. M., Hoffman, K. B., Ruiz, M. D., Jacquez, F., & Maschman, T. (2001). The development of multiple domains of child and adolescent self-concept: A cohort sequential longitudinal design. *Child Development,* **72**, 1723-1746.

遠藤利彦（2006）．質的研究と語りをめぐるいくつかの雑感　能智正博（編）〈語り〉と出会う　ミネルヴァ書房　pp. 191-235.

Gast, D. L. (Ed.) (2010). *Single-subject research methodology in behavioral sciences*. Routledge.

南風原朝和 (2001). 準実験と単一事例実験　南風原朝和・市川伸一・下山晴彦 (編) 心理学研究法入門　東京大学出版会　pp. 123-152.

南風原朝和 (2005). 統計学と心理学――個を重視する統計学の観点から　下山晴彦 (編) 心理学論の新しいかたち　誠信書房　pp. 139-160.

南風原朝和・小松孝至 (1999). 発達研究の観点から見た統計――個の発達と集団統計量との関係を中心に　児童心理学の進歩, **38**, 213-233.

Jacobs, J. E., Lanza, S., Osgood, D. W., Eccles, J. S., & Wigfield, A. (2002). Changes in children's self-competence and values: Gender and domain differences across grades one through twelve. *Child Development*, **73**, 509-527.

Labov, W., & Waletzky, J. (1967). Narrative analysis: Oral versions of personal experience. In J. Helm (Ed.), *Essays on the verbal and visual arts*. University of Washington Press. pp. 12-44.

三宅和夫・高橋惠子 (編著) (2009). 縦断研究の挑戦――発達を理解するために　金子書房

三宅和夫・臼井博・小島康次 (2009). 三宅グループの先駆的縦断研究　三宅和夫・高橋惠子 (編著) 縦断研究の挑戦　金子書房　pp. 23-52.

Morgan, D. L., & Morgan, R. K. (2008). *Single-case research methods for the behavioral and health sciences*. Sage.

Nelson, K., & Fivush, R. (2004). The emergence of autobiographical memory: A social cultural developmental theory. *Psychological Review*, **111**, 486-511.

尾見康博 (2007). 測定をめぐる諸問題――いったい何を測定しているのか？　渡邊芳之 (編) 朝倉心理学講座1　心理学方法論　朝倉書店　pp. 68-89.

Orth, U., Trzesniewski, K. H., & Robins, R. W. (2010). Self-esteem development from young adulthood to old age: A cohort-sequential longitudinal study. *Journal of Personality and Social Psychology*, **98**, 645-658.

Overton, W. F. (2006). Developmental psychology: Philosophy, concepts, methodology. In R. M. Lerner (Ed.), *Handbook of child psychology*. 6th ed. Vol. 1. Wiley. pp. 18-88.

Potter, J., & Wetherell, M. (1987). *Discourse and social psychology: Beyond attitudes and behaviour*. Sage.

酒井惠子 (2001). 価値概念の個人差とその背景――価値尺度作成課題による検討　教育心理学研究, **49**, 102-111.

Shadish, W. R., Cook, T. D., & Campbell, D. T. (2002). *Experimental and quasi-experimental designs for generalized causal inference*. Houghton Mifflin.

Strauss, A., & Corbin, J. (1998). *Basics of qualitative research: Techniques and procedures for developing grounded theory*. 2nd ed. Sage.

氏家達夫 (2009). 青年期の縦断研究――抑うつ症状と非行行動の個人内変化　三宅和夫・高橋惠子 (編著) 縦断研究の挑戦　金子書房　pp. 119-133.

Valsiner, J. (2006). Developmental epistemology and implications for methodology. In R. M. Lerner (Ed.), *Handbook of child psychology.* 6th ed. Vol. 1. Wiley. pp. 166-209.

渡邊芳之（2007）．心理学と方法　渡邊芳之（編）朝倉心理学講座 1　心理学方法論　朝倉書店　pp. 1-29.

Willig, C. (2001). *Introducing qualitative research in psychology: Adventures in theory and method.* Open University Press.（上淵寿・大家まゆみ・小松孝至（訳）（2003）．心理学のための質的研究法入門――創造的な探求に向けて　培風館）

やまだようこ（2000）．人生を物語ることの意味――ライフストーリーの心理学　やまだようこ（編著）人生を物語る　ミネルヴァ書房　pp. 1-38.

Yoshikawa, H., Weisner, T. S., Kalil, A., & Way, N. (2008). Mixing qualitative and quantitative research in developmental science: Uses and methodological choices. *Developmental Psychology,* **44**, 344-354.

III 発達科学の研究法

2 発達科学の心理統計

南風原朝和

2-1 統計的方法の発展と基本の重要性

　発達科学の研究で用いられる統計的方法は，近年の研究デザインの多様化を反映して多岐にわたっており，多変数あるいは多水準（マルチレベル）のデータを分析するための方法も急速に普及してきている。リサーチ・クエスチョンに合わせて，これらの方法を柔軟に使いこなすことが望まれるが，その一方で，基本的な方法についても正しい理解のもとに適切に利用していくことが重要である。

　本章でははじめに，有意性の検定，効果量の推定，サンプル・サイズの決定，欠損値の取り扱いという基本的な事項を取り上げ，それらを「データを有効に活用するための工夫」という観点から論じる。研究においては，常に，貴重なデータからどのようにすれば豊かな情報をくみ取ることができるか，どのようにすれば無駄なくデータを利用できるか，という問題意識を持っていることが大切である。

　次に，「いくつかの注目される統計法」として，対比分析，階層線形モデル／マルチレベル・モデル，構造方程式モデリング／共分散構造分析，項目反応理論という，比較的新しい，比較的高度な方法を取り上げる。いずれも発達科学の研究の可能性を広げる有用な方法である。これらすべてについて使いやすいソフトウェアが開発され普及してきているので，その点での難しさはない。しかし，これらの方法を適切に使いこなして研究の実を上げるには，これらの方法の特徴や限界についての正確な理解が必要である。本章での入門的な解説を踏まえ，引用されている文献やその他の解説書などを利用して，さらに理解

を深めていただきたい。

2-2 データを有効に活用するための工夫

有意性検定から効果量の推定へ

　発達科学における量的な研究では，年齢や条件の異なる群間の平均値差や変数間の相関係数などに関する有意性検定が分析の中心となり，その結果を軸に考察がなされ結論が導かれることが多いのが現状である。しかし，平均値差や相関係数が統計的に有意か否かというのは，データが持っている豊かな情報のごく一側面でしかなく，データ分析を有意性検定だけで終わらせるのは適切でない。

　たとえば，ある発達的変数の平均値について，3歳児と4歳児の間には有意差がなく，4歳児と5歳児の間には有意差があるとする。そこから，「この変数に関しては，4歳までは変化が見られず，4歳から5歳にかけて変化が見られる」というような結論を導くことがよくなされる。この結論は，「それぞれの年齢群間にどの程度の差があるのか」という定量的な情報を欠いているという意味で不十分なだけでなく，単純に誤った結論である可能性もある。サンプルが大きいほど差が有意になる確率（検定力）が高くなるので，たとえば，3歳児はサンプルが十分に集められず，5歳児はその倍くらいのサンプルが採れたとしたら，実際には3歳児と4歳児の間の平均値差の方が4歳児と5歳児の間の平均値差より大きくても，前者は有意にならず，後者は有意になる，という可能性がある。

　有意性検定に依存し過ぎることの問題については，これまでに数多くの警告がなされてきている（たとえば，Cohen, 1994；南風原，1995）。アメリカ心理学会の論文作成マニュアル（以下，「APA マニュアル」とする）でも，有意性検定は分析の出発点に過ぎないこと，標準化された平均値差（2群間の平均値差を各群に共通の標準偏差の推定値で割った値）や相関係数などの効果量（effect size）の値，そしてその信頼区間（confidence interval: CI）の報告が最低限求められることなどが明記されている（American Psychological Association: APA, 2010, p. 33）。

たとえば，2つの年齢群間の平均値差について，自由度が38で，t値が2.43，標準化された平均値差 d が0.77，その95％信頼区間が0.12〜1.42であれば，論文中に「t (38)=2.43, p<.05, d=0.77, 95% CI [0.12, 1.42]」のように記述すればよい。これによって，平均値差が単に統計的に有意であることだけでなく，その大きさが各群の標準偏差の0.77倍に相当すること，しかしサンプル・サイズが大きくないため，その効果量の値については，0.12〜1.42くらいの幅を見込んで解釈する必要があることなどの情報をコンパクトに伝えることができる。なお，効果量については，この例のような標準化した値よりも生の平均値差のほうが解釈が容易な場合があり，同様に，相関係数よりも生の尺度値を反映した回帰係数のほうがより意味がある場合があるので，指標の選択にも適切な判断が必要とされる。効果量やその信頼区間については南風原（2002）や大久保・岡田（2012），有意性検定と信頼区間の対比については南風原ら（2009，トピック5-4）などを参照されたい。

ところで，フィドラーら（Fidler et al., 2004）が指摘しているように，マニュアルや論文査読者からの要請にしたがって表面的には効果量の値やその信頼区間を報告していても，実質的には有意性検定の結果のみに基づいて従来通りの論を展開している論文も少なくない。効果量やその信頼区間の算出は，有意性検定を超えた有用な情報をデータから取り出し，それを伝えることが目的であるから，その目的に適った適用が望まれる。

サンプル・サイズの決定

前述のようにサンプル・サイズが小さいと検定力が低くなるため，母集団においては明確な差異や相関がある場合でも，有意性検定でそれを検出することができず，貴重な情報を見逃してしまう可能性が高くなる。また，サンプル・サイズが小さいと，効果量の信頼区間の幅が広くなり過ぎて，意味のある情報とは言い難くなる。サンプル・サイズについて事前に十分な検討をせず，事後的にこのような問題に直面するケースがよく見られる。こうした問題を回避するには，事前に検定力や信頼区間の幅を考慮してサンプル・サイズを決定することが必要となる。

検定力は，検出しようとしている母数の値（母集団平均値差や母集団相関係

数など）によって値が変わってくる関数である。一方，実際には母数の値を知ることはできないから，検定力の観点からサンプル・サイズを決める場合は，「もし母数の値がこの程度なら，80％の確率で検出したい」というような形で，サンプル・サイズの見当をつけることになる。ただし，「有意な結果を得るためのサンプル・サイズ」を求め，それで有意な結果が得られたとしても，すでに述べたように，それによって得られる情報は限られている。

　その点，信頼区間の幅に基づくサンプル・サイズの決定は，「どの程度の精度のある情報を得たいか」という観点から，より合理的に行うことができる。ただし，信頼区間の幅はサンプルで得られる効果量の値にも依存するので，そのことは考慮する必要がある。たとえば，相関係数については，得られる相関係数の絶対値が小さいほど信頼区間の幅は大きくなる。そこで，得られる相関係数が0の場合，つまり信頼区間の幅が最大となる条件で，信頼区間の幅を一定の大きさ以下とするようなサンプル・サイズを選べば，実際の結果にかかわらず，信頼区間の幅をその大きさ以下とすることができる。

　検定力の観点からにせよ，信頼区間の幅の観点からにせよ，サンプル・サイズを事前に決めることには不確実性がともなう。しかし，それでもこれらの検討をせずにサンプル・サイズを決めることに比べると，そうした検討をすることの意味は大きい。これらの手続きに関する入門的な解説については南風原（2002）を，またさらに詳しくは永田（2003）などを参照されたい。

欠損値の取り扱い

　縦断研究において，ある時点以降，ケースそのものが脱落したり，あるいは多変数の測定を行う横断研究において，あるケースについて一部の変数の値が測定されなかったりするなど，発達科学の研究では欠損値（missing value）が頻繁に発生する。脱落したケースや欠損値を含むケースを丸ごとデータから除外して分析すると，データの持っている情報を無駄にするだけでなく，欠損値が完全にランダムに生じる場合（Missing Completely At Random: MCAR）を除いては，統計的な結果を歪めてしまう。APAマニュアルでは，欠損値の割合を報告すること，欠損の原因について考察することに加え，どのような対処をしたかを明記することを求めている（APA, 2010, p. 33）。

欠損値への適切な対処の仕方は欠損のメカニズムによる。欠損が生じるメカニズムが完全にランダム（MCAR）でなくても，分析データの中の他の変数の影響を除けば条件つきでランダムになると見なせる場合（Missing At Random: MAR）は，最尤推定法や多重代入法（multiple imputation）と呼ばれる方法によって，統計的結果に生じる歪みを抑えることができる。他の変数の影響を除けば条件つきでランダム（MAR）というのは，たとえば，ある発達的変数の一部に欠損値がある場合，欠損の有無が月齢と相関していて，月齢の影響を統計的に除くと，その発達的変数の値とそれが欠損するかしないかが無関係になるという状況である。

　この場合に有効に用いられる方法のうち，最尤推定法は，データの欠損していない部分の情報をすべて利用して母数の推定を行うもので，後に述べる構造方程式モデリング／共分散構造分析のための代表的ソフトウェアであるAMOSなどは，この方法で欠損値に対応している。一方，多重代入法は確率的な方法でそれぞれの欠損値にある値を代入する。そして，代入によって欠損部分を埋めた完全データを複数セット作成し，予定していた分析をそれぞれのデータセットに適用して最後にそれらの結果を統合する方法である。たとえば汎用ソフトウェアのSASでは，MIプロシジャによって値の代入による複数の完全データセットの作成をし，MIANALYZEプロシジャによってそれらのデータセットに対する分析と統合を行うことができる。これら欠損値の統計的取り扱いの詳細については，エンダーズ（Enders, 2010）やグレイアム（Graham, 2009）などを参照されたい。

2-3　いくつかの注目される統計法

対比分析──より焦点化された比較
　比較する群が3つ以上ある時，その平均値差の分析でよくなされるのは，全体としての分散分析で差の有意性を確認した後，事後検定として，すべての対の間で平均値差の検定を行うという方法である。その際，全体としての有意水準（母集団では差がない時に，誤って有意な結果が生じる確率＝第1種の誤りの確率）を一定の低い値に抑えるという要請から，多重比較のために開発され

表 III-2-1 4つの年齢群のデータと分散分析および対比分析の結果

年齢	3歳	4歳	5歳	6歳
人数	10人	10人	10人	10人
平均	14	15	17	18
標準偏差	5	5	5	5

年齢群の平均平方 (MS_A) = 100/3 = 33.33
残差の平均平方 (MS_e) = 1000/36 = 27.78
分散分析の結果: $F = 1.20$ ($p = .324$)
対比分析の結果: $t = 1.88$ ($p = .035$)

た方法（たとえばテューキーの方法）が適用される。全体としての分散分析から始まるこの一連の手続きは，誤って有意になるという第1種の誤りをコントロールする分，母集団に存在する差異を見逃してしまう第2種の誤りの確率を増大させ，検定力を低下させる性質がある。

例として，ある変数について3歳児，4歳児，5歳児，6歳児という4群のデータの平均や標準偏差が表III-2-1のようになったとする。この時，たとえば「年齢とともに平均値が上昇する」ことを確認したいのであれば，そして，その上昇の仕方として直線的に上昇すると考えても無理がないのであれば，全体としての分散分析や対間の検定より直接的で，かつ検定力の高い，対比分析 (contrast analysis) と呼ばれる方法を適用することができる。

対比分析は研究者の問いや狙いに応じて，たとえば，3, 4歳児を併せた群の平均と5, 6歳児を併せた群の比較など，様々なパターンの対比に適用できる。例のように4群間で平均値が直線的に上昇する傾向があるかどうかを見る場合は，-3, -1, 1, 3という，0を中心に等間隔で変化する係数を用いて，

$L = (-3) \times$ 3歳児平均 $+ (-1) \times$ 4歳児平均 $+ (1) \times$ 5歳児平均 $+ (3) \times$ 6歳児平均

という対比を計算する。係数 (-3, -1, 1, 3) の平均が0であるので，もし各群の平均値に差がなければこの対比も0となる。一方，年齢とともに平均値が上昇していれば，その程度に応じてこの対比の値は正の大きな値を取る。表III-2-1のデータの場合は，

$L = (-3) \times 14 + (-1) \times 15 + (1) \times 17 + (3) \times 18 = 14$

となる。

次に，この対比 L が有意に0より大きいかを t 統計量を用いて調べる。その t 統計量は，全体の分散分析の際の残差の平均平方 MS_e と，各群の人数 n_j，そして各群の平均値にかけた係数 c_j（例では，-3, -1, 1, 3）を用いて，L の標準誤差を

$$SE_L = \sqrt{MS_e \times \sum_j \frac{c_j^2}{n_j}}$$

によってまず求め，

$$t = \frac{L}{SE_L}$$

という比を計算すればよい．表 III-2-1 のデータの場合は，表に示したように $MSe = 27.78$ であるので，

$$SE_L = \sqrt{27.78 \times (-3)^2/10 + (-1)^2/10 + (1)^2/10 + (3)^2/10} = 7.45$$

となり，

$$t = 14/7.45 = 1.88$$

が得られる．この値が，分散分析の際の残差の自由度（例では，36）に等しい自由度の t 分布における上側 5% の棄却域（$t > 1.688$）に入っていれば，対比が有意水準 .05 の片側検定で有意となり，年齢にともなって平均値が直線的に上昇するという仮説を支持する結果となる．

例では，得られた t 値（1.88）が棄却域（$t > 1.688$）に入っているので，平均値が直線的に上昇する傾向（trend）は有意である（$p = .035$）。一方，表 III-2-1 に示したように，通常の分散分析では $F = 1.20$（$p = .324$）となり，有意差にはほど遠い．また，テューキーの多重比較の方法で各対間の平均値差の検定を行うと，最大の差を示す 3 歳児群と 6 歳児群の間でも有意な差にはならない．

対比分析によって検定力が高くなるのは，以下の理由による．群間に生じる平均値差のパターンは様々なものがある．前述のように年齢にともなって平均値が直線的に上昇していくというのは，それらのパターンの 1 つである．全体としての分散分析やすべての対間の平均値差を検定する方法は，あらゆるパターンの差を検出しようとするものであるから，特定の 1 つのパターンに限定した時の検定力は弱くならざるを得ない．たとえて言えば，一定の大きさ（有意水準に相当）の網（棄却域に相当）をあちこちに小分けにして仕掛けておくようなもので，これに対して，前述のように仮説に合わせて焦点化した対比分析は，その網を狙った場所に集中して仕掛けるようなものである．

対比分析は，一般的な分散分析のソフトウェアに装備されており，簡単に利

用できるにもかかわらず，あまり有効に活用されていないのが現状である。この方法は前節で述べた「データを有効に活用するための工夫」の1つでもあり，もっと使われる価値のある方法である。すでに述べたように，一般に有意性検定は分析の出発点に過ぎないが，その出発点において貴重な情報の見逃しを避けるためには，できるだけ検定力の高い方法を選ぶべきである。ローゼンサールら（Rosenthal *et al,* 2000）は，対比分析と効果量に焦点をあてた入門的解説を行っており，参考になる。

階層線形モデル／マルチレベル・モデル

通常の統計的分析では，たとえば100人のサンプルのデータという時，これらが母集団からざっくりと採られてきた，相互に独立なデータであることを前提としている。しかし，発達科学などの研究では，この前提はしばしば成立しない。

たとえば，図III-2-1のように1つの幼稚園から20人ずつのサンプルを採り，5つの幼稚園で合わせて100人という場合，研究の対象となる変数によっては，幼稚園ごとの特徴が反映されて，同じ幼稚園内ではデータが類似し，異なる幼稚園の間では一定の差異があるということが珍しくない。このようなデザインで収集されたデータは階層構造を持つという。「幼稚園」という層があり，そこに「園児」がネストされる構造である。

階層的なデータは，各クラスタ内の類似性のために，同じ100人のデータでも，ざっくり採られた相互に独立な100人分のデータが持っているだけの情報量を持たない。したがって，データの分析において階層性を無視すると，データから言える以上のことを言ってしまう危険性がある。

一方，データが階層的であることを積極的にとらえ，たとえば，幼児のある活動の量とある発達的変数の関係がそれぞれの幼稚園でどうなっているか，その関係のあり方はすべての幼稚園を通して共通しているか，それとも幼稚園間で差異があるか，差異がある場合，幼稚園の特徴によってその差異を説明することができるか，といった，より踏み込んだ問いを立て，分析を進めることが可能になる。このように，個人のレベル（レベル1）での変数間の関係が，個人の所属する組織（レベル2）の特徴によってどのように異なるかという問い

幼稚園 A　　　　　幼稚園 B

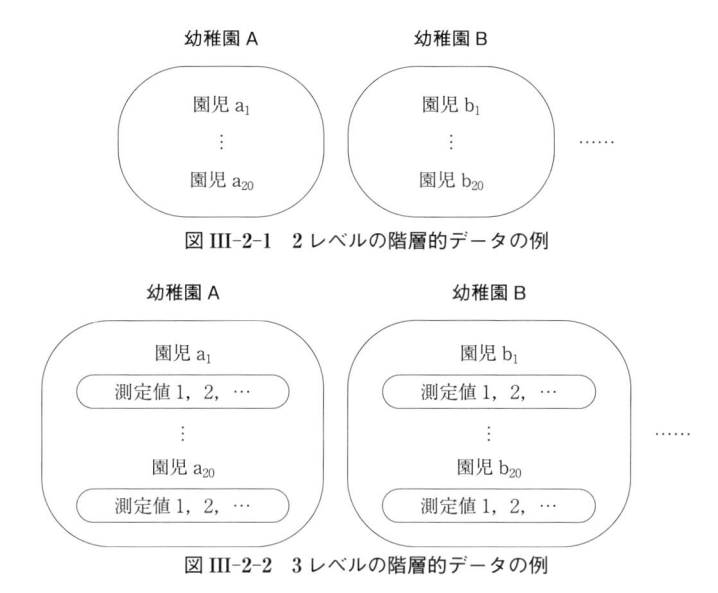

（園児 a_1 ... 園児 a_{20}）　（園児 b_1 ... 園児 b_{20}）　……

図 III-2-1　2 レベルの階層的データの例

幼稚園 A　　　　　幼稚園 B

（園児 a_1 〔測定値 1, 2, …〕 ... 園児 a_{20} 〔測定値 1, 2, …〕）　（園児 b_1 〔測定値 1, 2, …〕 ... 園児 b_{20} 〔測定値 1, 2, …〕）　……

図 III-2-2　3 レベルの階層的データの例

は，「レベル間交互作用」（cross-level interaction）を問うものであり，階層的なデータでなければ問うことのできないものである。

　階層的なデータのうち，発達科学の研究において特に重要なのは，縦断研究のように個人ごとに複数の測定がなされ，「個人」という層に複数の「測定値」がネストされるタイプのものである。これら反復測定の測定値が時間的にどのように変化するか，その変化・成長の様相に顕著な個人差があるか，もしあるとしたら，それは個人のどのような特徴によって説明できるか，といった問いや分析は，単に平均的な発達の様相を調べる研究では得られない知見に迫るものである。

　さらには，図 III-2-2 のように，「集団」の層に複数の「個人」がネストされ，それぞれの「個人」の中に複数の「測定値」がネストされるという 3 レベルの階層構造を持つデザインも可能である。この場合は，個人内（レベル 1）の変化・成長の差異に対し，それを個人（レベル 2）の属性（性別など）によって説明し，その関係をさらに個人が属する集団（レベル 3）の属性（幼稚園のカリキュラムなど）によって説明するという，より発展的な探究が可能となる。

こうした階層的なデータの分析のためのモデルは，階層線形モデル（hierarchical linear model）やマルチレベル・モデル（multilevel model）と呼ばれる。たとえば，個人の中に反復測定の測定値がネストされているデータの場合，単純なモデルでは，各個人ごとに

　時点 t における測定値＝各個人の切片＋各個人の傾き×t＋残差

という個人内の反復測定のレベル（レベル1）の変化・成長の回帰直線モデルを考え，さらにそのモデルの切片や傾きを

　各個人の切片＝個人の特徴を表す変数による予測式＋残差

　各個人の傾き＝個人の特徴を表す変数による予測式＋残差

のように，個人のレベル（レベル2）のモデルで表現する。

　分析のためには HLM や MLwiN などの使いやすいソフトウェアが開発され，普及してきている（Rasbash et al., 2009; Raudenbush & Bryk, 2002）。安藤（2011）は，SPSS，SAS，R による分析プログラムを提供している。

構造方程式モデリング／共分散構造分析

　前項の個人ごとの変化・成長のあり方の個人差やその予測・説明を目的とした分析は，構造方程式モデリング（structural equation modeling: SEM，共分散構造分析と呼ばれることも多い）の枠組みでも行うことができる（たとえば，豊田，2007）。III-1-3 で紹介した成長曲線モデルはその例で，そこで示された図 III-1-5 のように，個人ごとの成長を表す回帰直線の切片や傾きに関する個人差を考え，それを潜在的な因子として表現する。各回の測定値は，各個人の切片や傾きの因子によって説明される，というモデルである。この場合，たとえば，1回目，2回目の測定値は，切片が1回目の測定値（初期量）を表し，1回目と2回目の時点間の間隔（横軸上の差異）が1であるとすれば，

　1回目の測定値＝1×切片＋0×傾き＋残差

　2回目の測定値＝1×切片＋1×傾き＋残差

のように表現される（前章の図 III-1-5 参照）。切片や傾きを因子として扱うところは異なるが，モデル式としては，前項で例示した階層線形モデルのレベル1のモデルと基本的に同じものである。このモデルの特徴は，切片や傾きにかかる係数（因子負荷ということになる）が0や1などの値に固定されることであ

り，そのことからわかるように，反復測定の回数や間隔は，基本的にどの個人でも共通であることが要請される。もしも間隔が異なれば，個人ごとに傾き因子にどのような係数をかけるかが変わってくるからである。

　一方，階層線形モデルに基づく分析は，反復測定値が個人の中にネストされていることを前提とするだけなので，測定の回数や間隔が個人によって異なっていても問題にならない。これら構造方程式モデリングや階層線形モデルに基づく個人内データの分析については，モスコヴィッツとハーシュバーガー（Moskowitz & Hershberger, 2002）やシンガーとウィレット（Singer & Willet, 2003）などを参照されたい。

　構造方程式モデリングは，このような個人内データの取り扱いだけでなく，幅広いリサーチ・クエスチョンに対応できる柔軟性を持っている。因子分析を拡張して，因子間に一方向のパスを引いたパス・モデルなどは，あらためて紹介する必要もないほど広く用いられ，多くの研究成果を生んでいる。

　一方で，横断的な調査における変数間，あるいはそれらの変数の背後に想定した因子間に引かれたパスを，そのまま因果関係を表すものとして解釈し，モデルの適合度が高ければその因果関係が立証されたかのような結論を導いている論文も少なくない。仮に適合度が完全でも，そのモデルで示される因果関係が全く誤っていることもあるのであり，その点は注意が必要である（南風原，2011，留意点10）。ある変数や因子から他の変数や因子にパスを引くということは，後者の値を前者の値の線形の関数（＋残差）として表現するということである。そのことに因果関係という実質的な意味を付与する場合には，そのメカニズムなどについて，それなりの理論的な根拠が必要である。このことは縦断的な調査の場合も同様であり，ある変数が時間的に先行して測定されているからといって，それが後続の変数に因果的な影響を与えているとは限らない。これらの変数にさらに先行する別の変数がそれらの共通原因となっているなど，様々な可能性が考えられるからである。

項目反応理論

　項目反応理論（item response theory: IRT）では，テストや尺度の1つ1つの項目の特性（困難度や識別力）が，それらの項目が共通して測定している次

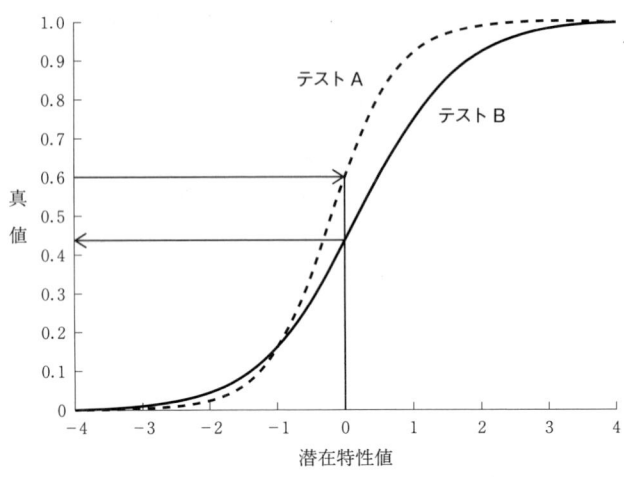

図 III-2-3　テスト特性関数と真値等化法

元（潜在特性）との関係で規定される。このことによって，原理的に，これらの項目のどの部分集合で構成されるテストでも，同一の潜在特性を同一のスケール上で測定することができることになる（芝，1991；豊田，2002）。たとえば，縦断研究において同一特性を繰り返し測定する必要がある場合，異なる項目のセットで異なるテストを作成して実施し，項目反応理論を用いて，共通の次元上の推定値を求めて分析することも可能になる。また，項目特性を参照することによって，素点上で比較可能なテストを構成することもできる。これが，III-1-4 でも触れた尺度（あるいはテスト）の等化（equating）と呼ばれる手続きである。

　たとえば，真値等化法（true-score equating）と呼ばれる方法は，図 III-2-3 のように，2つ（またはそれ以上）のテストの得点の真値を，これらのテストの項目が共通して測定している潜在特性の関数として表現した，テスト特性関数（test characteristic function）を利用する。テスト特性関数は，項目の正答確率を潜在特性の関数として表現した項目特性関数（item characteristic function）を，そのテストに含まれるすべての項目にわたって平均または合計したものである。項目特性関数を平均したテスト特性関数の値（真値）は，図 III-2-3 の縦軸のように0から1までの値を取り，1が満点に相当する。

図では，たとえば，同じ潜在特性値0が，テストAでは真値0.60（満点の60％），テストBでは真値0.43（満点の43％）に対応している。そこで，テストAの満点×0.60の得点を，テストBの満点×0.43の得点に等化する。このように同じ潜在特性値に対応する真値をもって，2つのテストにおいて等価な得点とするのが真値等化法である。この方法は厳密に言えば真値間の等化法であり，テスト得点間の等化法ではないが，後者の近似として利用されている。

　「等化」ということばは，狭義には，たとえば本試験と追試験のように，等価性および交換可能性を意図して作成したテストの代替フォームの得点を対応づけるのに用いられる。一方，数年間という長期にわたる縦断研究において，語彙能力がどのように変化していくかを調べるような場合には，たとえば小学校1年生の語彙を調べるテストと小学校6年生の語彙を調べるテストでは，その内容やレベルが異なるのが自然であり，交換可能なものではない。しかし，これらレベルの異なるテストについても，項目反応理論がその結果を近似的に同一次元上に表現するために有効に用いられている。このような手続きはテストの垂直的等化（vertical equating）と呼ばれることが多いが，交換可能な代替フォーム間の等化と区別して，垂直的尺度化（vertical scaling）と呼ぶほうがよいとの指摘がある（Kolen & Brennan, 2004）。

　また，発達科学の研究では，項目数の多いテストによる測定が困難な子どもや高齢者を対象に測定を行うケースがあるが，そのような場合には，少ない項目で高い精度の測定ができるように，対象者ごとに自動的に最適な項目を選んで実施するという方法が考えられる。いわゆる適応型テスト（adaptive test）と呼ばれる方法であるが，これも，項目反応理論によって各項目の特性が共通の次元上で推定されていれば可能になる技術である。日本で最近開発された適応型テストには，高橋・中村（2009）などがある。

　項目反応理論についても使いやすいソフトウェアが開発されてきており，たとえばズィモウスキーら（Zimowski *et al.*, 2003）によって開発されたBILOG-MGなどは，項目反応理論を適用する様々な場面で利用できる汎用性のあるものである。服部（2011）は，Rを用いた項目母数の推定や等化の方法について解説している。

引用文献

American Psychological Association (2010). *Publication manual of the American Psychological Association.* 6th ed. American Psychological Association.

安藤正人（2011）．マルチレベルモデル入門——実習：継時データ分析　ナカニシヤ出版

Cohen, J. (1994). The earth is round (*p*<.05). *American Psychologist,* **49**, 997-1003.

Enders, C. K. (2010). *Applied missing data analysis.* Guilford Press.

Fidler, F., Thomason, N., Cumming, G., Finch, S., & Leeman, J. (2004). Editors can lead researchers to confidence intervals, but can't make them think: Statistical reform lessons from medicine. *Psychological Science,* **15**, 119-126.

Graham, J. W. (2009). Missing data analysis: Making it work in the real world. *Annual Review of Psychology,* **60**, 549-576.

南風原朝和（1995）．教育心理学研究と統計的検定　教育心理学年報，**34**, 122-131.

南風原朝和（2002）．心理統計学の基礎——統合的理解のために　有斐閣

南風原朝和（2011）．臨床心理学をまなぶ7　量的研究法　東京大学出版会

南風原朝和・平井洋子・杉澤武俊（2009）．心理統計学ワークブック——理解の確認と深化のために　有斐閣

服部環（2011）．心理・教育のためのRによるデータ解析　福村出版

Kolen, M. J., & Brennan, R. L. (2004). *Test equating, scaling, and linking: Methods and practices.* 2nd ed. Springer.

Moskowitz, D. S., & Hershberger, S. L. (Eds.) (2002). *Modeling intraindividual variability with repeated measures design: Methods and applications.* Erlbaum.

永田靖（2003）．サンプルサイズの決め方　朝倉書店

大久保街亜・岡田謙介（2012）．伝えるための心理統計——効果量・信頼区間・検定力　勁草書房

Rasbash, J., Steele, F., Browne, W. J., & Goldstein, H. (2009). *A user's guide to MLwiN. Centre for Multilevel Modelling.* University of Bristol.

Raudenbush, S. W., & Bryk, A. S. (2002). *Hierarchical linear models: Applications and data analysis methods.* 2nd ed. Sage.

Rosenthal, R., Rosnow, R. L., & Rubin, D. B. (2000). *Contrasts and effect sizes in behavioral research: A correlational approach.* Cambridge University Press.

芝祐順（編）（1991）．項目反応理論——基礎と応用　東京大学出版会

Singer, J. D., & Willet, J. B. (2003). *Applied longitudinal data analysis: Modeling change and event occurrence.* Oxford University Press.

高橋登・中村知靖（2009）．適応型言語能力検査（ATLAN）の作成とその評価　教育心理学研究，**57**, 201-211.

豊田秀樹（2002）．項目反応理論［入門編］——テストと測定の科学　朝倉書店

豊田秀樹（編）（2007）．共分散構造分析［Amos編］——構造方程式モデリング　東京図書

Zimowski, M. F., Muraki, E., Mislevy, R. J., & Bock, R. D. (2003). *BILOG-MG 3 [computer program]*. Scientific Software Corporation.

BOX6 脳活動記録手法

苧阪直行

　脳はおよそ1000億もの神経細胞（ニューロン）から形成されており，ニューロン間のネットワークの活動が心の働きを生み出している。動物については，微小電極を脳に挿入することで個別のニューロンの活動を記録することができるが，ヒトでは倫理的理由からそれは不可能である。ヒトの脳活動を観測する場合に認知脳科学でよく用いられるのは，機能的核磁気共鳴画像法（functional Magnetic Resonance Imaging: fMRI），脳磁場計測法（magnetoencephalography: MEG），ポジトロン断層撮影法（Positron Emission Tomography: PET），脳波（electroencephalography: EEG），事象関連電位（Event-Related Potential: ERP），近赤外分光法（Near Infrared Spectroscopy: NIRS）などの脳イメージング法である。いずれもニューロン集団の活動を間接的に観察する方法である。紙幅の関係で，ここでは代表的な非侵襲的な方法として，fMRI，ERPとNIRSについて測定原理と特徴を述べる。

　fMRIでは頭部を強い磁場のもとに置き，外部刺激や作業課題によって脳の特定領域のニューロン集団が活動する様子を測定する。刺激や課題で活動する脳領域の血流中のヘモグロビン（磁場の影響を受ける）の酸素代謝率が変化し，磁気共鳴信号が変わることを利用して脳活動が観察できる。血流の増加にともなう酸素量の増加は神経活動とよく相関するので活動領域を推定することができる。脳の活動のデータは一般に，脳を矢状面，横断面あるいは冠状面で輪切りにして表示することが多い。

　ERPは課題提示（事象）に同期して生じる脳波（脳組織の電位変動）を多チャンネル電極を通して繰り返して測定し，データを加算平均して求める（図）。加算によって変動のノイズ成分を除去することができるため本来の課題に即した反応が得られる。

　NIRSは近赤外光を利用して脳の神経活動にともなって変化する血流中の酸化ヘモグロビンの濃度を観察する。体動がともなう乳幼児に向いているが，脳表からの反射光を分析するので，一般に深部脳の測定は困難である。

思考や言語にかかわる高次脳活動については脳の前頭前野（prefrontal cortex: PFC）がかかわることが多い。PFCの成熟は遅いので，乳幼児の場合，年齢に合わせた課題設定が重要である。年齢差の他，個人差も大きいので注意が必要である。一般に，脳イメージングの実験を行う場合，倫理審査基準を通過する必要があり，同時に参加者（乳幼児の場合は保護者）への丁寧な説明と合意の署名が必要とされる。詳細な解説は，苧阪（2010）が参考になろう。

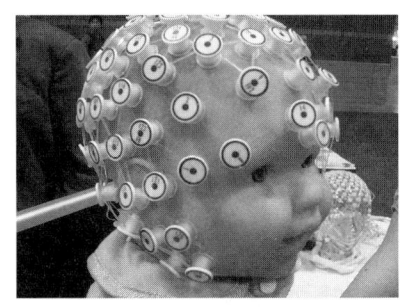

図　ERP（事象関連電位）測定用の多チャンネル電極装着例（米国 EGI 社の許可を得て転載）

参考文献
苧阪直行（編）（2010）．脳イメージング――ワーキングメモリーと視覚的注意からみた脳　培風館
Frith, C., & Wolpert, D. (Eds.) (2004). *The neuroscience of social interaction: Decoding, imitating, and influencing the actions of others.* Oxford University Press.

BOX7 研究者の倫理

安藤寿康

　発達科学研究で扱われるデータは，個人がその生涯のある時点で示した心理や行動というきわめて個人的な内容を対象とするために，研究者はデータ提供者の人権や尊厳を損ねていないか，またその研究成果が人類に対して真に価値のあるものかを配慮し続ける倫理的姿勢が強く求められる。アメリカ心理学会の倫理規定や日本心理学会（2009）の倫理規定はじめ，日本の心理学諸学会でも独自の倫理綱領や倫理規定があり，また，参考文献で紹介するような関連文献も刊行されている。

　第二次世界大戦中の非人道的な医学的人体実験への反省に端を発する研究倫理問題の手続き上の重要なポイントは，①研究参加者が研究に関する正しい理解に基づいて，強いられず自発的に協力を同意，または拒否できる条件が満たされているか，②個人データが研究にかかわりのない第三者の目にふれることのないように管理されているか，の2点である。臨床以外の心理学研究の多くでは，研究参加者は自発的ではなく，研究者に乞われて協力を承諾する形が一般的であるから，それが正当化される根拠は，研究参加者個人への利益の還元というよりも，むしろその研究が人類のためになること，そして参加することによって人権や尊厳の侵害といった不利益が生じないことである。

　研究参加者の研究内容に関する理解に基づいて同意を得る手続き，すなわちインフォームドコンセントは，研究目的，方法，研究参加者が受けるメリットとデメリット，情報管理の仕方，いつでも辞退できることなどを，研究者が原則として文書で説明し，研究参加者自身が理解したことを確認した上で，同意の手続きを取る。しかし，研究参加者が乳幼児や未成年，あるいは何らかの理由で理解と同意を独力でできないと判断される者の場合，保護者や後見人など責任のある代諾者に対してそれを行わねばならない。形式的には成人になる20歳未満の場合，保護者が代諾者となり，その同意が得られれば研究を実施することができる。しかし中学生や小学校高学年に達すると，調査や実験の状況が理解できるので，研究者がなぜその研究をしようとするのか，自分のデー

タがどのように使われるかを気にすることがある。これを未成年だからといって無視してはならない。縦断研究の場合，調査開始段階では協力者が未成年だった者が，研究の過程あるいは成果発表の時点で成人した場合は，改めて同意の手続きを取らなければならない。

　データの管理の問題を次に考えよう。「個人情報の保護に関する法律」において「個人情報」とは「生存する個人に関する情報であって，当該情報に含まれる氏名，生年月日その他の記述等により特定の個人を識別することができるものをいう」と定義されており，さらに「学術研究の用に供する目的」のために入手した情報の扱いはこの法律にある規定が適用されないとされている。しかしながら発達科学研究のデータは，概してきわめて個人的かつ内面的な内容を含むものであるから，不注意な管理は厳重に慎むべきものであり，その意味で個人情報に準ずる扱いをすることが望ましいと思われる。こうしたことは研究者個人の判断では行き届かないことが多いため，倫理学者やその領域の研究経験者，そして専門外の適切な人たちの助言を得ることが望ましい。それを制度的に行うのが倫理委員会である。研究機関に設置された施設内倫理委員会（Institutional Review Board: IRB）による研究計画の批判的検討は，単に研究手続きの形式的問題点のあら捜しではなく，研究者の倫理的配慮に対する感性と認識を高めるような教育的役割を果たすことが目指されるべきであろう。

引用文献
日本心理学会（2009）．倫理規定　金子書房

参考文献
安藤寿康・安藤典明（編）（2005）．事例に学ぶ心理学者のための研究倫理　ナカニシヤ出版
河原純一郎・坂上貴之（2010）．心理学の実験倫理――「被験者」実験の現状と展望　勁草書房
古澤頼雄・都筑学・斉藤こずゑ（著）　日本発達心理学会（監修）（2000）．心理学・倫理ガイドブック――リサーチと臨床　有斐閣
ネイギー，T. F.　村本詔司（監訳）（2007）．APA倫理規準による心理学倫理問題事例集　創元社

人名索引

あ行

秋山道彦　21
浅田　稔　208
東　洋　189
安藤寿康　99, 256
安藤智子　229
安藤正人　248
石川隆行　145
稲垣佳世子　23
大久保街亜　241
岡田謙介　241
小倉千加子　183
苧阪直行　254

か行

河合優年　212
北山　忍　197
久保ゆかり　135
小松孝至　217, 227

さ行

坂上裕子　144
鈴木　忠　151

た行

高野陽太郎　196
高橋　登　251
高橋惠子　3, 45, 138, 169, 191, 225

な行

中村桂子　63, 65
中村知靖　251

は行

南風原朝和　227, 239, 241
長谷川寿一　69
長谷川眞理子　69
波多野完治　7, 115
波多野誼余夫　23, 191
開　一夫　85, 94
藤井直敬　210
藤崎春代　147
藤永　保　192

ま行

増井幸恵　13
三宅和夫　225
無藤　隆　229
森口佑介　94

や・ら・わ行

山岸明子　139
山田剛史　217
湯川隆子　167
湯川良三　115

A-Z

Allport, G. W.　10, 26
Baltes, P. B.　3, 12, 29, 125, 127, 151, 158, 162
Baron-Cohen, S.　90, 117
Barrett, K. C.　144
Belsky, J.　41
Bem, S. L.　180
Bowlby, J.　10, 14, 136, 169
Bronfenbrenner, U.　6, 22, 25
Burt, C.　106
Butterworth, G.　5
Camras, L. A.　142
Carey, S.　118, 120
Carstensen, L. L.　11
Chodorow, N.　179
Chomsky, N.　23

Cole, M.　190
Craik, F. I. M.　127, 129
Damon, W.　59
Darwin, C. R.　100, 105, 153
Dunber, R. I. M.　143
Eisenberg, N.　138, 141, 146
Erikson, E. H.　7, 10, 23, 38, 45, 46, 60, 136, 158
Erlenmeyer-Kimling, L.　106
Fidler, F.　241
Finch, C. E.　156
Fodor, J. A.　117
Fravell, J. H.　115
Freud, S.　7, 60, 170, 178
Galton, F.　100, 105
Geary, D.　117
Gesell, A. L.　23, 24, 38, 189, 212
Gilligan, C.　169
Gottesman, I. I.　32
Gottlieb, G.　25
Gould, S. J.　70
Hamer, D. H.　173
Harris, P. L.　144
Hebb, D. O.　7
Hetherington, E. M.　40
Hoffman, M. L.　140
Horner, M.　168
Illich, I. D.　203, 205
Izard, C. E.　141
Jarvik, L. F.　106
Jensen, A. R.　106
Kamin, L. J.　106
Kaplan, H.　72
Karmiloff-Smith, A.　120
Klein, M.　179
Kluckhorn, C.　190
Kohlberg, L.　139, 168, 180, 199
Kroeber, A.　190
Lacan, J. M. E.　179
Leslie, A.　117
LeVay, S.　173

Lewis, M.　138, 142
Lewis, M. D.　15
Maccoby, E. E.　181
Markus, H.　11, 26, 197
Martin, C. L.　180
Mendel, G. J.　101, 105
Miller, P. H.　5, 212
Orth, U.　230
Overton, W. F.　218, 221
Piaget, J.　7, 9, 14, 23, 34, 45, 46, 60, 115, 119, 121, 124, 130, 139, 158, 161, 190, 212
Pinker, S.　117
Plomin, R.　29, 30
Potter, J.　223
Premack, D.　78
Quine, W. V. O.　118
Rogoff, B.　124
Rosenthal, R.　246
Saarni, C.　145
Salthouse, T. A.　127
Samerroff, A.　8
Schaie, K. W.　13, 22
Selman, R. L.　140
Shadish, W. R.　232, 234
Siegler, R. S.　161
Smith, L. B.　38, 124
Spearman, C. E.　105
Spelke, E. S.　118
Sullivan, H. S.　136
Tetens, J. N.　152, 154
Thelen, E.　38
Thorpe, S. K. S.　70
Thurstone, L. L.　105
Tinbergen, N.　69
Tomasello, M.　38
Tylor, E. B.　190
Valsiner, J.　217, 218, 235
Vygotsky, L. S.　14, 22, 60, 124, 190
Waddington, C.　34, 39
Woodruff, G.　78
Wundt, W. M.　155

事項索引

あ行

愛情の関係　138
愛着　14, 137, 169
　　——理論　10, 136, 137
アメリカ心理学会　→APA
アルツハイマー患者　89
いじめ　54
一次感情　51, 142
一事例デザイン　225, 228
遺伝　29
　　——係数　31, 33
　　——決定論　112
　　——的同化（genetic assimilation）　34
　　——と環境の交互作用　28, 32, 112
　　——と環境の相互作用（G×E）　5, 9, 27
　　——要因　99, 107, 110, 173, 174
遺伝子　24, 39, 65, 107, 108, 153, 172
　　——型　27, 32, 35, 37, 101
　　——配列　39
因果関係　231
インターネット　203, 206
インフォームドコンセント　256
ウィスコンシン・カード分類課題　→WCST
氏―育ち問題　8, 170
エイジング研究　127
エクソシステム　6
エクリン腺　70
S-R 理論　115
エピ遺伝子　34, 37, 39
エピジェネシス　10, 34, 121
エピジェネティクス　34, 39, 40, 108
エピジェネティック図式　45, 48, 136
エピジェネティック地形モデル　34, 36
援助行動　139
横断研究　225
応答規準　159

大型類人猿　72
大きな均衡　46
音声知覚　88

か行

階層線形モデル　229, 246, 248, 249
階層的なデータ　246
外的妥当性　233
概念発達　118
開放系　159
会話　224
顔知覚　88
学習障害　54
学習理論　59
核知識　118
獲得　160, 162, 163
核認知　118
確率モデル　120
学力不振　54
可塑性（plasticity）　26, 27, 36, 37, 39, 40, 42, 157, 159, 163
学校教育　202-204
葛藤　47
活力（virtue）　46
家庭環境　26, 101
可能自己（possible selves）　11
加齢　13, 156
感覚運動発達　212
環境閾値モデル　32
環境要因　4, 99, 173
間性　177
危機　48
機能主義的アプローチ　144
機能的核磁気共鳴画像法　→fMRI
基本情動理論　141
虐待　54
教育　80

261

共感　140
共同繁殖　76
共分散構造分析　248
共有環境　28, 29, 101, 102, 104, 107, 110
均衡化　14, 46, 116, 119
近赤外分光法　→NIRS
具体的操作期　116
グラウンデッドセオリー　223
グループ文化　191
グローバル化　204
ゲイ遺伝子論争　173
経験期待　121
計算モデル　208
経路化　35, 37, 40
結晶性知能　161
結晶的プラグマティクス　128
欠損値　60, 242
ゲノム　63, 65
限界テスト　159
研究者の倫理　256
研究デザイン　60, 217, 239
研究法の前提　217
言語　53
健康寿命　58
原始反射　160
言説心理学　223, 224
検定力　240, 241
効果量　60, 240
後期高齢期　58
向社会的行動　139
構造主義アプローチ　121
構造方程式モデリング　100, 102, 107, 229, 248
行動遺伝学　23, 28, 33, 99, 100, 103-105, 107
項目反応理論　249
高齢社会　58
高齢者研究　12
互恵性　143
心の理論　78, 117, 119
個人（person）　219
──差　28, 30, 99, 103, 104, 195
──主義　196
──情報　257
──中心のアプローチ（person-centered approach）　219, 227
──内の共変関係　228
──文化　191, 197, 205
誤信念　78
個と社会の葛藤　137, 139, 143, 146
コネクショニスト　123
コホート　22
──研究　226
──効果　13
コミュニケーション能力　90
コンピテンス　116

さ行

罪悪感　143-145
再虐待　54
差異心理学　100
最適化　162
最尤推定法　243
サクセスフルエイジング　163
三項関係　79
サンプル・サイズ　234, 241
シアトル縦断研究　13
シェマ（schéma）　46
シェム（schème）　46
ジェンセニズム　106
ジェンダー（gender）　25, 26, 167
──・イデオロギー　13, 57, 180
──・バイアス　168, 169
──化　178
資源　24, 125
次元圧縮　210
自己　11, 42, 77
──意識　11, 143, 144
──社会化　180
──と他者の葛藤　137, 143, 146
──認識　197, 198
思春期　74
事象関連電位　92, 93, 254
システム論　14, 38, 162

自然淘汰　177
自尊感情　54
自他言及性　210
視聴覚系モダリティ　81
しつけ　198
実践的知能　162
質的方法　220, 222
視点取得　140
児童期　54
シナプス　86, 88, 161
社会化　41, 170, 179, 193
社会構成主義　221
社会的学習理論　139, 179
社会的情動　143
社会的スキル　90
社会的認知論　179
社会脳　143, 210
尺度の等化　250
集団遺伝学　100
縦断研究　11, 225, 247
集団主義　196
縦断的脳活動計測　95
集団へのアプローチ　226
主体性　122
狩猟採取民　72, 74
生涯教育論　8
生涯発達　3, 151
生涯発達心理学　151, 158
状況空間方眼　15
情動　140
　　──調整　141, 146
　　──的コンピテンス　146
　　──的知性　146
　　──伝染　140
　　──発達　141, 146
情報処理　190
女性学　167
進化　24, 69, 117
進化学　25, 37, 40, 99, 177
進化心理学　69, 143, 162
進化人類学　69
神経構成論　121

神経細胞（ニューロン）　86, 254
新構成論　120
人種差別　106
身体化説　121
真値等化法　250
信頼区間　60, 240
信頼性　234
心理的形質　103, 104
心理統計　239
髄鞘化　86
スクリプト　160, 193, 194, 198
性・性意識発達　174
性愛（リビドー）　7
生活空間　53
生活史　24, 49, 50, 74
制御　127-129
成功恐怖　168
性差　25, 26, 90, 172, 176
性差別意識　181
性自認　167, 180
成熟　23
生殖　183
　　──補助医療　51
成人期　56
精神分析　59, 139, 178
性成熟　25, 26
生態学的妥当性　234
生態学的ニッチ　73
生態学的モデル（ecological model）　6
成長曲線モデル　111, 229, 230, 248
性的受容期　75
性的二型　176, 177
性同一性　167, 182
　　──障害　171, 175, 176
性淘汰　177
性と生殖に関する権利　183
青年期　50, 55
青年心理学　56
生物―心理―社会的（bio-psycho-social）　5, 171, 182
生物生態学的理論（bioecological theory）　7, 145

生物学的制約　8, 24, 117
生物学的要因　4, 170
生物統計学　100, 105
性別　172
　　――行動　174
　　――集団化　181
　　――知覚（性自認）　171
　　――二元性　14, 168, 178
　　――役割分業　169
生命科学　63
生命誌　63
セクシュアリティ（sexuality）　167, 174
石器　76
セックス（sex）　167
前期高齢期　57
専業主婦　56
潜在特性　250
漸進的特殊化　123
全体構造　116
選択・最適化・補償　→SOC
相関係数　29
　　――の希薄化　234
早産化　70
喪失　160, 163
双生児　101
　　一卵性――　41
　　――研究　28, 107
　　――法　100, 108, 173
ソーシャルネットワーク理論　137, 138
素朴理論　53, 119

た行

第1種の誤り　243
第2種の誤り　244
胎児期・新生児期　50
対象関係論　179
ダイナミックシステムズ・アプローチ
　　12, 15, 38, 124, 212
第二次性徴　55, 171
第二波フェミニズム　13, 167, 179
対比分析　243, 244
他者理解　77

多重事例研究　146
多重代入法　243
多重波モデル　161
多重比較　243
多層システムズ・アプローチ　38
多層システムズ地形モデル　38, 39
脱学校論　203
達成動機　168
脱量化　235
妥当性　234
多変量　100
団塊世代　57
地域的文化圏　191
知恵　162
逐次明確化法　199
父親　76
知能　32
注意欠陥多動性障害（ADHD）　96
超高齢期　12
超高齢者　58
超自我　139
調節　46
直立二足歩行　38, 69
チンパンジー　69, 74, 78, 80
ディスコース　222
データの管理　257
適応　42, 46
適応型テスト　251
適合度　157, 249
テストステロン　90
同化　46
道具の使用　77
統計改革　60
統計学　60
同性愛　171, 175, 176
同性友人　136
道徳スクリプト　200
道徳性　139, 199
ドーパミン受容体遺伝子　108
時（time）　11
ドメスティックバイオレンス（DV）　170

な行

内集団びいき　181
内的妥当性　231, 232
仲間集団　136, 182
仲間外れ　54
ニート　56
二次感情　142
二重らせん構造　65
日本人論　196
乳児期　51
乳児の認知能力　116
ニューロン　122, 254
人間関係　136
人間行動進化学　69
認知革命　115
認知症　58, 89
認知神経科学　5
認知発達　115, 124, 128, 139, 170, 180
　——ロボティクス　124, 208
脳科学　85
脳活動記録手法　254
脳活動計測法　92
脳機能　89, 91, 210
脳磁場計測法　254
脳損傷　91
脳の大型化　71
脳波　85, 254
　——計　91, 92

は行

バイオロジカルモーション知覚　92
配偶システム　75
配偶選択原理　177
恥　143, 145
パス・モデル　249
発生的認識論　46
発達　3, 33, 36, 45, 50
　——の規定因　21
　——の経路　26, 35, 38, 40
　——の最近接領域（zone of proximal development: ZPD）　14, 124

発達科学　5
発達学　152, 154
発達曲線　227
発達障害　123
発達段階　45, 49, 116
発達認知科学　120
発達認知神経科学　88
表象　127-129
表現型　34, 37
文化　189, 190
　——ステレオタイプ　195, 197
　——的スクリプト　194
　——伝達　80
　——剥奪　192
文化心理学　22, 155, 162
分子遺伝学（molecular genetics）　100, 107
分子生物学　34, 39-41, 65
文脈依存性　122
文脈主義　163
ペアボンド　75
平均値差　240
ベルリン加齢研究　12
変数（variable）　219
　——中心のアプローチ（variable approach）　219, 227
母子間コミュニケーション　71, 80
ポジトロン断層撮影法　→PET
補償　162
母数　241
ホモ属の進化　73
ポリジーン　108
ホルモン　90, 172, 174
本質主義　170

ま行

マイクロシステム　6
マクロシステム　6
マルチレベル・モデル　246, 248
導かれた参加　124
民族心理学　155
メゾシステム　6

メタ分析　106, 196
メタ理論　162
メンデル遺伝学　107
物語（narrative）　222, 224
模倣　80

や・ら・わ行

野生児　192
有意性検定　60, 240
優生学　100
指さし　80
幼児期　53
養子研究法　100
予測困難性　210
予測的適応反応　26
ライフ・ステージ　63
ライフ・ストーリー研究　223
ラチェット効果　80
ラディカル相対主義　221, 224
リソース（資源）　159
リビドー　178
リプロダクティヴ・ライツ　51
流動性知能　162
流動的メカニクス　128
領域一般　128
領域固有　117
量的遺伝学　101
量的研究　225
量的データ　220
理論説　119
理論的サンプリング　221
倫理委員会　257
倫理規定　256
倫理審査基準　255
霊長類　69, 72, 143

歴史的事象　22
レディネス　23, 24
レベル間交互作用　247
老人期　74
老年的超越（gerotranscendence）　13
ロボット　208
ロボティクス　208
ワーク・ライフ・バランス　56

A–Z

AMOS　243
APA（American Psychological Association）　60, 153, 240, 242
DNA　63, 65
EEG（electroencephalography）　→脳波
ERP（Event-Related Potential）　→事象関連電位
fMRI（functional Magnetic Resonance Imaging）　85, 91, 254
IQ　106
MRI　86, 87, 90, 91
NIRS（Near Infrared Spectroscopy）　85, 94-96, 254
PET（Positron Emission Tomography）　85, 91, 254
SAS　243
SEM（structural equation modeling）　→構造方程式モデリング
SOC（Selection, Optimization, and Compensation）　126, 162, 163
SRY　176
SSG（State Space Grid）　→状況空間方眼
WCST（Wisconsin Card Sorting Test）　94

［編者紹介］
高橋惠子（たかはし・けいこ）　聖心女子大学名誉教授
湯川良三（ゆかわ・りょうぞう）　大阪市立大学名誉教授・宝塚大学造形芸術学部教授
安藤寿康（あんどう・じゅこう）　慶應義塾大学文学部教授
秋山弘子（あきやま・ひろこ）　東京大学高齢社会総合研究機構特任教授

［執筆者紹介］（執筆順・編者を除く）
秋山道彦（あきやま・みちひこ）　ミシガン大学名誉教授
中村桂子（なかむら・けいこ）　JT生命誌研究館館長
長谷川寿一（はせがわ・としかず）　東京大学大学院総合文化研究科教授
長谷川眞理子（はせがわ・まりこ）　総合研究大学院大学先導科学研究科教授
開　一夫（ひらき・かずお）　東京大学大学院総合文化研究科教授
久保ゆかり（くぼ・ゆかり）　東洋大学社会学部教授
鈴木　忠（すずき・ただし）　白百合女子大学文学部教授
湯川隆子（ゆかわ・たかこ）　三重大学名誉教授
東　洋（あずま・ひろし）　東京大学名誉教授
浅田　稔（あさだ・みのる）　大阪大学大学院工学研究科教授
藤井直敬（ふじい・なおたか）　理化学研究所脳科学総合研究センター適応知性研究チーム
　　　　　　　　　　　　　　　チームリーダー
河合優年（かわい・まさとし）　武庫川女子大学文学部教授
小松孝至（こまつ・こうじ）　大阪教育大学教育学部准教授
山田剛史（やまだ・つよし）　岡山大学大学院教育学研究科准教授
南風原朝和（はえばら・ともかず）　東京大学大学院教育学研究科教授
苧阪直行（おさか・なおゆき）　京都大学名誉教授

発達科学入門 1　理論と方法

2012 年 6 月 20 日　初　版

［検印廃止］

編　者　高橋惠子・湯川良三
　　　　安藤寿康・秋山弘子

発行所　財団法人　東京大学出版会
　　　　代表者　渡辺　浩
　　　　113-8654 東京都文京区本郷 7-3-1 東大構内
　　　　http://www.utp.or.jp/
　　　　電話 03-3811-8814　Fax 03-3812-6958
　　　　振替 00160-6-59964

印刷所　株式会社三陽社
製本所　誠製本株式会社

© 2012 Keiko Takahashi et al., Editors
ISBN 978-4-13-015141-2　Printed in Japan

Ⓡ〈日本複製権センター委託出版物〉
本書の全部または一部を無断で複写複製（コピー）することは，著作権法上での例外を除き，禁じられています．本書からの複写を希望される場合は，日本複製権センター（03-3401-2382）にご連絡ください．

生涯にわたる発達を学際的・総合的にとらえる

発達科学入門

編者——高橋惠子・湯川良三・安藤寿康・秋山弘子

全3巻　◆ A5判・平均300頁／各巻定価（本体価格3400円＋税）

○心理学を中心に，脳科学，医学，社会科学など，発達を扱う科学を総動員
○第一線の研究者が，生物—心理—社会的観点からバランスのとれた知見を提供する網羅的なテキスト
○「発達観」の諸理論を整理し，研究法，倫理指針を備えた1巻と，胎児期から超・高齢期まで，各年代に応じた発達上，行政・教育上の問題を詳述した2，3巻で構成
○新生児医療から，学齢期の発達障害，青年期の社会的生活，老年期のうつまで，各年代の臨床的要請にも対応
○研究の最前線を示した「BOX」を多数配置

1巻　理論と方法
- Ⅰ　発達心理学から発達科学へ
- Ⅱ　発達の理論
- Ⅲ　発達科学の研究法

執筆者＝高橋惠子・秋山道彦・中村桂子・長谷川寿一・長谷川眞理子・開一夫・安藤寿康・湯川良三・久保ゆかり・鈴木忠・湯川隆子・東洋・浅田稔・藤井直敬・河合優年・小松孝至・山田剛史・南風原朝和・苧阪直行

2巻　胎児期〜児童期
- Ⅰ　胎児期・新生児期
- Ⅱ　乳児期
- Ⅲ　幼児期
- Ⅳ　児童期

執筆者＝三橋隆行・吉井聡・高橋孝雄・近藤好枝・佐藤紀子・加藤則子・加藤正晴・明和政子・河合優年・陳省仁・坂上裕子・梅本守・小嶋秀夫・落合正行・小椋たみ子・高橋惠子・園田雅代・倉持清美・橋本和明・阿部彩・湯澤正通・秋田喜代美・長谷川真里・松見淳子・仲真紀子・武内清

3巻　青年期〜後期高齢期
- Ⅰ　青年期
- Ⅱ　成人期
- Ⅲ　前期高齢期
- Ⅳ　後期高齢期

執筆者＝山祐嗣・宇井美代子・伊藤美奈子・三浦麻子・中釜洋子・中塚幹也・浅野智彦・平石賢二・金井篤子・柏木惠子・伊藤裕子・大浦容子・水内俊雄・原田謙・髙山緑・小林江里香・斉藤徹・藤田綾子・柴田博・新開省二・秋山弘子・権藤恭之・矢冨直美・神前裕子・大谷いづみ